岐路に立つアジア経済

米中対立とコロナ禍への対応

石川幸一・馬田啓一・清水一史
［編著］

文眞堂

はしがき

　アジアは 1997−98 年にアジア通貨経済危機，2008 年に世界金融危機に見舞われた。今，アジアは新型コロナウイルス感染症（COVID-19）の感染拡大による危機（コロナ危機）の渦中にある。アジア通貨経済危機では ASEAN の主要国と韓国が大幅マイナス成長となり多くの企業が倒産し大量の失業者が発生した。世界金融危機でも多くの国がマイナス成長に陥った。しかし，アジアは 2 つの深刻な危機から短期間で回復を実現した。2020 年のアジア経済は中国とベトナムを除く大半の国がマイナス成長を記録した。中国は主要国で最も高い成長率（2.3％）を記録し 2021 年の経済回復は中国を中心にアジアが主導するとみられるが，コロナ危機は多くの問題を露呈させた。コロナ危機は米中貿易戦争が収束しない中で発生しており，ダブルショックだったのである。

　アジア通貨経済危機は ASEAN＋3（日中韓）の首脳会議の契機となり，その後，ASEAN＋6（日中韓印豪ニュージーランド），ASEAN＋8（東アジアサミット：米とロシアが参加）という東アジア地域協力の枠組みを誕生させた。21 世紀に入ると東アジアでは地域協力と地域統合が活発に展開した。世界金融危機では深刻な経済危機に陥った欧米諸国に対し中国が 4 兆元の財政支出を行い世界経済の回復をけん引した。中国は 2010 年に名目 GDP で日本を抜いて世界第 2 位の経済大国となった。中国は経済台頭と自国の経済システムの優位性への自信から一帯一路構想やアジアインフラ投資銀行設立，海洋進出など積極的な対外戦略をとるようになり，米国との新冷戦（大国間競争）の遠因となった。

　それでは，コロナ危機はアジアの経済にどのように影響し，アジアはどのように対応しているのか，アジアは危機の中で何を目指し，どう変わるのだろうか。本書はこの課題に多くの視点で取り組んでいる。

　2019 年 12 月に中国で起き，世界各国に伝播したコロナ危機では，武漢の封

鎖により自動車部品の輸出が滞り日本などで自動車の生産に影響がでるとともに，中国や ASEAN でも医療用品と食糧という必需物資（essential products）の輸出制限が導入され，世界中でマスクの供給不足が起きるなどサプライチェーンの混乱が起きた。輸出規制の多くは短期間で撤廃されるなど混乱は収拾され，ASEAN や ASEAN＋3 では円滑な貿易の確保に向けて，「ハノイ行動計画」など地域的な政策協調の枠組み作りが行われた。必需物資を含め多くの物資の供給が中国に過度に依存する問題点がコロナ危機で露呈されたことから，生産の国内回帰（リショアリング）や ASEAN などへの分散などサプライチェーンの再編が課題となっている。また，コロナ危機は人の移動の規制により航空業や観光業などに大打撃を与え，外国人労働者の生活にも大きな負の影響を与えた。先進国ではワクチン接種が進み感染が収束に向かいつつある中で途上国へのワクチン供給の確保が課題となっている。

　2018 年に始まった米中貿易戦争は全面的な追加関税の相互賦課という関税戦争から技術覇権と安全保障をめぐる政府調達，輸出規制，投資規制などに拡大し，2020 年 1 月に米中通商交渉の第一段階合意に達した。大半の追加関税は維持され，輸出規制，投資規制なども継続する中でコロナ危機が発生し，米中対立は経済問題から外交全般の問題に拡大し深刻化した。米国は対中規制により半導体など戦略物資や新興技術などを対象とする安全保障管理を強化することによりデカップリングを進めており，中国も輸出管理法などの対抗措置を講じている。日本企業など米中企業以外の企業は，米中の規制の狭間で「股裂き」になる恐れがあり，リスク管理の強化が喫緊の課題となっている。米国では 2021 年 1 月にバイデン政権に交代したが，トランプ政権の対中強硬姿勢は継承されている。ただし，米国単独主義から同盟国との連係など国際協調を重視する方針に転換した。

　米中対立の根本的な要因は中国の経済面・安全保障面での急速な台頭である。世界第 2 位の経済大国となった中国は 2013 年に一帯一路構想を提唱し，2015 年に先進的科学技術で 21 世紀半ばに先進国のトップレベルに到達するという産業政策「中国製造2025」を発表した。多くの国の中国との貿易関係は中国の経済発展に伴い中国に輸出と輸入で依存度を高める一方で，中国は貿易相手国への依存度を低めるという非対称的な依存関係に変化した。中国は従来

から地政学的な目的を経済的手段で実現する「地経学」的な手段を取る傾向が
あったが，2020 年の「豪州いじめ」にみられるように自国への依存を相手国
への圧力強化に露骨に利用するようになり，過度な中国依存はサプライチェー
ンだけでなく経済安全保障の大きなリスクとなっている。コロナ危機により一
帯一路建設は調整段階にあるとの見方がメディアでは多いが，双循環を実現す
る手段として着々と進められているようだ。中国主導の経済圏作りと影響力の
拡大に対抗する構想が自由で開かれたインド太平洋（FOIP）構想である。バ
イデン政権は FOIP を継承しており，欧州主要国も関与を表明している。

　トランプ政権は 2017 年に環太平洋経済連携協定（TPP）から離脱したが，
2018 年以降も FTA 締結の動きは活発である。2018 年に環太平洋経済連携に
関する包括的・先進的協定（CPTPP，いわゆる TPP11）が発効した。2019 年
には日 EU の EPA が発効し，2020 年に第 1 段階の日米貿易協定，新 NAFTA
（USMCA）が発効した。11 月には東アジアの地域包括的経済連携（RCEP）
が 8 年越しの交渉を経てインドを除く 15 カ国で調印に至った。全 20 章の包括
的 FTA である RCEP は世界最大規模の FTA であり，アジアの経済統合に大
きな意義を持つ。ASEAN は，2018 年に CLMV を含めて 98％の域内貿易を自
由化し，電子商取引協定の締結，サービス貿易協定の締結を進めるなど
ASEAN 経済共同体 2025 の建設を着実に進めている。中国は RCEP に参加す
るとともに CPTPP への参加を積極的に考慮すると首脳が発言しており，本気
度が高いとの見方が多い。

　コロナ危機で重要性が増すとともに加速したのがデジタル経済化である。デ
ジタル技術を活用した技術革新による経済と社会の急速な変化は第 4 次産業革
命（4IR）と位置付けられ，新たな経済社会構造への移行はデジタルトランス
フォーメション（DX）と呼ばれる。アジアの新興国・途上国は 4IR と DX で
世界の最先端を進んでおり，ユニコーンを含め多くのスタートアップ企業が誕
生している。多くの国がデジタル技術を活用する経済発展戦略を策定してお
り，コロナ対策でもデジタル技術が活用されている。デジタル経済化は国境を
越えたビジネスでも使われており，RCEP には電子商取引のルールが規定され
た。

　このようにコロナ危機，米中貿易戦争，その原因である中国の急速な影響力

の拡大，RCEP など経済統合の進展，デジタル経済化の加速などアジアは大きな経済と社会，国際関係などの変動のうねりの真っ只中にある。変化のスピードは速く，その先行きは不透明である。アジア経済はまさに岐路に立っているといえる。アジア経済の現状と問題を的確に把握し，変化と政策の方向性を探り，ビジネスと発展の機会をとらえ，リスクを回避することが求められている。そのための現状分析と考察に役立つことが本書執筆の狙いである。

　本書は4部，全16章で構成されている。その概要は次のとおりである。

　第Ⅰ部は「米中対立に翻弄されるアジア」を論じている。第1章「激変するグローバル経済におけるアジアの貿易構造」は，世界経済におけるアジアの経済成長プロセスを政策的工業化に注目して考察したうえで 1980 年代以降東アジア地域の貿易プレゼンスの拡大が世界経済を拡大したことを指摘し，その輸出構造と競争力を分析している。そして，世界金融危機以降，貿易制限措置が増加しており，米中間の貿易障壁など保護貿易の拡大はグローバル化の恩恵を阻害すると論じている。第2章「変容する米中経済関係の行方：米新政権の成立」は，米中通商交渉第一段階合意の大半は発表・実施済事項の再確認の意味合いが強いこと，デカップリングは限界があることなどを指摘し，米中貿易戦争は米国経済に大きな負の影響を及ぼしたと論じている。バイデン政権の対中政策は，第一段階合意を継承し追加関税を維持するなど強硬論が存続しているが，単独行動主義ではなく国際協調路線である。雇用対策など国内問題を優先し CPTPP への復帰は慎重であると分析している。

　第3章「米中対立と5つのインド太平洋構想―重要な連携と協力」は，日本，米国，豪州，インド，ASEAN の5つのインド太平洋構想を検討し，法の支配，航行の自由，自由な市場，平和的な紛争解決など多くの共通点を持つが，日本は質の高いインフラなど経済開発を重視し，米国は米中間の競争という認識が強いと指摘している。インド，ASEAN は中国排除を意味しない包摂を強調し，ASEAN は ASEAN 中心性を原則とし ASEAN の開発を主な内容としている。こうした違いはあるが，5カ国地域の連携と協力が重要と論じている。第4章「米中対立の新たな構図と日本の役割」は，トランプ政権下の米中対立が新型コロナウイルスの感染拡大で経済問題から外交全般に拡大したこ

とを指摘し，デカップリングを進める米国の対中規制が国防授権法など国内法に基づいており WTO 協定違反の恐れもあるとみている。対中制裁に対し中国は輸出管理法による対抗措置を講じており，日本が踏み絵を迫られ股裂きにあう事態が現実味を帯びている。バイデン政権は中国を唯一の競争相手と位置付けているが，対抗する手法は単独主義ではなく同盟国との連携に変わっている。米中対立は収束の気配はみえないが，デカップリングを限定的なものとし，米中をルールに基づく多国間の枠組みに取り込むことが必要であり，メガ FTA の重要性が一段と増していると論じている。

　第Ⅱ部は「パンデミック（コロナ感染拡大）の影響」を取り上げている。第 5 章「コロナ禍で高まる対中貿易依存リスク—経済的相互依存関係の危機」は，中国でのコロナ感染拡大による都市封鎖で自動車産業や電子機器のサプライチェーンの混乱，中国に供給を過度に依存しているマスクの世界的な供給不足が起こり，感染一服後は中国は医療品外交を展開したが，品質問題などから中国製品，中国政府への信頼を損ねたと指摘している。中国に輸出入で過度に依存している豪州に対し中国はコロナ発生源の独立調査要求を契機に輸入制限などの「いじめ」を行ったが，石炭の価格高騰など中国経済に負の影響をもたらしている。このようなパンデミック下の「戦狼外交」といわれる強硬な外交の背景には中国が対外貿易依存度を低下させ，2 国間貿易では中国は相手国への依存度を減らす一方で相手国は対中依存度を高めるという非対称的関係の強化があり，日本も同様である。過度な中国依存は中国の圧力を強めるリスクであり，低コストよりも信頼性の高いサプライチェーンを構築することが政治的にも優先されると論じている。第 6 章「コロナ禍と米中対立が韓国に促すチャイナ・プラスワン」は，経済の対中依存度が極めて高い韓国では 2020 年にワイヤーハーネスの輸入が中断し自動車メーカーが操業停止するなど対中輸入依存の脆弱性が露呈したと指摘している。対中輸出依存度は 25％前後で高止まりしているが，半導体は 54％と極めて高い。過度の中国依存リスクを軽減するため韓国政府はリショアリング，ASEAN やインドとの関係強化を目指す「新南方政策」による輸出先多角化政策を進めている。対中直接投資は内需市場への期待から減少に転じてはいないが，米国と ASEAN 向けが増加し対中依存

度の低下が進展している。米中対立の中でどちらか一方への肩入れを回避する必要が生じており，中国に代わる製造拠点であるベトナムの人件費も上昇しているなど韓国企業は数々の事業リスクに直面していると論じている。

　第7章「コロナショックが与える東南アジアへの影響」によると，東南アジアではインドネシア，フィリピンで感染者と死亡者が多いが，ベトナムやタイは感染抑制に一定程度成功した。2020年の実質GDP成長率は2.9％のベトナムを除き大幅なマイナス成長になり，とくに観光などサービス産業に大きな影響を与えた。中国などからの中間財の輸入が遅延・困難になるなど企業のサプライチェーンにも大きな影響を与えた。対中輸入は比較的早期に回復したが，米中間で安全保障を論拠とした貿易規制が強化されており，サプライチェーンの多元化が課題になっている。医療機器など必需品の輸出規制が導入されたことから，ASEANは円滑な貿易の確保などを目的にハノイ行動計画を採択し，政策協調の枠組み作りに取り組みつつある。第8章「パンデミックに翻弄される外国人労働者」は，パンデミックが日本で東アジア出身の外国人労働者が急増する過程で発生し，外国人労働者の生活に深刻な影響を及ぼしたが，外国人労働者数は前年並みに維持され，その背景には政府による雇用維持対策と生活支援があったと指摘している。ただし，支援は外国人労働者の生活を救済するには及ばず，技能実習生や留学生などに深刻な影響を及ぼしている。外国人労働者の困窮は東南アジアをはじめ多くの国で起きており，送り出し国も海外送金額の減少などの影響を受けている。2012年以降の日本の外国人労働者受け入れ拡大策は，米中貿易摩擦とコロナ禍というダブルショックに見舞われ，人手不足の解決策として受け入れ拡大を目指した日本の政策は再考の時期を迎えている。人材育成と持続可能な社会を目指しアジアの経済連携を模索する観点からの検討が求められると論じている。

　第Ⅲ部は「アジアの経済統合の行方」を論じている。第9章「保護主義とコロナ拡大下の東アジア経済統合─AECの深化とRCEP署名」は，ASEANを中心にした東アジアの経済統合の発展，2017年以降のトランプ政権のTPP離脱と保護主義の拡大下でのAECの深化とRCEP交渉をレビューしたうえで保護主義およびコロナ感染拡大へのASEANと東アジアの対応を論じている。

ASEAN はハノイ行動計画を策定し ASEAN 包括的リカバリーフレームワークなどを採択するとともに貿易円滑化など AEC を着実に深化させたが，フィリピンの自動車関税など経済統合に逆行する動きがみられた。2020 年 11 月の世界最大のメガ FTA である RCEP の署名は保護主義に対抗し現状を逆転する契機となりうるという重要な意義を持つと論じている。第 10 章「双循環によりグローバル・サプライチェーンの形成を目指す中国—北京経済技術開発区の戦略的新興産業・集積の形成」は，中国が外資導入政策と国内産業育成政策という産業政策の 2 つの軸により産業育成と集積を全土で実現したことを指摘している。外資導入政策は経済特区を起点として経済技術開発区と自由貿易試験区に発展し，国内産業育成は 4 大支柱産業育成から 8 大戦略的新興産業に発展した。上海自由貿易試験区から始まった自由貿易試験区は 21 カ所に拡大した。2035 年に向けて戦略的新興産業の集積形成を推進しており，北京自由貿易試験区は戦略的新興産業とハイエンド製造業集積を目指している。一帯一路建設はコロナ禍で着実に進められており，中欧班列の大幅増加など物的連結性は強化されている。八大戦略的新興産業育成と自由貿易試験区が融合して産業集積そして集積間のネットワーク形成により国内循環を形成し，国内循環が一帯一路共同建設とつながって国際循環を形成して双循環となり，グローバル・サプライチェーンを形成すると論じている。

　第 11 章「医療物資貿易の現状と国際協調の必要性」は，医療物資の国際供給拠点として東アジアが重要な役割を担い，日本を含む多くの国が中国に大きく依存していたことを指摘し，2020 年に東アジア諸国によりとられた医療物資の輸出制限措置と輸入自由化・円滑化措置について整理し，輸出制限措置が貿易相手国と自国におよぼす経済的影響を考察している。医療物資の輸出制限措置が WTO 協定上も例外として認められた権利であることを指摘したうえで医療物資の安定供給にむけた国際協調の可能性について考察し，「医療物資の輸出国と輸入国が互恵的な自由化にコミットする枠組み」について検討している。第 12 章「コロナ危機で問われた真の ASEAN 統合」は，ASEAN の新型コロナへの対応は遅く，集団的行動がほとんどないと批判をされたが，ハノイ行動計画などにより貿易制限的措置の導入抑制で共同歩調を取ったと評価している。ASEAN 加盟国の食糧や衣料品の輸出制限措置の多くは一時的措置

だったが，21年3月時点で7措置が継続している。ASEANは20年11月の首脳会議で出口戦略として，コロナの克服だけでなく強靱性のある未来を目指す「ASEAN包括回復枠組み（ACRF）」を採択した。AEC2025の統合実現に向けての取り組みを軌道に乗せるにはASEANの集団行動が不可欠であると論じている。

　第Ⅳ部は「ニューノーマル（新常態）への模索」である。第13章「米中対立と新型コロナ禍を踏まえた中国の発展戦略」は，米中貿易戦争が一時休戦となる中で拡大したコロナ感染を抑制し中国経済はV字回復を遂げたと指摘している。米中対立とコロナ危機を踏まえて中国は，内需拡大，サプライチェーン再構築，技術国産化推進など対米依存からの脱却を目指す政策を展開し，RCEPに署名するとともにCPTPP参加を積極的に考えると表明している。21年に始まる第14次5カ年計画では，イノベーション駆動型発展の堅持，現代産業体系の発展加速，強大な国内市場の形成が強調されている。目玉となっているのは，双循環による内需拡大戦略であり，ネット小売りなど新型消費，5GやAIなど新型インフラ建設を推進するとしている。一方で輸出管理法，外商投資法安全審査弁法など米国に対抗した輸出管理・投資規制などの経済安全保障の強化策も導入していることを指摘している。第14章「デジタル人民元，中国の取り組みと展望」は，中国が実証実験に取り組んでいるデジタル人民元について検討と考察を行っている。中央銀行によるデジタル通貨（CBDC）および分散型台帳技術について確認，特性や課題を整理し，技術的にはCBDCを実現できるレベルにあるが強靱性の点で課題があると指摘している。2017年に開始されたデジタル人民元プロジェクトは，デジタル通貨の導入と電子決済システムの構築を一体化して進めるべきという考え方に基づいており，実際の発効形式として2段階の構造が説明されている。デジタル人民元は成都など4地域で20年10月から実証実験が開始されている。資本取引に伴うリスクなどからデジタル人民元の対外取引での利用には慎重な姿勢であるが，デジタル人民元のクロスボーダーでの利用の検討は進めており，人民銀行はタイの中央銀行などとCBDCのクロスボーダー決済システムの研究を始めるとしている。国際銀行間通信協会（SWIFT）が中国人民銀行のデジタル通

貨研究所と清算機関と共同で設立した合弁事業会社に中国のクロスボーダー人民元決済システム（CIPS）も参加している。先進国と中国など新興国がどのような国際標準を構築していくのか，日本がどう参画していくのかがニューノーマルの模索となると論じている。

　第15章「アジアのサプライチェーンと経済安全保障」は，2018年～20年のアジアのFTA締結が活発であったこと，中国のCPTPP参加への積極姿勢は本気度が高いが具体行動には時間がかかること，バイデン政権は国内問題を優先しておりTPP復帰は中間選挙以降になることを指摘している。米国が参加した場合のTPPによる関税削減率はベトナムが最大となり，米国の場合TPPによる関税削減額は米国に輸出する相手国の方が大きい。相手国の関税削減額をTPPによる貿易利益とみなすと米国の貿易利益が小さいことがトランプ政権が2国間交渉に固執した背景にあると指摘している。一方，第一段階の日米貿易協定の関税削減効果は限定的であるが，米国の関税削減メリットが日本より大きくなっている。米国，中国とも輸出管理と投資規制を強化しており，専門知識を持つ人材を育成しリスク管理体制を整備する必要がある。日本は日米欧など主要先進国と情報共有などを図るスキームを構築し，日欧の連携により「バイアメリカン」や「中国の国家主導の経済運営」に対する交渉カードとすべきであると主張している。第16章「コロナショックで加速するアジアのデジタル経済化」は，プラス面とマイナス面を含め経済のデジタル化に関する視点を多くの事例を紹介しながら整理している。経済のデジタル化はデジタル技術の加速度的発展と伝播の格段の速さにより加速されている。デジタル経済化による経済社会構造の変化（DX）はアジア新興国・途上国でも起きている。アリババ，グラブ，ゴジェックなどデジタル技術を活用するユニコーンが誕生するとともに多様なビジネスがデジタル技術で変容している。経済成長戦略もデジタル化の影響を受け，第4次産業革命を取り込んだデジタル成長戦略を各国が策定しており，アイデアの移動，国境を越えた遠隔診療やオンライン教育などアジアの経済統合の形態も影響を受けつつある。デジタル化のマイナス面として雇用への負の影響があり，個人情報保護やセキュリティ制度など課題が多いことを指摘し，行方の予想は困難であり注視する必要があると論じている。

　本書の執筆者は，アジア経済，アジアの経済統合，国際貿易と投資などの研究者であり，アジア各国の政策やビジネスの実態にも豊富な知識を有している。アジアだけでなく世界経済の先行きが不透明な中で，本書が米中貿易戦争そしてコロナ禍のアジア経済への影響とアジア経済の行方に関心を持つ学生や大学院生のみならずビジネス関係者の参考になれば幸甚である。本書では，個々のテーマについて執筆者が自由に論じており，編著者が執筆者の意見を調整するようなことは一切していないことを付記しておきたい。

　「中国は新型コロナウイルスにどう対応したか」を執筆予定だった江原規由氏（国際貿易投資研究所研究主幹）は 2020 年 7 月に幽明境を異にされた。日中経済交流に尽力するとともに一帯一路など中国研究の最前線で活躍されていただけにご逝去は残念でならない。心からご冥福を祈りたい。

　最後に出版情勢が厳しい中，本書の意義を理解され刊行を快諾していただいた文眞堂社長の前野隆氏，編集の労を取っていただいた前野眞司氏に心より感謝申し上げたい。

2021 年 8 月

編著者一同

目　　次

第Ⅳ部
ニューノーマル（新常態）への模索

第Ⅰ部

米中対立に翻弄されるアジア

第1章

激変するグローバル経済におけるアジアの貿易構造

はじめに

　世界経済が行きついたグローバル経済ではヒト・モノ・カネ・情報が国境を越えて活発に行きかい，それぞれの経済が互いに依存するという関係性を深めてきている。近年の社会状況から経験的に判断しても，我々の社会は世界のあらゆる市場との結びつきがますます強くなっている。ひとたびどこかでその結びつきが阻害されるとその影響は世界中を駆け巡ることになり，一方で，その結びつきが頑健であれば経済的恩恵を享受しやすくなる。この半世紀の間に地球のどの地域よりも経済的に成長し，世界との相互依存関係を構築した地域は東アジア（東南アジアを含む）であろう。その東アジア地域の貿易と投資の相互作用は世界貿易の拡大を促進させてきた原動力の一つであり，戦後からの経済成長により多くの国が経済水準を向上させた。グローバル化を進展させた要因としては，企業による海外直接投資に伴う生産拠点の立地分散，情報通信技術および輸送技術などの発達に伴う貿易費用の低下，FTA（Free Trade Agreement）やEPA（Economic Partnership Agreement）の締結といった貿易自由化に向けた国際制度の調整などがあげられる。このような激変するグローバル化の動きとその要因をもとに，本章では東アジア地域の国際貿易構造について考察する。

　本章の構成は以下の通りである。第1節では世界経済における東アジア地域の経済成長プロセスについて概観する。多くの国や地域がたどってきた政策的な工業化は現在のグローバル経済に対応する経済の土台となっている。東アジア地域においても多くの国が保護主義的な政策ではなく開放的な政策いわゆる

輸出志向的な政策をとり，先発国をキャッチアップする形で経済水準を改善してきた。世界経済は激変するのが常であるが，経済発展の経験を再考することは現在の国際経済の課題を明らかにすることにもつながる。第 2 節は，1980年代から 2010 年代にかけての世界経済における東アジア地域の貿易プレゼンスの拡大について整理する。戦後は先進国間の双方向貿易を主導に世界経済は著しい成長をみせたが，1980 年代以降はアジア地域が世界経済を牽引してきた。現在もアジア諸国は多くの貿易財に高い競争力をもっている。そこで貿易データをもとに生産工程の視点から東アジア地域の輸出構造とその競争力について考察する。最後に第 3 節は結びとして，グローバル化の恩恵を阻害することに繋がる貿易障壁とその制度について言及する。

第 1 節　戦後の世界経済におけるアジア地域の貿易政策と工業化

1.　戦後世界経済と国際貿易

　戦後の世界経済は先進国の国際貿易を中心に成長を遂げてきた。伝統的な貿易理論で議論されてきた工業品と農産品の国際取引，いわゆる産業間貿易は世界貿易に占めるその比率を下げ，工業品同士の国際取引である産業内貿易が国際貿易に占める比率を圧倒的に高めてきた。さらに近年では，同一産業内貿易であっても多国籍企業等の主要な取引である企業内取引や外部企業に委託するオフショア・アウトソーシングなど，国際取引は多様な形態と手段が用いられるようになった[1]。それら国際取引の多様性を可能にした主な理由が貿易障壁の低下や貿易制度の調整，そして ICT 技術や輸送技術の発展などによる貿易費用の低下である。貿易費用は多義にわたるが，貿易費用の変化は近年のグローバル化の進展を説明する重要な要因となる。

　これまでに世界経済の成長とその特徴は様々視点から考察されてきた。社会主義経済圏と市場経済圏の対立により各経済圏内の貿易が相対的に大きくなったこと，両経済圏が保有する強大な軍事力・政治力・経済力をもとに覇権争いが生じたこと，冷戦終結に伴い企業の海外進出の加速と相互依存が深まったこと，世界市場が経済的な統合へと舵を切ることから新たな摩擦が生じたこ

となど国際経済の視点だけにおいても戦後の世界経済は多義にわたる特徴が描写されてきた。しかしながら，世界経済の目指すべき目的は諸国間や地域間の経済協力や国際的な制度調整であろう。戦後世界の国際通貨秩序の確立と金融・開発の促進に大きな役割が期待されたブレトンウッズ体制や，自由で差別のない貿易体制の確立を目指し設立された GATT 体制とその発展の WTO 体制などは世界経済の安定的発展を目指したものである。WTO 体制は広範囲にわたる貿易の自由化の推進を目的としていたが，加盟国のすべてが合意に至ることは極めて稀であり，結果的に二国間の自由貿易協定や地域での自由貿易協定が続々と誕生している。

　戦後の国際貿易では先進国が中心的役割を担っていたが，現在ではかつての先進国だけではなく経済を急成長させてきた新興国の役割も重要となる。企業の海外活動は潜在的市場の獲得を求めたものであり，その目標となる市場はもはや一国にとどまることはなく，国際的な生産活動も複数国にまたがる形で付加価値連鎖が生じている。つまり，従来から言われている先進国経済による相対的に付加価値の高い貿易品目の国際取引の拡大は工業化に成功した新興国の台頭と密接に関連している。20 世紀後半以降にその中心的役割を担ってきたのがアジア地域である。

2.　東アジア地域の経済成長とキャッチアップ

　現在のアジア諸国は世界の貿易の中心的役割を担う国が多い。ここではアジア諸国がどのように工業化を成功させ，国際貿易を拡大させることにつながったのかを政策的な視点から概観する。アジア諸国の多くは国際貿易を経済発展の源泉としてこれまで成長してきており，多国籍企業による直接投資を受け入れ，先進国の国際分業構造の一角を担うことから経済を潤してきた。しかし，そこでは市場に完全に依存する形で成長を遂げたわけではなく，当然のことながら政策的な後押しが工業化や経済成長に重要な役割を担ってきた。1960 年代以降のアジア経済の成長と工業化のための政策は切り離して考えることはできない。代表的な貿易政策として輸入代替工業化政策と輸出志向工業化政策があげられる[2]。

　輸入代替工業化政策とは，外国製品の国内への流入を制限し国家主導の下で

国内産業の育成や振興を推進する政策であり，自国市場に輸入品として入ってくる製品を国産品で代替する政策である。これは主に途上国が自国経済の工業化を目指すことからとられた保護的政策であり，関税障壁や数量規制などの輸入制限を課して輸入商品を規制し，その結果，国内企業による生産を拡大させながら，輸入を国内生産によって代替していくという手段である。工業化を目指す国の経済は，当初は国内市場規模が小さく，産業の高度化の度合いもまだ十分に大きくないため，資本財の生産や原料，素材を加工する中間財の生産から工業化を開始することは困難であることから保護政策が用いられた。輸入代替工業化の重要な戦略的含意は，工業化の誘発力が輸入制限によってつくり出されるところにある。この誘発力は後方連関効果で捉えられる。後方連関効果とは，ある産業の製品需要の拡大はその産業に中間財を供給している別の産業の生産拡大を誘発することであり，産業連関においてその産業に原材料を供給する産業に及ぼす波及効果をいう。この波及効果が輸入代替工業化政策には期待できることから，輸入代替工業化政策は工業化の推進の初期段階において高い評価が得られた。しかし，過度な保護政策は多くの課題を浮き彫りにした。この政策は最終消費財の組み立て産業の育成に高い優先度が与えられたため，最終財の組み立てに必要な中枢的な部品やコンポーネントなどの中間財や組み立てに必要な機械設備などの資本財を製造する産業については優先度が低く，結果として，国内市場向けの最終財の生産が拡大すると，それに応じて部品や産業機械の輸入が増えることになった[3]。

　輸入代替工業化政策による過度な保護は比較優位にもとづくものではなく，結果的に産業構造の歪みをもたらしかねない政策になった。一方で，輸入代替という保護的政策ではなく，輸出を促進させることから経済成長を実現しようとする政策として輸出志向工業化政策がある[4]。これは輸出産業の投資拡大を促す政策であり，低利融資の提供，事業所得税の軽減，補助金給付，そして，輸出財を生産するための機械，設備，部品などの輸入品目に対する関税削減や，輸出競争力を持つ外国企業誘致などの政策であり，既述した国内産業を保護する政策とは対照的な政策である。アジアNIEsは工業品の輸出を通じて経済発展を遂げた代表的な例となる。1980年代において，当時のアジアNIEsは労働集約的な製品に優位性をもち，その強い輸出競争力によって先進国の市場

に進出していった。アジア NIEs の輸出の中心は，こうした製品の費用に占める賃金費用が相対的に高いとされる労働集約的な製品であった。労働集約的製品の特化に成功した後，船舶，石油化学製品，鉄鋼製品などの重化学工業分野において世界市場シェアを伸ばし，さらに近年では，エレクトロニクス製品や自動車などの高度技術分野においても世界の有力な輸出国へと変貌している国もある。

　日本を含む多くのアジア諸国は輸出と海外直接投資の相互作用を促進することから経済成長を成し遂げた。その経済発展プロセスを説明したのが雁行形態論である[5]。雁行形態論は経済の変化の要因について多様な含意を提供してくれるが，基本的な考えは後発国が先進国にキャッチアップする発展プロセスである。一国の経済において，低付加価値の消費財はまず輸入され，次に輸入されたものと同じもの（輸入代替品）の国内生産が行われ，最終的に海外へ輸出されるという産業発展のプロセスを経る。さらにその低付加価値の消費財を生産するための低付加価値の資本財も輸入，輸入代替品の国内生産，輸出というプロセスを経ることになり，様々な産業や生産工程において同様の継続的なプロセスを経て産業構造が高度化していく。ここに直接投資による生産拠点の海外移転を考慮に入れると，国内において比較優位を失い比較劣位化した産業，例えば労働集約的産業などは労働の豊富な国へその生産拠点を移すことになるが，この比較劣位化した産業は投資受け入れ国では潜在的に比較優位をもつ産業となる。この雁行形態論は発展段階の経済的・技術的ギャップを前提としているモデルであり，投資国の産業はより高付加価値な産業へと産業調整が進み，投資受け入れ国は比較優位を獲得できる産業において生産性を改善し，双方で経済的利益を得ることが期待されるという経済現象を説明するモデルであった。

　日本，NIEs，ASEAN といったアジア地域において上述した貿易政策と雁行形態的な経済発展が観察されたが，1990 年代後半以降，特に中国の WTO 加盟以降さらなる貿易自由化への舵取りや技術革新に伴うグローバル化が深化したことから，広義での貿易費用の低下が企業の海外生産や国際取引を加速させ，一つの財を生産するにあたり最適な立地選択と効率的な工程間分業が可能となった。これは生産拠点の国際的分散および企業の地理的集積により財・

サービスの取引がこれまでよりも容易になったことを意味しており，アジア域内だけではなく世界市場における経済の相互依存はますます進むことになった。その結果，複数国間にまたがるグローバル・ヴァリュー・チェーン（Global Value Chains：GVCs）が展開され，現在の国際分業構造が確立した。この GVCs を円滑に進めていくためには自国の産業の過度な保護ではなく，生産ネットワークの一角を担うことを通じて貿易の利益を獲得する政策的調整の取り組みが必要となる。近年の米中の貿易摩擦はこのアジア地域の相互依存の確立による国際分業体制に大きく負の影響を与えるものとなるであろうし，コロナ禍の経済において自国の利益のみを追求する政策を打ち出すことは最終的には自国に負の影響を生むと考えられる。

第 2 節　アジア地域の貿易構造

1. アジア諸国の貿易拡大と市場でのプレゼンス

　現在の世界経済を牽引しているといえるアジア諸国は 1980 年代後半以降に国際貿易の急激な拡大を見せた。1985 年のプラザ合意や 2001 年の中国の WTO への加盟が世界の国際貿易，特にアジア地域の国際貿易の拡大に大きな影響をおよぼしたことは多くの研究で明らかになっている。それまでの輸出による経済成長に加え，企業による海外直接投資を通じた生産拠点の海外移転に伴う生産効率の改善もまた経済成長に寄与することになった。

　貿易と海外直接投資を組み合わせた経済成長は世界の多くの地域で確認できるが，1980 年代以降の東アジア地域の経済が世界経済にもたらした影響は特徴的であった。第 1-1 図は 1980 年から 2018 年における地域別の国際貿易の変遷についてまとめたものである。これは世界の総輸出および総輸入に占める各地域の輸出および輸入のシェアを表している[6]。全体的な傾向として，世界貿易における東アジア諸国（East Asia）のシェアが輸出と輸入ともに相対的に拡大していると見てとれる。1980 年の輸出では EU15 と NAFTA（現在の USMCA であるが本章では NAFTA と表記）で世界シェアの約 60％近くを占めていた。EU15 は輸出において 45％の世界シェアを占めた1987 年以降，そ

第 1 - 1 図　地域別輸出入シェア

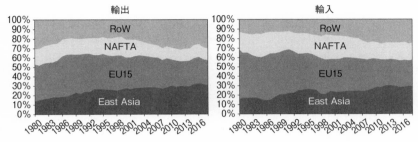

（注）地域区分は東アジア（East Asia），EU の主要 15 カ国（EU15），北米（NAFTA），その
　　　他の地域（RoW）である。
（資料）RIETI, TID2018 をもとに計測。

の輸出シェアを低下させており，また同様に NAFTA の輸出においても 1999
年において約 20％のシェアであったがそれ以降は低下させている。この動き
は東アジア諸国や他の新興国などが輸出を拡大させたことが主な原因であり，
東アジア諸国は 1980 年時点では世界輸出のうち約 14％程度のシェアであった
のが，それ以降継続的に拡大させていき，2015 年以降は 30％以上のシェアと
なっている。

　戦後の世界貿易の特徴の一つは財の特性が類似した工業品の双方向貿易であ
る産業内貿易であり，それは主に先進国間の国際貿易から観察できた。この産
業内貿易は品質の異なる工業品の双方向貿易としてアジア地域においても次第
に観察されるようになり，産業内貿易の拡大がアジア地域の国際貿易の拡大に
つながった[7]。

　次に，このアジア諸国の貿易拡大はどの産業において顕著であるのかを確認
する。第 1 - 1 表は東アジア諸国から東アジア，ASEAN8 カ国，ASEAN 以外
の東アジアの国と地域，EU15 カ国，NAFTA3 カ国の 5 地域への輸出構造を
産業別にまとめたものである。ASEAN8 はシンガポール，インドネシア，マ
レーシア，フィリピン，タイ，ブルネイ，カンボジア，ベトナムであり，
ASEAN 以外の東アジアの国と地域とは日本，中国，香港，韓国，台湾を指し
ている。表の数値は 1980 年，2000 年，2018 年における，東アジア諸国の産業
別世界輸出に占める各仕向け地への輸出シェアを表しており，この数値が高

第1-1表　東アジア諸国の産業別輸出構造

(単位：%)

	EAST ASIA			ASEAN8			ASEAN8以外		
	1980年	2000年	2018年	1980年	2000年	2018年	1980年	2000年	2018年
食料品	50.6	61.6	53.7	16.0	13.1	17.0	34.6	48.5	36.7
繊維製品	32.6	49.9	30.9	7.8	7.2	6.8	24.8	42.6	24.0
パルプ製品	48.0	43.6	31.6	15.6	7.4	8.3	32.3	36.2	23.3
化学製品	50.6	60.7	49.8	23.4	16.3	12.7	27.2	44.4	37.2
石油・石炭製品	76.1	82.8	71.3	16.6	21.3	32.5	59.5	61.5	38.8
窯業・土石製品	39.0	42.9	41.9	14.8	11.6	12.1	24.2	31.3	29.7
鉄鋼・非鉄金属・金属製品	36.8	59.2	47.5	16.7	17.4	17.9	20.0	41.8	29.6
一般機械	34.4	40.2	36.9	21.2	12.6	10.6	13.3	27.8	26.3
電気機械	24.5	54.1	52.0	12.1	18.8	10.7	12.4	35.3	41.3
家庭用電気機器	16.2	34.9	25.9	7.1	7.6	5.8	9.1	27.3	20.1
輸送機器	14.6	48.5	56.8	5.7	7.9	7.0	8.9	40.7	49.8
精密機器	11.8	14.2	21.5	8.8	7.7	9.2	3.0	6.5	12.3
雑貨・玩具	24.2	32.5	24.5	6.7	3.8	5.6	17.4	28.7	18.9
合計	37.8	46.8	43.5	13.5	12.8	11.8	24.3	33.9	31.7

	EU15			NAFTA		
	1980年	2000年	2018年	1980年	2000年	2018年
食料品	24.3	10.7	11.0	14.2	16.3	17.3
繊維製品	30.2	15.3	21.4	24.9	21.9	25.4
パルプ製品	25.4	16.6	18.7	17.7	26.6	24.6
化学製品	21.0	12.2	11.8	16.5	16.3	15.0
石油・石炭製品	1.4	1.3	1.6	17.4	6.1	3.6
窯業・土石製品	18.2	17.5	11.9	23.2	24.4	17.0
鉄鋼・非鉄金属・金属製品	17.9	10.0	10.4	30.7	20.5	16.1
一般機械	19.6	19.2	14.7	29.1	32.4	27.3
電気機械	28.8	14.9	11.3	36.5	25.5	19.4
家庭用電気機器	34.4	19.1	19.5	34.9	35.9	30.9
輸送機器	40.9	17.8	12.7	34.6	27.3	17.0
精密機器	21.4	19.7	14.9	48.4	45.2	32.1
雑貨・玩具	32.7	20.5	20.4	30.6	38.4	37.0
合計	21.5	15.8	13.3	28.6	27.6	21.6

(資料) RIETI, TID2018 から計測。

ければ高いほど当該地域の当該産業へより多く輸出していることを意味する。

東アジアへの輸出シェアが相対的にみて大きいのが分かるが，当然ながら，これは東アジア諸国の域内市場依存の程度を示しており，産業によりその大きさは異なるものの，東アジアでの相互依存関係の大きさが断片的ではあるが見て取れる。東アジアを ASEAN8 とそれ以外の国・地域に分けて概観するとその特徴がより確認できる。日本や韓国や中国といった東アジア地域でも経済規模が相対的に大きい国への貿易では一般機械，電気機械，輸送機器などといったいわゆる機械関連産業の輸出シェアが顕著に高く，2018 年では 40％を超えるシェアであることがわかる。これは 1980 年時点では 10％前後であったことから考えると非常に大きな変化であり，東アジア地域において工業品の双方向貿易が相当規模で行われていることを意味する。ASEAN8 への輸出シェアにおいても，1980 年からの変遷を見ると石油・石炭製品，鉄鋼・非鉄金属・金属製品などといった産業でそのシェアの拡大がみてとれる。これは ASEAN8 以外の国・地域への同産業の輸出シェアが低下していることから，東アジア域内においても地域ごとに産業の優位性が異なると推測できる。

　東アジア域内の輸出シェアの相対的な拡大と対照的に，東アジア諸国からEU15 や NAFTA への輸出シェアの低下がみられる産業もある。1980 年ではEU 市場や北米市場に大きく依存していた輸出構造は 2000 年以降では大きく変化させている。例えば，東アジア諸国の輸送機器の輸出は約 40％が EU 向けであるが，2018 年には約 12％とそのシェアを下げている。同様に，一般機械，電気機械，家庭用電気機器，精密機器においても 1980 年と 2018 年の値を比較するとその減少傾向がうかがえる。また，北米に対する輸出シェアにおいても EU 向けほどではないにしろ全体的に減少傾向である。より厳密な考察には地域単位ではなく国単位の分析が必要になるが，第 1‐1 表から東アジア地域を取り巻く国際分業構造の変化を読み取ることができる。1980 年から現在までに北米市場と EU 市場に日本市場を含めた三つの市場が最終財の双方向貿易が行われ，それら最終需要市場と日本を除く東アジア諸国との間においても水平的な分業関係が構築されてきた。東アジア諸国は政策的後押しもあり戦後の世界経済において工業化に成功し，さらに市場メカニズムのもと国際分業構造を垂直的な分業体制から水平的な分業体制へと変化させることから市場規模の拡大にも成功し，現在では世界の経済成長における重要な経済的役割を担う

までに成長した。

2.　工程間分業の進展と日米中の輸出競争力の変化

　これまでに世界市場における東アジア地域の国際貿易のプレゼンスの拡大について確認した。次に，世界市場における東アジア地域の輸出競争力について産業別および生産工程別に考察する。ここでは輸出競争力の計測に伝統的に使用されている Balassa（1965）による RCA 指数を用いる[8]。この指数は分析対象国における当該産業の輸出のシェアと世界でのその産業の輸出のシェアを比較したもので，その数値が 1 よりも大きければその産業は比較優位を持つと解釈される。つまり，世界での当該産業の輸出の比率よりも相対的な意味で分析対象国の当該産業の輸出の比率が高いということは，それだけその産業へ特化した貿易構造でありその当該産業は比較優位を持っていると考えられ，逆に，世界でのその比率よりも低ければその産業は比較劣位であると考えられる。

　第 1−2 表は 2000 年と 2018 年における東アジア諸国または地域とアメリカの輸出データをもとに RCA 指数をまとめたものである。日本の数値を確認すると，一般機械，電気機械，輸送機器，精密機器といった産業でこの数値が 1 よりも高いのがわかる。輸送機器や精密機器の数値は 2 を超えている一方で，家庭用電気機器はその数値は 1 以下にまで減少している。同様の傾向は韓国やタイにおいても確認でき，フィリピンやマレーシアなどの ASEAN 諸国においても機械関連産業において比較優位を持っていることがわかる。既存の多くの研究からも明らかになっているように，これは東アジア域内での国際分業が特に機械関連産業で活発に行われていることを意味する。

　日本は 1990 年代後半から 2000 年代前半にかけ，中間財における高い競争力をもとに，国内での技術集約的な生産工程と海外での労働集約的および資本集約的な生産工程とを組み合わせた生産ネットワークを構築した[9]。その生産ネットワークのもとではある最終財を生産するにあたり生産工程ごとに越境して立地分散させ，各生産工程で作られた中間財を最終工程の生産拠点で製品とし，需要地へ輸出するとうい分業体制が取られている。この生産工程レベルでの国際分業を可能としたのが貿易費用の低下であり，これは東アジアの国際分業の特徴の一つであったが，現在ではサービス部門も含めたさらに広域的な

第1-2表　産業別の輸出競争力

産業	日本 2000年	日本 2018年	中国 2000年	中国 2018年	アメリカ 2000年	アメリカ 2018年	韓国 2000年	韓国 2018年	台湾 2000年	台湾 2018年
食料品	0.07	0.13	0.59	0.31	0.97	1.05	0.23	0.18	0.17	0.28
繊維製品	0.30	0.27	2.83	2.24	0.43	0.32	1.64	0.43	1.75	1.23
パルプ製品	0.29	0.40	1.46	0.93	0.88	0.93	0.63	0.31	0.44	0.40
化学製品	0.81	1.04	0.50	0.65	1.24	1.30	0.84	1.14	0.73	1.45
石油石炭製品	0.03	0.12	0.19	0.09	0.17	0.91	0.50	0.54	0.11	0.41
窯業・土石製品	0.47	0.71	0.89	0.94	0.61	0.84	0.30	0.47	0.25	0.46
鉄鋼・非鉄金属・金属製品	0.77	0.97	0.66	0.70	0.68	0.67	0.97	0.84	1.13	1.30
一般機械	1.60	1.73	0.74	1.60	1.35	1.31	1.15	1.05	1.81	1.39
電気機械	1.69	1.37	0.98	2.03	1.53	0.74	1.84	2.37	1.83	1.23
家庭用電気機器	1.60	0.62	2.94	2.91	0.63	0.36	1.55	0.75	0.96	2.38
輸送機器	2.09	2.08	1.15	0.96	1.81	1.67	0.56	1.59	1.18	2.81
精密機器	1.81	2.18	0.14	0.33	1.11	1.39	0.94	1.11	0.36	0.49
雑貨・玩具	0.62	0.41	3.93	2.00	0.77	0.83	0.45	0.21	0.95	0.68

産業	香港 2000年	香港 2018年	インドネシア 2000年	インドネシア 2018年	マレーシア 2000年	マレーシア 2018年	フィリピン 2000年	フィリピン 2018年	タイ 2000年	タイ 2018年
食料品	0.14	0.27	0.99	1.02	0.27	0.34	0.66	0.90	2.10	1.76
繊維製品	4.33	0.91	1.89	1.88	0.52	0.25	1.07	0.54	1.33	0.68
パルプ製品	0.52	0.32	3.13	4.40	1.45	1.38	0.42	0.77	1.33	1.53
化学製品	0.42	0.37	0.48	0.43	0.39	0.48	0.11	0.18	0.63	0.86
石油石炭製品	0.04	0.04	2.40	1.83	0.75	1.27	0.07	0.14	0.25	0.17
窯業・土石製品	1.76	6.43	0.71	0.33	0.37	0.38	0.31	0.15	1.46	0.90
鉄鋼・非鉄金属・金属製品	0.50	2.08	0.84	1.19	0.29	0.41	0.33	0.74	0.42	0.45
一般機械	0.67	0.63	0.42	0.24	1.55	0.78	1.66	1.45	1.27	1.63
電気機械	1.71	2.03	0.48	0.36	2.39	3.13	3.36	3.58	1.25	1.16
家庭用電気機器	1.62	1.38	1.47	1.11	2.81	1.18	0.51	0.55	1.75	1.97
輸送機器	1.30	0.90	0.37	0.25	0.55	0.70	0.72	1.32	0.72	1.21
精密機器	0.07	0.13	0.07	0.35	0.05	0.12	0.08	0.18	0.31	1.15
雑貨・玩具	3.13	2.73	1.11	0.81	0.62	0.61	0.80	0.64	1.47	0.93

（資料）RIETI, TID2018 から計測。

第 1-2 図　生産工程別 RCA 指数

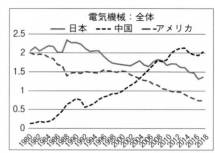

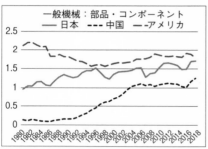

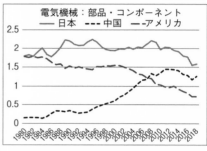

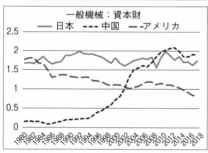

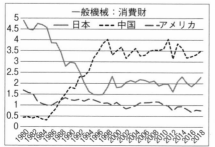

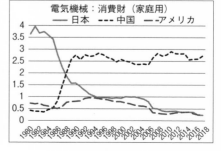

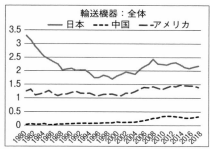

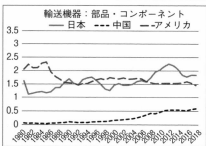

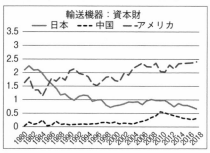

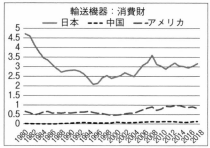

GVCs が確立するに至っている。以上の点をふまえ，輸出競争力を生産工程別に確認していく。第 1-2 図は第 1-2 表での計測と同様に生産工程別の輸出競争力を示したものである。ここでは代表的な機械関連産業である一般機械，電気機械，輸送機器をとりあげ，日本，中国，アメリカの中間財（部品・コンポーネント）と最終財（資本財，消費財）の輸出競争力について確認する。ただし，貿易データの関係上，電気機械の消費財は家庭用の消費財としてある。

　第 1-2 図の特徴としては，一般機械や電気機械における中国のRCA 指数が顕著に伸びていることである。一般機械では 1990 年代半ば以降特に上昇しており 2000 年代半ばではアメリカと同水準に達しており，電気機械では同時期にアメリカの水準を上回り，2010 年には日本の水準を越している。一般的に，中国の経済規模，特に貿易規模はWTO 加盟後に著しく拡大したとされているが，それは一般機械や電気機械における産業全体の RCA の変遷からも読み取ることが出来る。生産工程別に同様に確認すると，一般機械の資本財の RCA 指数は産業全

体でのその動きと類似しており，2003 年にアメリカを上回り，そして，2009年には日本を上回っている。電気機械の資本財においてはその時期はより早く，1998 年の時点ですでに両国を上回っており，日本とアメリカは競争力があるとされてきた資本財において中国はその数値をさらに高めている。この傾向は消費財についても同様のことがみてとれる。品目レベルの貿易統計を生産工程レベルに総括することによるデータのバイアスを考慮に入れたとしても，中国が資本財の生産工程において 2000 年以前に比較的高い競争力をもっていることは，中国の貿易拡大の要因の一つである WTO 加盟以外の要因についての新たな考察を示唆するであろう。

　中間財の RCA 指数の推移について同様に確認する。グローバル化が進むにつれ企業は多様な生産手段を確立させ，世界貿易の中で規模を拡大させ続けているのが中間財貿易であり，現在の国際貿易の主要な特徴の一つが中間財貿易であると言える。一般機械や電気機械における中国の部品・コンポーネントの RCA 指数は 2000 年代半ばに 1 を超え数値的には輸出競争力をもつにいたっている。しかしながら，両産業において中間財の生産工程においては日本の方が高い数値であるのがみてとれ，日本は 2018 年時点までに相対的に高い輸出競争力を保持しているのがわかる。一般機械や電気機械とは対照的に輸送機器についても産業全体と各生産工程のいずれにおいても日本とアメリカが中国よりも高い水準となっている。アメリカは輸送機器においては消費財のその数値は 1 弱程度で推移しているものの，中間財と資本財に輸出競争力があり，産業全体においても 1 を上回る水準であることがわかる。

　2000 年代後半から 2010 年代にかけては他の東アジア諸国，特に中国の経済的影響力が増し，現在では世界貿易において中国の存在感は他のアジア諸国以上のものになっている。グローバル化の進展とともに東アジア地域は貿易と投資を通じた経済成長を達成したが，それと同時に，経済大国間の経済的，政治的摩擦も増え続けている。その摩擦により国際貿易が制限されることは，東アジアだけでなく世界での経済活動に影響を及ぼすことは貿易構造からも見て取れ，国家間や地域間の政策的な調整や調和が必要となろう。

第 3 節　グローバル化と貿易障壁

　戦後の混乱と東西冷戦の影響を受けながら東アジア諸国は貿易の促進を通じて経済を成長させてきた。東アジア地域は北米や EU と並びいまや世界経済の中心の一つとなっている地域であり，特に中国の経済発展は著しいものである。その中国と経済大国であるアメリカとの間に数年前から貿易摩擦が生じている。具体的には，2018 年時点でアメリカは中国からの輸入の約 5 割におよぶ貿易障壁を設け，中国もまたアメリからの輸入の約 8 割に相当する貿易障壁を設けている。その摩擦の影響は二国間の問題にとどまらず，日本を含む他の東アジア諸国もその影響を受けている。なぜなら国際貿易により多大な経済的恩恵を受けてきた東アジア諸国は，市場ベースの経済活動を基盤としながら相互依存関係を深め，現在の生産ネットワークを構築してきたからである。つまり，その生産ネットワークでは生産拠点としての中国や最終需要地としてのアメリカも含んだものであり，そこで経済活動を行っているすべての経済主体がアメリカと中国の貿易摩擦から負の影響を受けている。

　このような貿易を阻害する動きは世界で台頭した保護主義によるものでもある。代表的なものとしてアメリカの「米国第一主義」があげられるが，アメリカは多国間協定ではなく二国間協定がアメリカに恩恵をもたらすという理由から TPP からの離脱や NAFTA の再交渉などを実施した。Global Trade Alert によると，グローバル化の恩恵という側面と裏腹に 2008 年の世界金融危機以降は保護主義的な政策が世界で増加し続けている。ここでの保護主義的な政策とは関税だけではなく TBT（貿易の技術的障害）や SPS（衛生と植物検疫のための措置）などを中心に，アンチダンピング税，生産補助金，セーフガードなども含まれているが，2018 年時点では約 320 件もの貿易制限措置が報告されている。これは東アジア地域でも確認されており，2015 年では ASEAN 地域で約 6000 件もの貿易制限措置が確認されている[10]。近年の新型コロナウイルス禍においても医療品や関連品の貿易制限も行われたのは事実である。

　以前と比べ貿易費用は低くなってきたという議論がある反面，FTA/EPA などの自由貿易協定が増えるに伴い非関税障壁などの貿易障壁が着目されてい

る。貿易により経済を潤わせた東アジア地域においても非関税措置は増え続けているのである。国際貿易はプラスサムゲームであり，その正の効果を多くの地域はうけてきた。現在増え続けている貿易政策の中にはゼロサムゲームとなる政策が増えてきているといえよう。東アジア地域の国際分業をより精緻なものにしていく継続的な試みは必要であり，そのためには過度な保護主的な貿易制限措置を見直す必要がある。

[注]

1　冨浦（2014）を参照。

2　陸・前野・安田・羽田（2020）を参照。

3　輸入代替工業化政策の他の課題としては，国内の輸入代替産業における非効率生産の継続や，中間財などの輸入に有利な形に自国通貨の為替を設定することによる国際競争力の低下などがあげられる。

4　輸出を積極的に行うことから経済を離陸させようとする試みは多くの途上国で試みられたが，一次産品の輸出と工業品の輸出のどちらに重点を置いたかにより自国経済へもたらす影響は大きく変わった。

5　小島（2003，2004，2006）などを参照。

6　East Asia とは日本，中国，香港，韓国，台湾，シンガポール，インドネシア，マレーシア，フィリピン，タイ，ブルネイ，カンボジア，ベトナムであり，EU15 は英国，フランス，ドイツ，イタリア，オーストリア，ベルギー・ルクセンブルク，デンマーク，フィンランド，ギリシア，アイルランド，オランダ，ポルトガル，スペイン，スウェーデンであり，NAFTA（現 USMCA）はアメリカ，カナダ，メキシコであり，それ以外の地域が RoW である。

7　産業内貿易については若杉（2007，2011）を参照。

8　RIETI の TID2018 のデータを使用し RCA 指数の計測を試みている。RCA 指数の計測式は次の通りであり，$RCA_{i,t}^{k}=\left(ex_{i,t}^{k}/ex_{i,t}^{Total}\right)\Big/\left(ex_{w,t}^{k}/ex_{w,t}^{Total}\right)$ ただし，i, t, k, w は輸出国，年代，産業，世界をそれぞれ意味する。

9　アジアの生産ネットワークに関連する研究については Cheng and Kierzkowski（2001），Wakasugi（2007），馬田・浦田・木村（2016），木村・椋（2016），長谷川（2017）などを参照。

10　馬田・浦田・木村・渡邊（2019）を参照。

[参考文献]

Balassa, B. (1965), "Trade Liveralisationa and Revealed Comparative Advantage," *The Manchester School*, 33 (2), May 1965: 99-123.

Cheng, Leonard K. and Henryk Kierzkowski (2001), *Global Production and Trade in East Asia*, Kluwer Academic Publishers.

Wakasugi, R. (2007) "Vertical Intra-Industry Trade and Economic Integration in East Asia," *Asian Economic Paper*, Vol. 6 (1), pp. 26-39.

馬田啓一・浦田秀次郎・木村福成編著（2016）『TPP の期待と課題：アジア太平洋の新通商秩序』文眞堂。

馬田啓一・浦田秀次郎・木村福成・渡邊頼純（2019）『揺らぐ世界経済秩序と日本―反グローバリズ

　　ムと保護主義の深層』文眞堂。
木村福成・椋寛編『国際経済学のフロンティア』東京大学出版会。
小島清（2003）『雁行型経済発展論〔第 1 巻〕』文眞堂。
小島清（2004）『雁行型経済発展論〔第 2 巻〕』文眞堂。
小島清（2006）『雁行型経済発展論〔第 3 巻〕』文眞堂。
冨浦英一（2014）『アウトソーシングの国際経済学―グローバル貿易の変貌と日本企業のミクロ・
　　データ分析』日本評論社。
長谷川聰哲編著（2017）『アジア太平洋地域のメガ市場統合』中央大学出版部。
陸亦群・前野高章・安田知絵・羽田翔（2020）『現代開発経済入門』文眞堂。
若杉隆平（2007）『現代の国際貿易―ミクロデータ分析』岩波書店。
若杉隆平編（2011）『現代日本企業の国際化――パネルデータ分析』岩波書店。

（前野高章）

第2章

変容する米中経済関係の行方：米新政権の成立

はじめに

　2021年1月20日の就任初日にJ・バイデン大統領が署名した大統領令は，新型コロナウイルス対策のほか，世界保健機関（WHO）の脱退手続きの停止，気候変動の国際枠組み「パリ協定」への復帰，さらに差別防止や移民規制の撤回にまで及び，バイデン政権の基本姿勢を示す形となった。ここから，バイデン政権の対外政策の特徴が，まず国際協調路線への回帰であることがうかがえよう。実際に，翌2月の就任後初の外交演説では，バイデン大統領は「同盟国は米国の偉大な財産である」と言明して，トランプ政権の単独主義からの離脱を宣言した。同時に，バイデン大統領は，中国を「もっとも重大な競争相手（competitor）」とみなし，「米国の繁栄，安全保障，民主価値に対する挑戦に直接対応する」と断言した（White House 2021d）。

　バイデン政権の誕生に際して，習近平国家主席はオンライン会合「ダボス・アジェンダ」で新冷戦，単独主義，デカップリング，制裁は世界を分裂させるとして，それまでトランプ政権が採ってきた対中政策を厳しく批判した。さらに習近平主席は，国際社会は1カ国や数カ国の命令で統治されるものではないとして，同盟国との連携強化を通してグローバルなリーダーシップの回復を目指そうとするバイデン政権の動きを牽制した（『新華網』2021年1月25日）。

　刺々しい舌戦で始まったバイデン＝習時代の米中関係はどこに向かうのか。また休戦下にある貿易戦争ははたして終戦を迎えるのか。米国の通商政策は，例年3月上旬に米通商代表部（USTR）から新年度の基本方針が発表される[1]。より包括的な対中政策は，新政権の国家安全保障戦略（NSS）の発表を待つ必

要がある[2]。そこで本章では，まず米中貿易戦争の休戦協定である第一段階合意後の動きを検証した後，政権成立前後に示された中国認識に基づき，バイデン政権の通商政策に焦点を据えつつ，米中経済関係を展望してみたい。

第1節　米中通商協議合意後の経済関係

1. 米中通商交渉第一段階合意

　2018年7月の通商法301条調査に基づく追加関税の発動により，米中貿易戦争は本格化した。その後，4次に及ぶ米国の追加関税をめぐって制裁・報復措置の相互発動が繰り返された後，米中通商協議は2020年1月に第一段階合意に達した（大橋2020）。その内容は，(1)知的財産，(2)技術移転，(3)食品・農産物，(4)金融サービス，(5)マクロ経済政策・為替レート，(6)貿易拡大，(7)相互評価と紛争解決からなる（USTR 2020）。しかし，その多くはすでに発表・実施済みの事項であり，第一段階合意はその再確認の意味合いが強い。

　第1に，(1)知的財産の保護や(2)強制的な技術移転については，2019年3月の全国人民代表大会で外商投資法が立法化され，強制的な技術移転の禁止，知的財産保護の強化，内外企業の待遇格差の是正，外資企業の外国送金の自由の保障などが明記された。同様に，技術輸出入管理条例では，供与技術の改造とその所有権の移転を許容する条項や技術供与側に課された制約条項も削除された。

　第2に，米国が長らく要求してきた(4)金融サービスの開放に関しては，これまで習近平総書記や李克強首相がその意向を表明し，中国は2018年に外資の過半出資，2019年には2020年内に全額出資を認める方針を明らかにしていた。最終的には，証券，資産運用，商品先物，生命保険の出資規制や銀行の支店網の拡大は，2020年4月1日に前倒しして実施されることになった。

　第3に，中国の(5)為替操作国の認定は，第一段階合意に際して解除された。

　とはいえ，これら事項の履行を保証する(7)相互評価メカニズムの形成は未定である。また第一段階合意では，米国にとって喫緊の課題であるサイバー攻撃，国有企業や政府補助金など，中国の構造改革に直結する争点はほぼ棚上げ

された。しかも第一段階合意後も，米国の追加関税の大部分は継続されている。貿易戦争の過程で採択された2019年度国防授権法に基づく対中輸出管理の強化，中国企業の対米投資審査の厳格化，政府調達の制限，禁輸措置・エンティティリストの掲載といった制裁措置は依然として継続されている。

2．中国の対米輸入拡大

　第一段階合意のうち，中国による米国産品の輸入拡大（上記(3)と(6)）は，2018年5月の米中通商協議開始時からトランプ政権が固執した項目であり，中国は今後2年間に対米輸入を2,000億ドル以上拡大することになった。ただし，これはかなり非現実的な目標であるといわざるをえない。

　第1に，米国が対中制裁の発動に踏み込む直前の2017年実績に基づけば，第一段階合意で取り上げられた米国産品は，米国の対中輸出の7割程度にすぎない。そこで中国が約束通りに米国産品を購入するとすれば，2017～21年に米国の対中輸出は倍増することになる。つまり，2010年代半ばの中国の高度成長期における米国の対中輸出に匹敵するほどの輸出拡大が必要となる。

　第2に，中国が米国産品の輸入拡大を目指しても，ハイテク機器や半導体のように，米国政府の輸出規制のために輸入ができないケースが少なくない。

　第3に，2,000億ドルという数値目標の設定による管理貿易的なアプローチは深刻な弊害をもたらす。例えば，数値目標の実現を最優先すると，多様な貿易転換が生じる。中国が米国からの大豆輸入を優先すれば，ブラジルなどの主要生産国からの輸入は減少する。一方，合意品目以外については，中国は輸入先を米国以外に転換する可能性がある。管理貿易化は第三国のみならず，合意対象外の品目を取り扱う米国企業にも負の影響を及ぼすことになる。

　第一段階合意後，中国の対米輸入はコロナ禍の影響もあり総じて伸び悩んだ。半導体に対する根強い需要は，後述するように，米国の制裁に伴う駆け込み需要もあり，輸入は大幅に伸びた。しかし最大の輸入品目である航空機の輸入は，ボーイング737MAX型機が起こした2度の墜落事故により急減した。アフリカ豚コレラによる豚肉の供給不足のために豚肉・飼料の輸入は急増したが，コロナ禍による需要低迷を背景にしてドル建てのエネルギー輸入は低調に終わった。結果として，2020年12月末現在，米国の対中輸出は目標値の59%

第 2 - 1 表　米国の対中輸出にみる第一段階合意の進捗状況 (2020 年)

単位：億ドル, %

	(1) 目標	(2) 実績	(2)/(1)		(1) 目標	(2) 実績	(2)/(1)		(1) 目標	(2) 実績	(2)/(1)
工業製品	994	570	57.3	農産物	334	273	81.7	エネルギー	261	97	37.2
自動車	154	62	40.3	大豆	195	142	72.6	原油	150	68	45.3
航空機	247	46	18.6	豚肉	4	16	400.0	液化天然ガス	15	13	86.7
半導体	127	161	126.8	トウモロコシ	2	12	600.0	石炭	14	2	14.3
医療品	41	45	109.8	綿花	16	18	112.5	精製品	83	15	18.1
その他	425	257	60.5	小麦	6	6	100.0	全産品	1,590	940	59.1
				ソルガム	13	12	92.3				
				ロブスター	4	2	50.0				
				その他	9.4	6.5	69.1				

（出所）Bown（2021）より作成。

（中国の対米輸入の58％）にとどまっており，中国にとって第一段階合意の履行はかなり高いハードルとなっている（第2-1表）。

3．デカップリングの成果と限界

　第一段階合意による休戦後も，米国では年金基金の中国での運用や中国企業のナスダック上場に待ったがかかるようになり，貿易戦争は資本取引にまで戦線が拡大された。その後はコロナ禍への対応をめぐる確執が生じ，また香港の国家安全維持法やウイグルの人権侵害，さらには強硬かつ挑発的な中国の「戦狼外交」をめぐって，米中関係は対立の度合いをさらに強めた。

　大統領選の敗北が判明してからも，トランプ政権は対中制裁を緩めなかった。2020 年 9 月に華為への輸出規制が強化され，半導体受託生産の中芯国際（SMIC）に対する製造装置・ソフトや材料の輸出規制も発動された。また 12 月には華為や SMIC に加えて，航空・鉄道・造船・通信などの中国企業 35 社が「共産中国軍事企業リスト」に掲載され，米国内での経済活動に制限が課された。さらに中国製アプリの使用制限や米国上場の中国企業に対する審査・監査が強化され，中国人研究者・留学生のビザ発給，共産党員の入境管理も厳格化された。

　トランプ政権は米中経済関係を切り離すデカップリングを狙った。中国欧盟

商会によると，デカップリングは，(1)マクロ・デカップリング（政治，金融），(2)貿易デカップリング（サプライチェーン，投入要素），(3)イノベーション・デカップリング（R&D，標準），(4)デジタル・デカップリング（データガバナンス，ネットワーク設備，電気通信サービス）に及ぶ（European Chamber 2020）。

　ここで注目すべきは，この(1)～(4)を合わせ持つ半導体産業のデカップリングである。中国は「中国製造2025」に基づき，半導体の自給率の向上に努めてきた。華為の子会社・海思半導体（ハイシリコン）による設計，SMICによる製造，華為による製品化といった半導体の自給化シナリオが想定されていたのであろう。ところが，現実には受託生産世界最大手の台湾積体電路製造（TSMC）をはじめ，外国からの調達に依存せざるをえない。しかしトランプ政権の制裁措置により，華為もSMICも半導体・製造装置，ソフトや材料の海外調達はきわめて困難となった。

　ここから，半導体のデカップリングは一定の効果を発揮したとの評価もみられる。しかしその結末は，世界的な半導体不足であり，その影響は自動車産業などにも深刻な影響を及ぼした。デカップリングには明らかに限界がある。

　第1に，今日の半導体産業は，世界市場の過半を占める中国市場抜きには存立しえない。中国市場で稼得した利益なくして，半導体企業は鍵となるR&Dを持続させることもできない。第2に，中国の5G通信の先行発展にみられるように，デカップリングは自らのイノベーション不足の認識を困難にする。第3に，中国内では，デカップリングは半導体産業への資源分配を加速化させる。中国の独自発展は新たな標準の出現を意味し，利便性・価格の両面で消費者利益を損なうとともに，中国が国際秩序に再び関与することを困難にする。第4に，デカップリングは複数国による対米同調が前提となる。しかし中国が参加する東アジア地域包括的経済連携（RCEP）のような通商協定の締結は，米国主導のデカップリングを困難にする。第5に，半導体の技術トレンド，つまり微細化の追求から立体化への移行を考慮に入れると，中長期的には微細化の追求だけで中国製の半導体に対する優位性を維持することも困難となろう。

　もちろん，半導体の自給化を目指そうとする中国の姿勢にも問題がある。半導体産業は，設計，製造，材料，製造装置，関連サービスなど，グローバル・

バリューチェーン（GVC）のいずれを欠いても存立しえない。しかも継続的なR&Dが求められる。これは「中国製造2025」が示唆する自給化シナリオでは，対応できるものではない。半導体産業は国際経済との融合・統合を前提としており，政府支援と保護政策からなる産業政策にはそぐわない産業である。

　米国としては，米国の半導体企業が中国市場で稼得した利益と，米国の技術が安全保障上の危険に曝されるリスクとを慎重に比較検討する必要がある。

4.　トランプ政権の対中政策の評価

　トランプ政権は，貿易赤字を「損失」や「敗北」と捉えて，その縮小に努めた。しかし2020年に米国の貿易赤字は9,049.4億ドルと過去最大を更新した。もっとも，マクロ経済的にみれば，米国の貿易赤字は貯蓄不足を反映しているにすぎない。貯蓄・投資バランスが是正されない限り，トランプ政権の過度に部分均衡論的なアプローチは，中国からの輸入が他国・地域からの輸入に代替されるだけであり，米国の膨大な貿易赤字を削減することは不可能である。

　トランプ政権の追加関税により，米国の中国産品に対する平均関税率は，最終的に約20％に引き上げられた（Bown 2020）。しかし米国の追加関税は，米国経済にも多大な負の影響を及ぼした。米中ビジネス評議会によると，米中貿易戦争はトランプ政権の政策目標を達成できなかったばかりか，米国に24.5万人の雇用喪失をもたらした。一方，米中両国が平均関税率を約12％に引き下げれば，今後5年間に米国のGDPは1,600億ドル，雇用は14.5万人，世帯収入は1世帯あたり460ドル増加することが見込まれる。これに対して，貿易戦争のエスカレーションとデカップリングが続けば，今後5年間に米国のGDPは1.6兆ドル，雇用は2022年に73.2万人，2025年には32万人減少し，米国世帯は6,400ドルの実質所得を喪失するという（USCBC 2021）。

第2節　バイデン政権の対外政策と中国の挑戦

1.　バイデン米新政権の対外政策

　バイデン政権の対外政策上の課題としては，前政権の「後始末」ともいうべ

き同盟関係の再構築とリベラルな国際秩序の再建があげられる。とはいえ，バイデン政権にとっての喫緊の課題はコロナ対策と経済再建である。2021 年初の米上院選決選投票の結果，大統領と議会のねじれは解消し，バイデン政権の政策運営の幅は大きく広がった。しかし大統領選でみられた米国社会の分断はとても一過性の現象とはいえない。2021 年 1 月に起きたトランプ支持者による米連邦議事堂への乱入は，米国社会の根深い亀裂を露呈する事件となった。

　米国経済はコロナ危機で大きく傷ついた。2020 会計年度の財政赤字は 3 兆ドルに達し，連邦政府の債務は 27 兆ドルを超えた。過去最大規模の重荷を背負ったバイデン政権は，経済再建と格差・差別の是正という難題に直面しており，少なくとも 2022 年の中間選挙までは国内問題を優先せざるをえない。

　バイデン政権は，国内の難題に対処しつつ，トランプ政権が毀損した国際関係の修復に取り組むことになる。まずは欧州との関係修復である。トランプ政権は欧州各国に国防費の増額を求め，米軍のシリア撤退やドイツ駐留米軍の削減を一方的に決定した。経済分野では，エアバスに対する EU 補助金，巨大 IT 企業（GAFA）に対する EU 規制などの争点を抱え，気候変動や軍縮，さらにコロナ対策めぐって，米欧関係は「脳死状態」（マクロン仏大統領）に陥った。

　バイデン政権にとって，欧州との関係修復は，中国に対する同盟関係を再構築するうえでも重要である。一方，トランプ政権下の米欧関係の混迷は，中国にとっては「追い風」となった。米欧関係を修復するために，バイデン政権は，2018 年 3 月にトランプ政権が 1962 年通商拡大法 232 条に基づき発動した，安全保障措置としての鉄鋼・アルミニウム製品輸入に対する追加関税など，同盟国・友好国に対する制裁措置の緩和・解除も検討せざるをえないであろう。

　政権成立に先立ち，バイデン氏は懲罰的な通商政策，同盟国に対する過酷な姿勢，独裁者への迎合は行わないと言明している（Biden and Harris 2020）。ところが，2020 年末に中国・EU 投資協定が大筋合意に達した。同盟関係の再構築に取り組むバイデン政権にとっては大きな誤算である。米国と異なり，EU は貿易戦争に臨むことなく，米国が第一段階合意で得たのと同様の成果を手にしたのである。中国・EU 投資協定の大筋合意は，トランプ政権が毀損した米欧関係の深刻さと没交渉ぶりを露呈する形となった[3]。

2.　中国の挑戦と報復措置

2017 年の中国共産党第 19 回大会では，21 世紀中葉に「社会主義現代化強国」を築き上げることが提起された。翌 2018 年 3 月の全人代では，憲法改正により習近平国家主席の任期撤廃が決議された。中国の挑戦的な動きに対する米国の回答が，2018 年 10 月のペンス副大統領の新たな「鉄のカーテン」演説，つまり中国の政治体制，国家資本主義，安全保障政策を厳しく批判した「新冷戦」宣言であった（White House 2018）。米中関係では，通商協議の第一段階合意の成果が問われる前に，パンデミックが新たな対立軸となった。当初は中国の新型コロナウイルスに対する初動の対応が批判された。その後，コロナ感染を早期に収束させると，中国は独善的な「マスク外交」を展開し始めた。

また中国は経済力を武器にした経済制裁を外交手段として利用してきた。例えば，2010 年の尖閣諸島中国漁船衝突事件後のレアアース輸出規制，人権活動家・劉暁波のノーベル平和賞受賞への抗議としてのノルウェーからのサーモン輸入規制，2012 年のスカボロー礁をめぐる領有権紛争に伴う中国人のフィリピン旅行規制や同国産バナナ輸入規制，2016 年の高度防衛ミサイル（THAAD）配備に伴う中国人の韓国旅行規制，そして 2020 年のオーストラリアによるコロナウイルス発生源調査要求と華為 5G 排除に伴う同国産大麦やワインへの追加関税，牛肉・石炭の輸入規制などの事例があげられる（Hanson et al. 2020）。

さらに中国は，米国と同様の制裁・報復措置を制度化し始めた。2020 年 8 月の商務部の輸出禁止・制限技術リストの改訂では，AI 技術，音声認識，データ分析などが追加された（商務部他 2020）。また翌 9 月には商務部がエンティティリストを発表した（商務部 2020）。そして 12 月には輸出管理法が施行された（同法発表は『中国人大網』2020 年 10 月 17 日）。もともと輸出管理法は，大量破壊兵器や両用技術の輸出管制を目的としており，国際慣行である安全保障輸出管理の国際的義務を履行するために準備されてきた。ところが，貿易戦争が技術覇権をめぐる米中間の競争へと進展するに伴い，輸出管理法の国家安全・産業保護の側面がより重視されるようになった。さらに 2021 年 1 月には不当域外適用阻止弁法が施行された（商務部 2021）。これは対中制裁に同調した企業に損害賠償を請求できる対抗策である。また同月には，中国の輸

出管理で世界が注目してきたレアアースに対する管理条例のパブリックコメント用草案が公表された（工業和信息化部 2021）。外国投資では，米国と同様に，中国も国家安全に影響する重要分野での外資マジョリティ支配に対して，国家安全保障審査を拡大・厳格化する措置が発表された（発展改革委他 2020）。

　バイデン大統領の就任翌日，中国外交部はポンペオ前国務長官を含む 28 人に対して，中国本土や香港・マカオへの入境，経済活動を制限すると発表した（『人民網』2021 年 1 月 21 日）。いずれも，バイデン政権によるトランプ政権の対中政策の継承阻止を目的とした中国側の象徴的な報復措置であった。

第 3 節　バイデン政権の対中政策

1.　対中強硬論の存続

　バイデン政権の対中政策はいかなる中国認識に基づいているのか。バイデン大統領や主要閣僚の中国認識から，その通商政策の方向性を展望してみよう。

　まず，米中通商協議の第一段階合意は基本的に継承され，追加関税も維持される。大統領選後にバイデン氏は，対中政策は同盟国と歩調を合わせて統一的な戦略を練り上げたいとの意向を表明し，対中オプションの観点からも，追加関税を直ちに動かすことはないと言明していた（*New York Times*, December 2, 2020）。バイデン政権の通商代表に指名されたタイ氏も上院指名承認公聴会で「中国は約束を守らなければならない」と述べ，トランプ政権下で調印された第一段階合意を引き継ぐ考えを示した（Senate 2021）。バイデン政権成立後，サキ報道官は大統領が多国間アプローチで中国に臨むこと，また中国への対応は過去数カ月と同じであると語り，トランプ政権の対中政策が当面維持されるとの見方を示した（White House 2021c）。

　政権成立前から，バイデン政権は気候変動問題では中国との協調を模索するが，香港の民主主義やウイグルの人権問題ではより強硬な姿勢で臨むことが指摘されてきた。政権成立後の初の外交演説で，バイデン大統領は「米国の利益に適えば，我々は北京と協力する準備がある」ことを強調している（White House 2021d）。しかし同時に，国務長官に指名されたブリンケン氏は，ウイ

グル族に対する中国政府の行為は「ジェノサイド」に相当するとの認識を表明し，人権問題には厳しく対応する姿勢を示した（USIP 2021）。

　2021 年 1 月末の上院指名承認公聴会では，バイデン政権の外交・通商閣僚への就任予定者たちが，各々の所管分野の観点から，きわめて厳しい中国認識を示した（Senate 2021）。上記のブリンケン氏は「中国の台頭は米国にとって最大の挑戦である」との認識を示し，方法論は同意できないが，トランプ政権の対中姿勢を「基本原則は正しかった」と評価した。国防長官に指名されたオースティン氏も中国は「米国がもっとも懸念すべき競争相手」であり，アジアにおける同盟関係の再構築を主張した。国連大使に指名されたトーマスグリーンフィールド氏は，中国が米国の安全，価値観，生活を脅かしているとして，国際機関で中国に対抗すること，同盟国との連携を再度強調した。

　また財務長官に指名されたイエレン氏も「中国は米国にとってもっとも重大な競争相手」と指摘し，ダンピング，貿易障壁，不公平な補助金，知的財産権の侵害，技術移転の強要など，「中国の不公正な慣行は米国企業の力を削いでいる」と指弾した。商務長官に指名されたレモンド氏は，華為などの中国企業が「米国の経済安全保障を危険に曝している」との認識を示し，「不公正な慣行には厳しく対処」し，「中国の過酷な人権侵害は非難されるべきだ」と批判した。

　ちなみに，バイデン政権は対中交渉の担い手として，外交・通商の実務経験が豊富なサリバン国家安全保障問題担当大統領補佐官（オバマ政権のリバランス戦略立案者），キャンベル・インド太平洋調整官（オバマ政権の国務次官補），タイ通商代表（下院通商法務顧問・台湾系）を配している。

　主要閣僚の発言は，議会の指名承認を得るためであったとしても，いずれも厳しい中国認識に基づいている。中国との通商協議は直接的には USTR が担うことになるが，米国の中国に対する厳しい認識は政府部局間でも共有されている。ハイテク産業は商務省が所管し，中国人産業スパイは司法省が摘発に努めている。安全保障では，国防総省の中国認識はさらに厳しい。一方，議会では台湾・チベット問題に加えて，ウイグル・香港問題でも超党派の対応がとられている。このように米国の対中政策は「全政府的アプローチ」（the whole-of-the-government approach）となっている（久保 2019）。

サキ報道官によれば，中国は「米国の労働者に損害を与え，技術優位を鈍らせ，同盟国や国際機関に脅威を与えている」として，オバマ政権が対北朝鮮政策で用いた「戦略的忍耐」をもって中国に臨むと言及した（White House 2021c）。米国の世論調査でも，一般市民の対中感情は著しく悪化しており，トランプ政権が敷いた強硬路線からの軌道修正は当面見込めそうにない。

2. 国内産業の支援と労働者の保護

次に，大統領選の綱領でバイデン候補は Made in All of America を唱えて製造業の再生を掲げた。これには，⑴政府調達市場に 4,000 億ドルを投資する Buy American，⑵製造業を再編・復興させる Make it in America，⑶研究開発と新興技術に 3,000 億ドルを新規投資する Innovation in America，⑷公共投資が全国民に行き渡る Invest in All of America，⑸労働者のための税制・通商戦略を追求する Stand up for America，⑹重要なサプライチェーンを米国に取り戻す Supply America が含まれる（Biden 2020）。

大統領選後もバイデン氏は，米国の労働者に投資し，その競争力を引き上げること，そのために政府は R&D，インフラ，教育分野に対して巨額の投資を行うことを再度強調した（*New York Times*, December 2, 2020）。

コロナ禍による経済危機の最中に誕生したバイデン政権は，トランプ政権と同様に保護主義的な一面を持ち合わせている。バイデン政権は成立直後に政府調達で米国製品を優先するバイ・アメリカン法の運用を強化する大統領令に署名した。政府機関による米国製品の調達拡大を促し，製造業の再生を狙った措置である。年間約 6,000 億ドルの連邦政府の調達契約では，品目別に一定比率以上の米国製品の使用が求められることとなった（White House 2021b）。

もちろん，この措置には，民主党の支持基盤であり，自由貿易に否定的な労働組合，大統領選でトランプ候補に流れたラスト・ベルトの白人労働者の支持を繋ぎ留める狙いがある。さらにバイデン大統領が政権運営を順調に進めるためには，民主党内の中道派とリベラル派のバランスを取っていく必要がある。通商政策を国内産業の保護手段と位置づける姿勢は，アプローチや程度の差こそあれ，トランプ政権と類似しており，バイデン政権の対中政策は大統領選時の上記綱領にかなりの程度拘束されることになる。

3.　通商協定に対する慎重姿勢

　さらに，同盟関係を基軸にした国際協調路線を志向するバイデン政権であるが，自由貿易協定（FTA）などの通商協定にはきわめて慎重である。もともと民主党は，オバマ政権が推進した環太平洋経済連携協定（TPP），トランプ政権の TPP 離脱後に締結された環太平洋経済連携に関する包括的・先進的協定（CPTPP）に対して，労働者の利益と国内経済の再生を優先するとして慎重な姿勢を示してきた。トランプ政権が北米自由貿易協定（NAFTA）に代替する米国・メキシコ・カナダ協定（USMCA）を発効させた時にも，民主党は議会承認に際して厳格な労働・環境規制を要求した。ここで重要な役割を果たしたのが，当時下院歳入委員会に在籍していた通商代表のタイ氏であった。

　大統領選後，バイデン次期大統領は，米国の労働者や教育分野に大規模な投資がなされるまでは新たな通商協定の交渉を開始しないこと，また通商交渉に労働組合や環境団体の代表者を同席させることを提起している（Biden and Harris 2020）。サキ報道官によると，大統領は「TPP は完全ではなく，改善しなければならない」と考えており，早期の CPTPP への復帰に慎重であるという。そして「現時点の焦点は労働者層や中間層にある」との認識から，雇用対策など国内問題を重視する方針を明らかにしている（White House 2021a）。

　一方，中国は RCEP の実現を背景にして，習近平総書記も CPTPP への参加に意欲をみせている（『新華網』2020 年 11 月 20 日）。TPP は貿易自由化・関税などの国境地点での改革に加えて，国境内の構造改革にも取り組まざるをえない。また世界貿易機関（WTO）を上回る自由化（WTO プラス）や WTO にない新ルール（WTO エクストラ）も部分的に含まれるために，中国の参加は決して容易ではない。2020 年末の中央工作会議では，CPTPP への参加を積極的に検討することが，2021 年の重点任務のひとつとして掲げられた（『新華網』2020 年 12 月 31 日）。CPTPP 参加の道程は遠くても，中国は米国不在の CPTPP への参加表明の戦略・戦術的意義を十分に理解しているものと思われる。

　本来，オバマ政権が中国包囲網を想定して構築した TPP に米国は距離を置き，逆に標的にされた中国が CPTPP への参加に意欲を示すという皮肉な反転状況が生まれている。第二段階の通商協議で争点となる国有企業，補助金政

策，競争政策，サイバー攻撃，越境データ移動，サービス市場アクセスなどの争点をめぐって，バイデン政権は中国の構造問題解決のための「外圧」としてCPTPP を利用できないまま，中国との通商協議に臨まざるをえないのである。

　バイデン政権の対中政策は，オバマ政権を含む歴代米政権が展開してきた関与政策への単純な回帰ではない。トランプ政権と同様に自国優先の態勢をとりながらも，そのアプローチは単独主義ではなく，同盟国との連携強化を通した国際協調路線である。バイデン大統領には，ワンマン経営者型の大統領にはみられない調整能力を存分に発揮して，このジレンマと折り合いをつけながら対中政策に臨むことが求められている。

[注]
1　2021 年 3 月に発表されたバイデン政権初の「2021 年通商政策方針と 2020 年年次報告書」では，政策優先順位として，(1)COVID-19 パンデミックへの取り組みと経済回復，(2)労働者を中心に据えた通商政策，(3)世界を持続可能な環境・気候へと導く，(4)人種平等の推進，十分なサービスを受けていないコミュニティの支援，(5)中国の強制的かつ不公正な経済貿易慣行に対処する包括的な戦略，(6)友好国・同盟国との連携，(7)米国の農民，牧場主，食品製造業者，漁師への支援，(8)世界の公平な経済成長の促進，(9)ルールの重要視が掲げられた（USTR 2021）。
2　2021 年 3 月にバイデン政権が当面の外交・安全保障政策の指針として発表した「国家安全保障戦略の暫定指針」では，(1)中国は国際秩序に挑戦する唯一の競争相手である，(2)米軍をインド太平洋地域と欧州に重点配備する，(3)中国との戦略的競争は国益に則した協力を妨げるものではない，(4)国際機関における米国の指導的地位を早急に取り戻すことが強調された（White House 2021e）。
3　2021 年 5 月，ウイグル族の人権問題に関する EU の対中制裁に対して中国が報復措置をとったことから，欧州議会は EU と中国が大筋合意した投資協定の批准に向けた審議を停止する決議を可決した（European Parliament 2021）。その後，同年 6 月の G7 首脳会議では，G7 の協調体制の修復が急ピッチで進められた。

[参考文献]（機構名が明記されているものは当該機構の Web サイト掲載）
大橋英夫（2020），『チャイナ・ショックの経済学―米中貿易戦争の検証』勁草書房。
久保文明（2019），「トランプ政権と中国」『国際問題』第 681 号。
Biden, Joe (2020), "The Biden Plan to Ensure the Future is 'Made in All of America' by All of America's Workers" <https://joebiden.com/made-in-america/>.
Biden, Joe and Kamala Harris (2020), "Joe Biden Speech on Economic Recovery Plan Transcript" <https://www.rev.com/blog/transcripts/joe-biden-speech-on-economic-recovery-plan-transcript-november-16>, November 16.
Bown, Chad P. (2020), ""US-China Trade War Tariffs: An Up-to-Date Chart," Peterson Institute for International Economics, February 14.
Bown, Chad P. (2021), "Anatomy of a Flop: Why Trump's US-China Phase One Trade Deal Fell Short," February 8.

European Chamber (2020), *Decoupling: Severed Ties and Patchwork Globalisation*, Mercator Institute for China Studies and European Union Chamber of Commerce in China.

European Parliament (2021), "MEPs Refuse Any Agreement with China Whilst Sanctions Are in Place," May 20.

Hanson, Fergus, Emilia Currey and Tracy Beattie (2020), "The Chinese Communist Party's Coercive Diplomacy," *Policy Brief Report*, No. 36, Australian Strategic Policy Institute.

Senate (2021), "Hearings of Committees," Foreign Relations, January 19 and 27, Armed Services, January 19, Finance, January 19 and February 24, and Commerce, Science, and Transportation, January 26.

USCBC (2021), *The US-China Economic Relationship: A Crucial Partnership at a Critical Juncture*, Oxford Economics and the US-China Business Council.

USIP (2021), "Passing the Baton 2021: Securing America's Future Together," United States Institute of Peace, January 29.

USTR (2020), *Economic and Trade Agreement between the Government of the United States of America and the Government of the People's Republic of China*, January 15.

USTR (2021), *2021 Trade Policy Agenda and 2020 Annual Report*, March 1.

White House (2018), "Remarks by Vice President Pence on the Administration's Policy Toward China," October 4.

White House (2021a), "Press Briefing by Press Secretary Jen Psaki and National Economic Director Brian Deese," January 22.

White House (2021b), "Remarks by President Biden at Signing of Executive Order on Strengthening American Manufacturing," January 25.

White House (2021c), "Press Briefing by Press Secretary Jen Psaki," January 25.

White House (2021d), "Remarks by President Biden on America's Place in the World," February 4.

White House (2021e), *Interim National Security Strategic Guidance*, March 3.

発展改革委・商務部 (2020),「外商投資安全審査弁法」12 月 19 日。

工業和信息化部 (2021),「公開征求対『稀土管理条例（征求意見稿）』的意見」1 月 15 日。

商務部 (2020),「不可靠実体清単規定」9 月 19 日。

商務部 (2021),「阻断外国法律与措施不当域外適用法」1 月 9 日。

商務部・科技部 (2020),「関於調整発布『中国禁止出口制限技術目録』的公告」8 月 28 日。

（大橋英夫）

第3章

米中対立と5つのインド太平洋構想
―重要な連携と協力―

はじめに

　インド太平洋構想は，「中国の海洋進出と一帯一路構想のけん制」，「インド
からアフリカへの経済成長のフロンティアの拡大に対応」という2つの目的が
あったが[1]，トランプ政権下では，「中国との体制間競争の場としてのインド
太平洋」という意義が強まった。一方，ASEANやインドのインド太平洋構想
は「中国との対立ではなくASEAN中心性と海洋協力など地域協力」を重視
している。バイデン政権はトランプ政権の「自由で開かれたインド太平洋構
想」を継承する方針であり，インド太平洋構想の重要性は変わらない。インド
太平洋構想は，日本，米国，豪州，インド，ASEANに加え，フランスとドイ
ツなどEU諸国も発表している。本章では，インド太平洋地域に位置する日米
豪印ASEANのインド太平洋構想をとりあげ，その内容，意義，共通点と相
違点，展望と課題を検討している。

第1節　日本の「自由で開かれたインド太平洋」構想

1. 2つの海と2つの大陸を結合する構想

　自由で開かれたインド太平洋（Free and Open Indo-Pacific: FOIP）は日本
で生まれた国際戦略構想である。太平洋とインド洋を一体のものとしてとらえ
るビジョンが初めて明らかにされたのは，第1次安倍政権時の2007年8月の
安倍総理のインド国会での「2つの海の交わり（Confluence of the Two

Seas）」と題された演説である[2]。同演説は，「太平洋とインド洋は，今や自由の海，繁栄の海として，一つのダイナミックな結合をもたらしており，従来の地理的限界を突き破る拡大アジアが明瞭な形を現しつつある」と述べている。

　外交戦略としての FOIP は，2016 年の第 6 回アフリカ開発会議（TICAD Ⅵ）における安倍総理の基調演説で発表された。同演説では，「太平洋とインド洋，アジアとアフリカという 2 つの海，2 つの大陸の結合が世界に安定，繁栄を与えるとして，力と威圧と無縁で，自由と法の支配，市場経済を重んじる場として育て豊かにする責任を日本が担う」と述べ，2 つの海に加え，2 つの大陸の結合にビジョンを発展させた。2017 年版開発協力白書では，FOIP の概念を次のようにまとめている。すなわち，「国際社会の安定と繁栄の鍵をにぎるのは，成長著しいアジアと潜在力あふれるアフリカという 2 つの大陸と自由で開かれた太平洋とインド洋という 2 つの大洋の交わりであり，これらを一体として捉え，インド太平洋地域をいずれの国にも安定と繁栄をもたらす国際公共財とする」というものである。

2.　FOIP の 3 本柱

　日本の FOIP は，① 法の支配，航行の自由，自由貿易等の普及・定着，② 経済的繁栄の追求，③ 平和と繁栄の確保の 3 本柱から構成されている[3]。

　1）法の支配，航行の自由，自由貿易等の普及・定着

　法の支配，航行の自由，自由貿易等の普及・定着というなど民主主義国，自由な市場経済国の基本原則を共有する各国との協力，国際場裡やメディアでの戦略的発信を行うとしている。

　2）経済的繁栄の追求

　① 港湾，鉄道，道路，エネルギー，ICT 等の質の高いインフラ整備を通じた「物理的連結性」，② 人材育成等による「人的連結性」，③ 通関円滑化等による「制度的連結性」の強化を推進するとしている。質の高いインフラについては，2019 年の G20 大阪サミットで，次の 6 つの「質の高いインフラ投資に関する G20 原則」が承認された。① 持続可能な成長と開発へのインパクトの最大化（雇用創出，技術移転，連結性強化等），② ライフサイクルコストから見た経済性，③ 環境への配慮，④ 自然災害等のリスクに対する強じん性，⑤

社会への配慮（利用の開放性，安全性，ジェンダー，社会的弱者への配慮等），
⑥ インフラ・ガバナンスの強化（調達の開放性・透明性，債務持続可能性等）。
中国の一帯一路構想でのインフラプロジェクトが債務の罠，中国企業の受注と
労働者派遣にみられる地元への貢献のなさ，環境破壊などの多くの問題がある
ことが批判されており，質の高いインフラの原則を国際的に決めておくことは
重要である。

　質の高いインフラ建設に向けて，2015年5月に「質の高いインフラパート
ナーシップ」でアジア開発銀行と連携し今後5年間で約1100億ドルの質の高
いインフラ投資をアジアで行うこと，2016年5月には「質の高いインフラ輸
出イニシアティブ」により世界全体の輸出需要に対し，2000億ドルの資金な
どを供給することが発表されている。具体的な取り組みとしては，① 東南ア
ジア域内の連結性向上（東西経済回廊，南部経済回廊，シハヌークビル港整
備，電子通関システム導入などソフト連結性等），② 南西アジア域内の連結性
向上（インド北東州道路網整備，ベンガル湾産業成長地帯等），③ 東南アジ
ア～南西アジア～中東～東南部アフリカの連結性向上（モンバサ港開発等）が
進められている。

　3）平和と安定の確保

　平和と安定の確保では，① インド太平洋沿岸国への能力構築支援，（巡視船
27隻供与など海上法執行能力や海洋状況把握（MDA）能力の強化），人材育
成など，② 人道支援・災害救援，海賊対策，テロ対策，不拡散分野での協力
などを行っている。

3. 包摂の採用とASEANのインド太平洋構想（AOIP）への協力

　日本のFOIP構想では，包摂という言葉は使用されていなかったが，現在は
「FOIPは開かれた包摂的構想」として，（a）新たな機構の創設や既存機関と
の競合を意図しない，（b）いかなる国も排除せず，FOIPについてのビジョン
を共有するパートナーと広く協力することが明示されている。豪州，インド，
ASEANのインド太平洋構想は，いかなる国も排除しない包摂性を基本的な原
則とおり，アジア主要国の構想と共通する構想となった。また，新たな機構を
創設せず，既存機関との競合を意図しないというのはAOIP（次節参照）の基

本原則である。

　日本の FOIP の特徴は ASEAN のインド太平洋構想（AOIP）との連携と協力であり，AOIP の海洋協力，連結性，SDG，経済の4分野への多様な協力を実施している[4]。AOIP のプロジェクトを ASEAN が独力で実施するのは困難であり，日本の協力は重要である。主要なプロジェクトは，① 海洋協力では，IUU（違法・無報告・無規制）漁業対策に関する技術協力，海洋プラスチックごみに関する人材育成・広報活動等，② 連結性は，質の高いインフラと人と人の連結性の2分野である。質の高いインフラでは日 ASEAN 連結性イニシアティブにより陸海空の回廊連結性プロジェクトを中心にハード・ソフトの両面で ASEAN の連結性強化を支援している。③ SDG では，新型コロナ感染症対策として ASEAN 感染症対策センター設立を支援している。④ 経済では，ASEAN 地域のサイバーセキュリティ対策強化に協力し，コロナ危機への対応として「日 ASEAN 経済強靱化アクションプラン」により，リスク耐性のある強靱なサプライチェーン構築に向けた ASEAN 地域等における生産拠点の多元化・高度化支援などを実施している。

第2節　米国の自由で開かれたインド太平洋構想

1.　中国との競争の場となるインド太平洋

　米国はオバマ政権時代からインド太平洋に目を向けていたが[5]，外交戦略となったのはトランプ政権下であり，2017年11月のベトナムのダナンで開催された APEC の CEO サミットにおけるトランプ大統領の演説で FOIP のビジョンが示された。同演説は，「質の高いインフラ投資に向けて米国の開発金融機関を改革することと国家主導の紐付きのイニシアティブに対し強力な代替策を提供すること，法の支配，個人の権利，航行と飛行の自由という3つの原則が安定，信頼，安全保障，繁栄をもたらす」と述べている。米国の FOIP の特徴は，米中対立のエスカレーションに伴い，中国との体制間競争が起きておりその場がインド太平洋であるという認識が強くなっていったことである[6]。

　2017年12月の「国家安全保障戦略（National Security Strategy: NSS）」で

は，インド太平洋で世界についての自由なビジョンを持つ国と抑圧的なビジョンを持つ国の間の地政学的な競争が起きているとし，インド太平洋を欧州，中東を超えて最も重要な地域と位置付けている[7]。インド太平洋は，米国の西海岸からインドの西海岸までの地域と定義されている。2018 年 12 月に成立した「アジア再保証推進法（Asia Reassurance Initiative Act: ARIA）は，インド太平洋地域の同盟国とパートナーに米国が FOIP の枠組みにより関与し続けることを再保証する法律であり，上院は全会一致，下院も圧倒的多数で承認された[8]。ARIA は，民主党を含む議会が超党派で成立させており，FOIP を支持・補完するという議会の意思を示したものとして重要である。

　2019 年 6 月には国防総省がインド太平洋戦略報告書（Indo-Pacific Strategy Report）を発表した。同報告は，FOIP の原則として，① すべての国の主権と独立の尊重，② 紛争の平和的解決，③ 自由な投資，透明な協定，連結性に基づく自由で公平，互恵的な貿易，④ 航行と飛行の自由を含む国際ルールと規範の遵守，をあげている。米国の安全保障と経済成長に最も重要なインド太平洋地域でルールと法の支配，航行の自由，武力と威圧によらない紛争の解決，知財権の尊重，略奪的でない投資などの国際公共財というべき国際秩序が中国，ロシアなどによる脅威と挑戦を受けていると認識し，① 軍備拡張，② パートナーシップ強化，③ 地域の安全保障協力のネットワーク化により FOIP を推進するとしている。

2．5 分野で多角的な協力を実施

　2019 年 11 月に，国務省が「自由で開かれたインド太平洋　共有ビジョンの推進（A Free and Open Indo-Pacific Advancing a Shared Vision）」という報告書を発表した。同報告書は，米国の FOIP の行動計画を詳細に説明している。理念優先で具体性に欠けるという批判があった FOIP で非常に多様な行動計画が 5 分野で実施されていることが理解できる。5 分野は，① パートナーおよび地域制度の関与，② 経済的繁栄の推進，③ 良きガバナンスの擁護，④ 平和と安全保障の確保，⑤ 人的資本への投資である[9]。

　「パートナーおよび地域制度の関与」では，ASEAN が筆頭にあげられ，インド太平洋に関する ASEAN アウトルック（AOIP）の原則と FOIP のビジョ

第 3 - 1 表　米国の FOIP のイニシアティブの事例

1．パートナーおよび地域制度の関与 　①多国間の関与：1）ASEAN：メコン川下流地域開発イニシアティブ（LMI）支援，2） 　　APEC：デジタル貿易円滑化・事業環境改善・サービス市場開放・女性の経済活動参加での 　　協力，アジアにおける経済成長支援（US-Support for Economic Growth）の開始，3）QUAD 　　（日米豪印戦略対話）：海洋安全保障，質の高いインフラ，連結性，テロ対策などの協力の閣 　　僚レベル協議 　②2 国間の連携：1）日本の FOIP，インドのアクト・イースト政策，豪州のインド太平洋構想， 　　韓国の新南方政策，台湾の新南向政策との連携，2）エヤワディ・チャオプラヤ・メコン経済 　　協力戦略会議（ACMECS）支援，3）インド：外務防衛の 2 + 2 対話（2018 年開始），通信相 　　互安全協定（COMCASA）締結（2018 年），米印エネルギーパートナーシップ，合同軍事演 　　習（Tiger Triumph）実施（2019 年） 2．経済的繁栄の推進 　1）開発指向型投資利用向上法（Build Act）による米国国際開発金融公社（DFC）の設立，融資 　　能力を 600 億ドルに拡大，2）USAID による貿易と競争力強化支援，3）米日貿易協定，米日デ 　　ジタル貿易協定，米韓 FTA 　①インフラストラクチュア：1）インフラ取引支援ネットワーク（ITAN）創設（2018 年），2） 　　ブルードットネットワークを日豪加 EU と設立，②エネルギー：1）Asia EDGE，2）米日メコ 　　ン電力パートナーシップ（JUMPP），③デジタル経済：1）デジタル・パートナーシップ，2） 　　ASEAN スマートシティパートナーシップ 3．良きガバナンスの擁護 　1）海外腐敗行為防止法，グローバル・マグニツキー法，リーヒ法の利用，2）インド太平洋透明 　　性イニシアティブ：6 億ドルに達する 200 以上のプログラム実施 4．平和と安全保障 　1）太平洋軍のインド太平洋軍（37 万 5000 人）の改称と配置，2）東南アジア海洋法執行イニシ 　　アティブの拡大 5．人的資本の投資 　1）科学技術エンジニアリング数学プログラム（STEM）によるイノベーション促進，2）メコン 　　地域の公務員の第 3 国での訓練プログラム（シンガポールと共同）

（注）これらは多くのイニシアティブの一部である。全体については，石川（2020a）を参照。
（出所）Department of State, A Free and Open Indo-Pacific Advancing a Shared Vision により作
　　成。

ンが収斂していることを指摘している。2 国間では日本の FOIP，豪州のイン
ド太平洋構想，インドのアクト・イースト政策，韓国の新南方政策，台湾の新
南向政策との連携を行っている。「経済的繁栄の増進」では，2018 年 10 月に
開発指向型投資利用向上法（Build Act）を制定し，国際開発金融公社（DFC）
を設立し DFC の融資能力は 600 億ドルと倍増したことが重要である。インフ
ラ建設では，民間インフラ投資を促進するインフラ取引アドバイスファンド
（ITAN）を 2018 年に創設した。質の高いインフラ投資に認証を与えるブルー

ドットネットワークを日本，豪州，カナダ，EU と創設している。

　「良きガバナンスの擁護」では，2018 年に，反腐敗，自由と人権の保護，報道の自由などを支援するインド太平洋透明性イニシアティブを発表し，200 以上のプログラムを実施している。「平和と安全保障」では，まず 37 万 5000 人のインド太平洋軍の配置があげられ，東南アジア海洋安全保障イニシアティブとベンガル湾イニシアティブへの 11 億ドルを超える支出を行っているとしている。「人的資本への投資」では，科学技術エンジニアリング数学プログラム（STEM）をフェイスブック，グーグルなどの民間企業と共同で実施している。

3.　FOIP を引き継ぐバイデン政権

　米国の FOIP は，中国との長期の戦略的競争の場がインド太平洋であるとの認識が強く打ち出され，安全保障や価値の面での対抗戦略という面が 2018 年以降強くなったが，国務省報告からは極めて多様な協力がきめ細かく実施されていることがわかる。これらの事業は国務省，国防総省，商業省，国際金融開発公社，USAID など多くの政府機関が関与し，法律や制度が出来ているため，民主党政権になっても継続すると考えられる。バイデン大統領は，就任前の 11 月に「自由で開かれた（free and open）インド太平洋」ではなく，「安全で繁栄した（secure and prosperous）インド太平洋」という言葉を使ったため，FOIP を継承するのか論議を呼んだ。しかし，1 月 27 日の菅首相との電話会談で，「日米同盟が自由で開かれたインド太平洋における平和と繁栄の基礎として重要であることを確認した」と米国側が発表し，FOIP を公式に使用した[10]。

　2 月 4 日の外交演説では FOIP への言及はなかったが，中国について，「最も重大な競争相手である中国による米国の繁栄，安全保障，民主主義的な価値に対する挑戦に直接対応する」と述べている[11]。経済，安全保障，価値の面で中国は米国に挑戦しているとの認識はトランプ政権と同じである。なお，1 月 13 日にはカート・キャンベル元国務次官補がホワイトハウスの国家安全保障会議に新設されるインド太平洋調整官（Indo-Pacific Coordinator）に就任することが明らかになった。具体的な施策やアプローチは変化する可能性はあるが，バイデン政権が FOIP の基本的な認識や目的などを継承することは確実といえよう。

第3節　豪州とインドのインド太平洋構想

1. 豪州の「開かれ包摂的で繁栄するインド太平洋」構想

　豪州は2013年の防衛白書で，「インドが経済，外交で重要な戦略的アクターとして登場し，インド洋が世界の最も交通量が多く戦略的に最も重要な貿易ルートになっている」と指摘している。2017年の外交白書は，「すべての国の権利が尊重され開かれ包摂的で繁栄するインド太平洋」を豪州の安全保障と繁栄の最も重要な目標に掲げている[12]。

　原則として，① 対話と協力，力の行使あるいは威圧によらない国際法に従った紛争の平和的解決，② 物品，サービス，資本，アイディアの移動を促進する自由な市場，③ 包摂的で地域の経済に開放された経済統合，④ 航行と飛行の自由および小国の権利の保護，⑤ 経済と安全保障についての米国の強い関与および制度と規範形成への支援，⑥ これらの原則に基づく地域秩序を強化する方向での中国の主導的な役割，を掲げている。日米の構想との違いは，「包摂的」という用語を使用していることである。包摂的とは特定国を除外しないことを意味しており，具体的には中国を意味する。そのため，米国の強い関与とともに中国の主導的な役割を指摘している。ただし，具体的な行動では，豪州はQUADのメンバーであり，また，日本，米国との間でインド太平洋戦略およびその推進のための協力を進めている。2020年7月には「防衛戦略アップデート」を発表し，インド太平洋が米中の戦略的競争の中核的な場となっているとして，今後10年間で2700億ドルを防衛能力増強に投資する方針を示した[13]。太平洋地域島嶼国については，「ステップアップ：Pacific Step up」政策による協力を進めている。

2. インドの「自由で開かれた包摂的なインド太平洋」構想

　インドのインド太平洋構想を包括的に示したのは，2018年6月のモディ首相の演説である[14]。モディ首相は，「インド太平洋はアフリカから米国の沿岸までの地域である」とし，「小国も大国もすべての国が平等かつ主権国家として繁栄する民主的でルールに基づく国際秩序を推進し，自由で開放された海，

空間，空路のために協力する」と述べた。インドの構想には次の要素が含まれる。① 自由で開かれた包摂的な地域であり，地域のすべての国と利害を持つ域外の国を含む，② ASEAN が今までも将来も中心である，③ 対話とルールに基づく共通の秩序を通じて繁栄と安全保障を推進する。すべての国が平等であり，ルールと規範はすべての国の同意を基盤とする，④ 航行の自由，障害のない妨げられない商業，国際法に従った紛争の平和的解決，⑤ 開放され安定した国際通商秩序とバランスのとれた安定した通商環境，バランスのとれた RCEP に期待[15]，⑥ 主権と領土の尊重，協議，よいガバナンス，透明性，実現性と持続性に基づく連結性，債務の重荷への反対，⑦ 封じ込めと分断の拒否。

　インドの構想の最大の特徴は「包摂」を入れたことである。また，米中対立の間で分断を拒否しており，ASEAN の姿勢とも通じるものである。もう一つの特徴は，ASEAN の重視であり，東南アジアがインド太平洋の中心であり，ASEAN がインド太平洋構想の中心になるとしている。一方で，主権と領土の尊重，航行の自由，国際法に従った紛争の平和的解決，民主的でルールに従った国際秩序を主張しており，これらは日本や米国の構想と共通しているとともに中国を暗に批判している。また，一帯一路については債務の重荷を負わせてはならないとし，主権や領土の尊重，ガバナンス，透明性などを強調し中国を名指ししてはいないが批判をしている。

　インドは 2019 年 11 月にインド太平洋海洋イニシアティブ（Indo Pacific Ocean Initiative: IPOI）を発表した[16]。IPOI は，海洋安全保障，海洋エコロジー，海洋資源，能力醸成と資源共有，災害リスク軽減と管理，科学技術学術協力，貿易連結性と海洋輸送の 7 つを柱として協力と能力醸成を進める構想である。

第 4 節　インド太平洋に関する ASEAN アウトルック

　2019 年 6 月に ASEAN はインド太平洋に関する ASEAN アウトルック（ASEAN Outlook on the Indo-Pacific: AOIP）を発表した[17]。ASEAN はインド太平洋地域の中心に位置しており，ASEAN が主導して経済および安全保障

上の地域制度枠組み（アーキテクチュア）を形成しこの地域の人々に平和，安全，安定と繁栄をもたらすことは ASEAN の利益になることが AOIP を策定した理由である。AOIP の特徴は，ASEAN 中心性を基本原則とし，東アジアサミット（EAS）などの ASEAN 主導のメカニズムにより協力を実施することである。

　AOIP の目的は，① 協力の指針を示す，② ルールに基づく地域制度枠組みの支持，経済協力推進，信認と信頼強化により，平和，安定，繁栄を可能とする環境を作る，③ ASEAN 共同体構築推進と ASEAN 主導のメカニズムの強化，④ ASEAN の優先協力分野の実施，である。原則については，ASEAN 中心性，開放，透明性，包摂，ルールに基づく枠組み，良き統治，主権尊重，不干渉などが掲げられている。

　協力分野は，① 海洋協力（航行と飛行の自由，海洋資源管理など），② 連結性（インフラ建設など），③ SDGs（国連持続的開発目標），④ その他（デジタル経済，物流，中小企業など）の4分野である。実施メカニズムは東アジアサミットなど既存の ASEAN 主導のメカニズムであり，新たな仕組みを作らないとしている。

　米中対立がインド太平洋地域で深刻化し，ASEAN が巻き込まれることへの警戒感と懸念から，ASEAN の構想は平和，対話，協力を強調している。注目されるのは，新たなメカニズムを作るのではなく，既存のメカニズムによりインド太平洋構想を議論し実施していくとしていることである。ASEAN 主導の枠組みは，ASEAN 中心性が運営の原則となっており，議論と実施の面でも ASEAN 中心性を担保することを意図している。

　ASEAN のインド太平洋構想は中国を排除していない。なぜなら，ASEAN 主導の枠組みは中国が参加しているからだ。その点で豪州，インドの構想と共通する。協力分野は，海洋協力では海洋の安全と安全保障，航行と飛行の自由など日米の協力分野と共通する分野もあるが，小規模漁業コミュニティの保護，災害管理など社会経済開発分野が多い。また，ASEAN 連結性マスタープラン 2025 の支援，貿易円滑化と物流インフラとサービスなど ASEAN 共同体実現を目的とするものが多い。つまり，協力は ASEAN および ASEAN 各国が対象となっているのである。

　課題は構想をどのように実施し実現するかである。原則，目的，協力分野を説明しているが，具体的な措置や行動計画は述べられていない。協力分野は多く，ASEANだけでこれらを実施するのは難しく，域外からの協力と支援が必要になる。日本は2020年の第23回首脳会議でAOIPへの協力を明らかにし，4分野での協力を実施している。

第5節　インド太平洋構想の展望と課題：求められる5カ国・地域の連携と協力

　現在，欧州の構想を除くと5つのインド太平洋構想が並立している。その中で日本のインド太平洋構想は，インドそしてアフリカに経済発展の波が拡大していくという世界経済の長期的な構造変化に対応する国際開発戦略であり，世界経済の発展動向を踏まえたスケールの大きな構想といえる。1990年代以降中国とASEANを中心とする東アジアが世界経済をけん引してきたが，インドを中心とする南アジア，そしてアフリカの巨大市場国が21世紀の中葉から後半に向けて重要な市場になることは確実である。インド洋沿岸国への経済協力，投資，貿易を拡大し，経済連携を深めていくことは日本の成長戦略の重要な要素となる。

　航行の自由，一帯一路に対抗する質の高いインフラ建設，インド太平洋での経済開発と地域協力を進めるためには5カ国・地域の協力が不可欠である。5つのインド太平洋構想は，法の支配，航行の自由，自由な市場，平和的な紛争解決など多くの要素が共通しているが，呼称，対象範囲，理念や原則などで違いも大きい。対象地域では，アフリカを含めるかが大きな相違である。日本とインドはアフリカを対象としているが，米国は米国西海岸からインド西海岸（ハリウッドからボリウッドまでといわれる）である。日本は質の高いインフラ建設を中心に経済開発を重視し，米国は米中間の競争という認識が強い。

　重要な相違点は中国に対する対応である。日本，米国は特定国を排除することは否定しているが，中国へのけん制，対抗色が強い。一方，ASEAN，インド，豪州は中国を排除しないことを明示あるいは暗示している。そのキーワー

ドは「包摂（inclusive）」である。2018年6月の日米豪印協議で「4カ国は自由で開かれ包摂的なインド太平洋に合意した」と発表されるなど日米とも2018年から「包摂」を容認しはじめている。日本が「包摂的」という概念を受容し始めた背景には，日中関係の改善と第3国における日中民間企業によるインフラ協力の動きおよびAOIPへの協力がある。なお，日本政府は，2018年11月に「自由で開かれたインド太平洋戦略」から「自由で開かれたインド太平洋構想（vision）」に名称を変更している。

　具体的な施策あるいは行動計画については，日本は詳細かつ具体的な施策やプロジェクトを示しており，資金面の規模も大きい。米国も詳細なプロジェクトや施策を発表している。インドは7分野の海洋協力構想を発表し，ASEANは4つの協力分野で多くの課題を示している。日米の具体施策は新しいプログラムを含んでいるが，今までに関連分野で実施されてきた施策や経済協力も多い。その点では一帯一路構想と似ている。

　中国の海洋進出へのけん制と一帯一路構想に対する代替案の提示は重要性を増している。中国の海洋進出に対しては，力や威圧によらず国際法に従った紛争の解決，航行と飛行の自由を主張し続けねばならない。中国を排除していない豪州とインドは2020年に入り対中関係が急速に悪化している。豪州は外交白書の改定を2021年に進める見通しであり，両国の中国に対する方針がどう変わるかはインド太平洋構想の進め方に影響するだろう。

　インド太平洋構想は，1兆ドル規模といわれる一帯一路構想と比べると具体的なプロジェクトが少なく，金額の点でも見劣りすることは否定できない。2016年から2030年までのアジアのインフラ需要は26.2兆ドル（アジア開発銀行）と膨大であり，一帯一路構想と自由で開かれたインド太平洋構想による資金を合計しても不足している。5カ国・地域が協力して具体的な施策，プロジェクトを構築し，経済協力を拡充すべきである。経済協力では中国との補完と協力も可能である。メコン地域で東西経済回廊を日本が支援し，南北経済回廊を中国が支援したように，インド太平洋構想と一帯一路構想のシナジーは可能であり，協力と連携を探るべきである。

[注]

1　石川（2019），217 – 221 頁。

2　外務省（2007），「インド国会における安倍総理大臣演説『2つの海の交わり』」。

3　外務省（2019），「自由で開かれたインド太平洋に向けて」，外務省ホームページに掲載。

4　インド太平洋に関する ASEAN アウトルック（AOIP）協力についての第 23 回日 ASEAN 首脳会議共同声明。

5　ヒラリー・クリントン国務長官が 2011 年 11 月に「フォーリン・ポリシー」誌に「米国の太平洋の世紀」という論文を発表し，「太平洋とインド洋という 2 つの大洋がますます統合されている」と論じている。

6　米中が戦略的競争の時代に入ったという認識については，石川（2020b）を参照。

7　National Security Strategy of the United States of America, December 2017, p46

8　United States, of America, Public Law 115-409-DEC.31,2018.

9　詳細は石川（2020a）を参照。

10　Department of State (2021), Biden, Jr. Call with Prime Minister Yoshihide Suga of Japan, January 27, 2021.

11　Department of State (2021), Remarks by President Biden on America's Place in the World, February 4, 2021.

12　Australia Government (2017), ‘2017 Foreign Policy White Paper, Opportunity, Security, Strength’

13　Australia Government, Department of Defense (2020), ‘2020 Defense Strategy Update’.

14　Government of India, Ministry of External Affairs (2018), ‘Prime Minister's Keynote Address at Shangri La Dialogue’.

15　インドは 2019 年 11 月の交渉後に RCEP 交渉から離脱し，RCEP は 2020 年 11 月に 15 カ国で署名を行った。

16　Government of India, Ministry of External Affairs (2020), ‘Prime Minister's Speech at the East Asia Summit’.

17　ASEAN (2019), ‘ASEAN Outlook on the Indo-Pacific’.

[参考文献]

石川幸一（2019）「自由で開かれたインド太平洋構想」，平川均・町田一兵・真家陽一・石川幸一編『一帯一路の政治経済学』文眞堂，所収。

石川幸一（2020a）「アジア再保証推進法，国防総省および国務省のインド太平洋戦略報告書にみる米国のインド太平洋戦略」世界経済評論 IMPACT＋No.16.

石川幸一（2020b）「大国間競争の復活」世界経済評論 IMPACT＋No.17.を参照。

（石川幸一）

第4章

米中対立の新たな構図と日本の役割

はじめに

バイデン政権の誕生によって米中関係の悪化に歯止めがかかるのか。今後の米中デカップリング（分断）の行方に世界の関心が高まっている。新型コロナウイルスの感染拡大によって，米国世論の対中感情が悪化の一途をたどる中，米国の対中強硬姿勢は今や，米国の政府だけでなく議会も党派を超えたコンセンサスとなっている。米国はトランプ政権からバイデン政権に変わったが，米中がデカップリングに向かうという基本的な流れに変化はない。

バイデン新大統領は中国に対する強硬姿勢を継続するが，具体的な対中戦略は一部見直されるだろう。単独主義から転換し，中国を牽制するため同盟国との連携を強める方針だ。コロナ禍で疲弊する世界経済への影響が懸念される中，デカップリングによる「とばっちりの構図」が，日本にとってもはや絵空事ではなくなってきた。本報告では，経済と安全保障を一体化した米国の対中規制に焦点を当てながら，米中対立の新たな構図と日本の役割について考える。

第1節　トランプ前政権下で激化した米中対立

1. 関税による「脅しとディール」は限界

トランプ前大統領にとって最大の誤算は，単独主義にもとづく関税による「脅しとディール」の交渉術が中国に思い通りに通用しなかったことだろう。

追加関税の乱用は，米国経済にも痛みをもたらすようなもろ刃の対中強硬策となった。

　トランプ前政権は2018年7月，1974年米通商法301条（不公正貿易の制裁条項）にもとづき，中国による知的財産権侵害への制裁として追加関税を発動した。だが，中国も報復措置をとったため報復合戦となり，第4弾の発動までエスカレートするなど，米中貿易戦争は危険なチキンレースに突入した。

　紛争解決が難しくなったのは，トランプ前政権が途中からゴールポストを動かしたからだ。米中貿易戦争の焦点は貿易不均衡の是正から「中国製造2025」潰しに変わるなど，ハイテク分野の覇権争いの様相を呈している。トランプ前政権は，中国の根幹にかかわる国家資本主義（国有企業や補助金の根源）を批判し，中国に構造改革を要求し出したので，中国はこれに反発した。

　2018年12月に開始された米中貿易協議は，当初，中国側が輸入拡大や規制緩和など，米国の要求に応じる姿勢を見せたため，合意も間近と思われた。しかし，2019年5月，中国が「中国の原則に関わる問題」（＝国家資本主義）に踏み込み過ぎだとして，土壇場で合意文書案を破棄したため，貿易協議は決裂した。その後G20大阪サミットをきっかけに米中の貿易協議が再開され，10月に暫定合意にこぎ着け，2020年1月，「第1段階の合意」に正式署名した。

　この部分合意は，知的財産権，技術移転，貿易拡大など7項目からなるが，合意しやすい分野に絞った政治的な妥協の産物にすぎない。米農産品の対中輸出が中国の報復関税で大幅に減少，大統領選挙に向けたトランプ氏の再選シナリオに狂いが生じ，支持基盤である米中西部をテコ入れする必要があった。そのため，トランプ前政権は農産品輸出の大幅増加を最優先し，中国の国家資本主義の根幹に関わる構造問題は棚上げにした。結局，中国の構造問題をめぐる米中の溝は深く，関税による脅しに頼った米国の対中戦略の限界が露呈した形となった。

2.　コロナ禍を契機に米中対立が再燃

　米中貿易戦争は「第1段階の合意」によって一時休戦したが，新型コロナウイルスの感染拡大ですぐにまた米中対立が再燃した。トランプ前大統領は，米国のコロナ対策の失敗を覆い隠すため，新型コロナ感染拡大の責任は中国にあ

り，中国による情報隠蔽が世界的なコロナ対策の遅れにつながりパンデミック（感染症の大流行）を招いたと批判し，制裁措置の発動も辞さない構えを見せた。その背景には，米国民の対中感情が悪化し，トランプ氏にとって，対中強硬策が大統領選挙を有利に進めるための手段になっていたからである。

　一方，いち早くコロナ封じ込めに成功した中国は，感染発生のイメージ悪化を払拭すべく，「マスク外交」と呼ばれる医療用品や医薬品などの医療物資の支援を通じて，内向きの保護主義傾向が強まる米国との違いを誇示し，中国への支持と国際的な影響力の拡大を狙った。中国外務省によれば，2020 年 5 月末時点ですでに中国のコロナ関連の支援を受けた国が 150 カ国に達していた。だが，中国に対しては，「医療品などの輸出を外交手段の一つとして使い，各国に圧力をかけている」との批判も多かった。

　米国は輸入する医療用品の多くを中国からの輸入に依存していた。トランプ前政権は，新型コロナ感染拡大を受け，医療物資のサプライチェーンを見直し，生産のリショアリング（国内回帰）を促す措置を講じた。中国からの輸入に過度に頼るリスクが浮き彫りとなったからだ。

　欧米がコロナ対策に追われる中，中国はその隙を突く形で，中国の「核心的利益」に関わるものとして，香港，台湾，南シナ海，インドなどで攻撃的な「戦狼外交」を展開，米国内では中国の強権主義への警戒が高まっていった。

3.　米中対立の新たな争点：経済中心から外交全般へ

　新型コロナウイルスの感染拡大を契機に，経済問題が中心だった米中対立は覇権争いを背景に外交全般に及ぶようになった。米中対立の新たな争点について，主な事例をいくつか挙げておこう。

　第 1 に，「香港国家安全維持法」の制定である。2020 年 6 月，中国全人代常務委員会が一国二制度の約束を破る同法案を可決した。これに対して，トランプ前大統領は 7 月，議会が可決した香港自治法に署名するとともに，香港への優遇措置撤廃の大統領令を発動した。

　第 2 に，南シナ海での中国の海洋進出である。中国は，南シナ海の岩礁を埋め立てて軍事拠点化を進めている。2020 年 7 月，米国務長官は従来よりも踏み込んだ形で，南シナ海の海洋権益に関する中国の立場を「完全に不法」と公

式に否定し，2016年7月のオランダ・ハーグの仲裁裁判所の判決を支持する
考えを示した。

　第3に，新疆ウイグル自治区の人権問題である。米政府は2020年7月，少
数民族に対する人権侵害に関与したとして，中国企業11社を輸出規制の対象
となるエンティティ・リストに追加することを明らかにした。

　第4に，米台関係の強化である。2020年8月，米国のアザー厚生長官（当
時）が7月に亡くなった李登輝元総統の弔問のため台湾を訪問，蔡総統と会談
したことに中国は反発した。さらに，中国は米国の台湾への武器売却拡大にも
警戒を強めた。

4. ポンペオ演説で弾みをつけた米中デカップリング

　米中デカップリングに弾みをかけたのが，ポンペオ米国務長官（当時）が
行った2020年7月の演説である[1]。演説の内容は，ホワイトハウスが20年5
月に議会に送付した「米国の対中戦略的アプローチ」と題した報告書の内容を
ほぼ踏襲している。そのポイントは，以下の通りである。

　第1に，中国の発展に関与し，中国を国際社会に組み入れれば民主化できる
と考えたが，この対中関与政策は期待外れの大きな失敗だったとし，対中強硬
姿勢に方針転換した。

　第2に，すべての元凶は中国共産党だと断定し，中国が共産主義による覇権
への野望を抱いていると警戒感を示した。

　第3に，米中対立を，民主主義と共産主義の「体制間競争」（新冷戦）と捉
え，中国共産党に対抗するため，民主主義国家による中国包囲網の構築の必要
性を訴えた。

　米国の対中強硬姿勢は今や，米政府だけでなく議会も党派を超えたコンセン
サスとなっている。ポンペオ演説を受けて，米国は中国企業を排除するため
に，安全保障を理由になりふり構わず，強引な措置を相次いで実施していっ
た。

　以下，①ファーウェイに対するアウトプットとインプットの両面封鎖，②
ティックトックに対する米国事業の売却命令と配信禁止，③「クリーンネッ
トワーク構想」の実施で反中戦線拡大，④「チャイナ・イニシアティブ」に

よる取り締まり強化など，注目を集めている措置について取り上げる。

第2節　米中デカップリングと対中規制の強化

1. 米国による対中規制の法的根拠は何か

　トランプ前政権は，① 政府調達，② 対米投資，③ 対中輸出の3つの手段を用いて，対中規制を強めていったが，それらの法的な根拠になったものはいずれも国内法である。

　米国の対中規制に関する最も重要な国内法が，2018年8月に成立した「国防授権法（NDAA）2019」である。同法は，米国防予算の大枠を決めるために毎年作られ，いくつかの法律の集合体である。

　第1に，NDAA889条（政府調達の禁止）にもとづき，2019年8月にファーウェイ（華為技術）など中国ハイテク5社の製品の政府調達を禁止した[2]。さらに，2020年8月には5社の製品を使う企業が米政府と取引することも禁じた。

　第2に，外国企業による対米投資の規制を強化するため，「外国投資リスク審査近代化法（FIRRMA）」を盛り込んだ。対米外国投資委員会（CFIUS）の権限を強化し，米国の技術が中国に流出する懸念の高い投資の審査を厳しくした。2020年8月に売却命令を下されたティックトックの米国事業は，運営元のバイトダンス（北京字節跳動科技）が2017年に米企業を買収したのが始まりだ。CFIUSが買収後に審査を開始，安全保障上の懸念があると判断した。

　第3に，輸出管理強化のため，「輸出管理改革法（ECRA）」を盛り込み，輸出規制の対象を新興技術14分野まで拡大した。2019年5月から実施されたファーウェイに対する措置がその代表的な事例だ。安全保障や外交政策上の懸念があるとして「エンティティ・リスト（EL）」に掲載され，米国企業からの製品・部品の輸出ができなくなった。

　その他，緊急時に大統領に広範な権限を認めた「国際緊急経済権限法（IEEPA）」がある。「特殊な脅威」に対してIEEPAに基づく非常事態宣言を出した後，大統領令を発動する事例が増加。ティックトックの配信禁止を命じ

た 2020 年 8 月の大統領令の法的な根拠となっている。

2. ファーウェイに対する米国の規制強化

　トランプ前政権は中国通信機器大手のファーウェイ（華為技術）を標的にし，グローバル・サプライチェーンのアウトプット（販売）とインプット（部品調達）の両面から遮断する措置を次々と打ち出した。アウトプットの面では，2019 年 8 月，ファーウェイ製品の政府調達を禁止したのに続き，2020 年 8 月，ファーウェイ製品を使う企業からの政府調達も禁止した。

　また，インプットの面でも，2019 年 5 月と 8 月，ファーウェイとその関連会社を輸出管理規制にもとづくエンティティ・リストに追加，これにより，ファーウェイへの米国製品の輸出が原則禁止となった。しかし，米国以外の企業にも域外適用されたが，米国の技術が 25％以上含まれていなければ対象外になることが抜け穴となった。このため，禁輸の厳格化が図られ，米国の製造装置や部品，ソフトを使った半導体について，2020 年 5 月にファーウェイからの生産受託品を輸出禁止，8 月に受託品以外の半導体（汎用品）もファーウェイ禁輸の対象となった。

　ファーウェイに対する「兵糧攻め」によって，半導体のサプライチェーンは分断された。ファーウェイはこれまで TSMC（台湾積体電路製造）に半導体の生産を委託していたが，米政府による 2020 年 5 月の規制強化で，TSMC への委託ができなくなった。このため，ファーウェイは急遽，中国の半導体受託生産最大手，SMIC（中芯国際集成電路製造）に切り替えた。

　しかし，2020 年 10 月，米国からの製造装置などの SMIC 向けの輸出も米政府による規制対象となった。SMIC は半導体生産に米企業の製造技術を利用しており，米商務省の輸出許可が下りなければ，半導体生産に支障が出るのは避けられず，SMIC から供給を受けるファーウェイも大きな打撃を受けることになった。

　SMIC は中国の半導体産業の牽引役である。習近平政権は，ハイテク産業振興策「中国製造 2025」で半導体の自給率向上を掲げ，米国依存脱却を図ったが，その計画に狂いが生じた。

3.　なぜティックトックまでが標的にされたのか

　米国が排除しようとする中国企業は，ファーウェイなど通信機器メーカーに
とどまらず，モバイルアプリを運営する企業にも及んでいる。トランプ前大統
領は 2020 年 8 月，動画共有アプリ「ティックトック」を運営する中国 IT 企
業のバイトダンスと，米国の企業や個人との取引を禁止する大統領令に署名し
た。さらに，米国事業の売却を命じる大統領令にも署名した。アプリが「トロ
イの馬」のような役割を果たし，利用者の個人情報が中国共産党に提供され，
企業のスパイ行為などにつながると恐れたからだ。

　米国事業の売却については，マイクロソフトやオラクル，ウォルマートなど
が買収交渉に名乗りを挙げた。9 月にバイトダンスはオラクルとウォルマート
との提携案で大筋合意したが，新たな事業会社の支配権をめぐり米中の思惑が
交錯し，交渉の先行きには不透明感が漂った。中国政府は 8 月末，ティック
トックに使われているアルゴリズム（計算手順）など人工知能（AI）の輸出
制限を強化するなど，裏で米国事業の売却を妨害した。

　一方，配信禁止についても，バイトダンスが大統領令の取り消しを求めて提
訴，9 月に米連邦地裁が配信禁止の一時差し止めを命令したが，米政府が執行
を求め上訴した。このように，提携交渉は停滞し，配信禁止も法廷闘争に持ち
込まれ，米国の対中アプリ戦略は躓いてしまった。

4.　クリーンネットワーク構想により拡大する反中戦線

　米国務長官は 2020 年 8 月，米国の通信ネットワークから中国企業を一掃す
る「クリーンネットワーク構想」を発表した。これは，「市民のプライバシー
と企業の機密情報を，中国共産党などの悪意ある攻撃者から守るための米国の
包括的なアプローチ」と言える。4 月に公表した次世代通信規格（5G）のク
リーンパス構想を拡大，キャリア，アプリ，クラウド，ケーブルなど中国排除
の対象を 5 分野追加した。中国を排除する 6 つの「クリーン」は，第 4-1 表
に示されたとおりである。

　ファーウェイやティックトックの排除も，この構想の一部に過ぎず，反中戦
線はさらに拡大する可能性が高い。中国企業の台頭を座視できなくなった米国
の次の標的は，アリババなどの中国企業のクラウドサービスだとの見方が多

第4-1表　中国を排除する6つの「クリーン」

クリーンパス (Clean Path)	5Gによる通信が米国の外交関連施設を通過する際，ファーウェイやZTEなど，「信用できない中国のベンダー」からの機器・サービスを一切介さない。
クリーンキャリア (Clean Carrier)	「信頼できない中国の携帯電話会社（キャリア）」を米国の通信ネットワークに接続させない。
クリーンストア (Clean Store)	ティックトックやウィーチャットなど，「信頼できない中国製のアプリ」を米国のアプリストアから排除する。
クリーンアップス (Clean Apps)	ファーウェイなど，「信頼できない中国のスマホメーカー」の製品で，米国製アプリを利用できなくさせる。
クリーンクラウド (Clean Cloud)	アリババ，バイドゥ，テンセントなどの中国企業が，米国のクラウドにアクセスすることを防ぐ。
クリーンケーブル (Clean Cable)	中国と各国のインターネットをつなげる海底ケーブルが，中国による情報収集のために使われないようにする。

（出所）各種資料より筆者作成。

い。米国は，クリーンネットワーク構想への参加を日本など各国に呼び掛けたが，中国による報復の可能性を恐れてか，同調の動きは鈍い。

5. 「チャイナ・イニシアティブ」による取り締まり強化

　米司法省は2018年11月，中国による企業秘密の窃盗，スパイ活動などの取り締まりを強化するため，「チャイナ・イニシアティブ」を立ち上げた。中国の市民と組織に国家の情報活動への協力を義務付けるため2017年に制定された「国家情報法」を受けて，米捜査当局は米国内の企業だけでなく，大学，研究機関に所属する中国人に対する締め付けも強化している。

　例えば，中国の海外高度人材プログラム「千人計画」に米国の研究者が参加し，先端技術の情報が漏洩する懸念が高まっている。米司法省は2020年1月，千人計画に参加し資金提供を受けていながら虚偽の申告をしていた米ハーバード大学の教授を逮捕，起訴した。その他，チャイナ・イニシアティブの最近の事例を示したのが，第4-2表である。

6. 米国の対中規制はWTO協定違反か

　米中対立の先鋭化によって，安全保障を理由とした貿易や投資の規制が急増しているが，国内法にもとづく米国の対中規制は，WTO協定違反の恐れもあ

第4−2表　チャイナ・イニシアティブの事例

2020年1月	ハーバード大学教授を，軍事研究で米国防総省から資金援助を得ながら，中国の武漢理工大学との関係（中国の人材プログラム「千人計画」に参加）について虚偽の申告をした容疑で逮捕した。
5月	中国の記者を対象とするビザ有効期間を90日に制限した。
7月	中国のスパイ活動の拠点だとして，テキサス州ヒューストンの中国総領事館の閉鎖を命じた。なお，中国も対抗措置として四川省成都の米総領事館を閉鎖させた。
10月	米国務長官は，米国内の大学に設置されている「孔子学院」を中国共産党の宣伝機関だとして，年末までに閉鎖させる方針を表明した。

（出所）各種資料より筆者作成。

る。WTO協定ではGATT第21条，さらにはサービス貿易に関するGATS第14条などにおいて，安全保障例外を規定している。しかし，従来，各国がこの条項を自粛的に運用することが「暗黙の了解」だった。

　安全保障上の理由を客観的に認定するのは難しい。安全保障の概念が曖昧なためだ。そこに付け込んで一線を越えたトランプ前政権は，通商拡大法232条や国防授権法などの国内法を根拠に，恣意的に強引な拡大解釈によって乱用した。しかし，WTOのパネルは2020年9月，米国の対中制裁関税についてWTO協定違反と報告，クギを刺した。

　日本は，安保上の懸念が生じないよう米国と連携しつつも，中国に対し余計な刺激を与えないよう独自の対応を模索すべきだ。クリーンネットワーク構想に関しても闇雲に参加すれば，日本も米国と一緒に中国からWTOに提訴される可能性もある。米中デカップリングに対しては，WTO協定との整合性の観点から，個々の案件に是々非々で臨み，米国が暴走しないよう自制を促していくのが日本の基本的なスタンスではないか。

第3節　対中制裁に対する中国の対抗措置

1．中国版「輸出管理法」で対中圧力を牽制

　「殴られたら殴り返す」というのが中国だ。中国版の「輸出管理法」が2020年10月，全国人民代表大会（全人代）常務委員会で成立，12月から施行され

た。安全保障を理由に，特定企業への輸出を制限できるようになった。米国の対中規制に対する対抗措置と位置づけられている。

　同法はまだ原則的な内容しか示しておらず，今後順次，発表される見込みだ。主なポイントは以下の通りである。

　第1に，中国は今後，戦略物資や技術など管理品目を指定し，その輸出に許可制を導入する。ソフトウェアの設計図や計算手順などの技術やハイテク製品の生産に欠かせないレアアースなどが管理品目に含まれると見られる。

　第2に，特定企業を禁輸リストに掲載し，輸出を禁止する。米国が中国企業への制裁を強めているが，中国が対抗措置として米企業を禁輸対象にすれば，対中制裁に同調した外国企業も制裁対象に含まれる可能性がある。

　第3に，中国は域外適用を本格化させる構えだ。中国から管理品目となった原材料，部品を輸入し完成品を海外に再輸出する第三国の企業も対象となる。

　中国の輸出管理法に関して特に警戒すべき点は，各国が米国の対中制裁に同調しないようにするための牽制として，「報復条項」が盛り込まれていることだ。中国の安全や利益に反する恐れがあると判断した場合，輸出を禁じたり禁輸リストに掲載するとしている。

　輸出管理法に続き，中国商務省は2021年1月，「不当域外適用阻止弁法」を施行した。この規則によれば，米国などの域外適用ルールによって中国企業が外国企業との取引を阻害された場合，米国の対中制裁に追随した外国企業を相手に，中国企業が損害賠償を請求できるようにする新規則である。

　中国ではバイデン政権が発足してもハイテク分野の対中圧力は続くと見ており，覇権争いの長期化が避けられないと見て，次々と対抗措置を整備している。新規則はその一環として位置づけられる。米国のバイデン政権の発足を前に，対中制裁に同調する外国企業の動きを牽制するのが狙いだ。新規則の施行によって今後，米中対立の狭間で外国企業は板挟みになる恐れがある。

2.　米中デカップリングで日本も「踏み絵」を迫られるのか

　米中デカップリングによる影響を警戒しているのが日本企業だ。最先端技術の中国への流出を防ぐため，今後，米国による対米投資規制と輸出管理の強化によって米中デカップリングが一段と進みそうだが，日本企業はその影響から

逃げられそうもない。

　例えば，対米投資規制の強化によって，中国資本が導入されている日本企業に対しては，最先端技術が中国に流れる懸念があるとして，米国企業への投資について厳しい審査が行われる。また，もっと深刻な問題として，米国の最先端技術を使って生産を行っている日本企業は，今後米国による厳格な輸出管理により，米国の内外を問わず，対中輸出（現地法人向けを含む）や対中技術移転（中国への事業売却を含む）が極めて困難になる。

　グローバル・サプライチェーンを通じて経済的な相互依存関係が密接になる中，米国の最先端技術を守るため，デカップリングの対象がどこまで拡大するのかは不透明である。トランプ前政権は 2020 年 8 月，ファーウェイなど中国企業 5 社の製品を使う企業が米政府と取引することを禁じる法律を新たに施行したが，対象の日本企業は 800 社を超え，該当する中国製品の排除が必要となった。今後，日本企業が米中デカップリングに翻弄されるという「とばっちりの構図」を過小評価するのはあまりにも危険である。

　米中デカップリングによって，日本が「踏み絵」を迫られ股裂きにあう事態が現実味を帯びてきた。ファーウェイに対する両面封鎖やクリーンネットワーク構想への参加など米国の踏み絵に対して，中国も「報復条項」を盛り込んだ輸出管理法の施行などで牽制しようとしているからだ。

　中国の反発を買うと，中国から嫌がらせを受けている豪州の「二の舞」となりかねない。豪州のモリソン首相が 2020 年 4 月，新型コロナウイルスの発生源などをめぐり独立した調査を求めたことに中国が猛反発，5 月以降，一部の豪産食肉の輸入を停止し，大麦には 80％超の追加関税を課した。また 11 月には豪産ワインに対してアンチダンピング（不当廉売）の対抗措置を取るなど，次々と輸入制限措置を取っている。

　日本もこのような中国の「エコノミック・ステイトクラフト」（経済的圧力）に直面する恐れがある。意に沿わない国を経済力で脅し，屈服を迫るような中国のやり方に警戒が必要だ。米国のエンティティ・リストによる禁輸やその他の制裁に闇雲に従うと，中国から処罰されるかもしれない。日本企業は虎の尾を踏まぬよう，安全保障に目配りした危機管理が不可欠となっている。

第4節　バイデン新政権の対中戦略と日本の役割

1．トランプ前政権による対中「駆け込み制裁」

　トランプ前政権はバイデン政権への交代を直前に控え，中国への圧力を強める政策を駆け込みで次々と打ち出した。トランプ前政権の「置き土産」のうち，主な事例を時系列的に挙げたのが，第4−3表である。

　中国への「駆け込み制裁」は何を意図したものなのか。バイデン政権に対中強硬策の継続を迫る狙いからなのだろう。副大統領時代から「親中派」と呼ばれ，中国に対する宥和姿勢が見え隠れするバイデン氏が大統領に就任すれば，当面は対中関税を解除しないと言っても，いずれオバマ政権時代の対中政策に

第4−3表　対中駆け込み制裁の主な事例

2020年11月12日	トランプ前大統領は，中国軍関連企業31社への投資を禁止する大統領令に署名した。
12月3日	米国務省は，中国共産党員とその家族に対するビザの有効期限を最大10年から1カ月に短縮した。
7日	香港の民主派議員の資格はく奪を受け，中国全人代常務委員会の副委員長ら14人に米国入国禁止や米国にある資産凍結などの制裁を科した。
2021年1月5日	トランプ前大統領は，安全保障上の脅威になるとして，「アリペイ」など8つの中国系アプリに関わる取引を米国内で禁止する大統領令に署名した。
13日	ウイグル族への中国の弾圧に対する制裁として，新疆ウイグル自治区の主要産品である綿製品とトマトの輸入を全面禁止した。
14日	米司法省は，中国から多額の資金を受け取っていながら米エネルギー省の研究に関わり，研究費を詐欺したなどとして，米マサチューセッツ工科大教授を起訴したと発表した。
14日	ポンペオ前国務長官は，南シナ海の人工島造成や軍事拠点化などに関与した中国共産党や海軍当局者，国有企業幹部らに対して，ビザの発給を制限すると発表した。
14日	商務省は，南シナ海において近隣国への威圧に協力しているとして，中国の国有石油会社「中国海洋石油」（CNOOC）を安全保障上の輸出規制リストである「エンティティ・リスト」に追加すると発表した。
14日	国防総省は，米国からの投資禁止の対象となる中国軍関連企業として，「小米科技」（シャオミ）など9社を追加で認定すると発表した。

（出所）各種資料より筆者作成。

回帰するのではないかと恐れて，元には戻せないようにクギを刺したのだろう。中国への圧力を強める一連の措置は，バイデン政権の対中戦略に影響を及ぼしそうだ。

2．バイデン政権により見直される対中戦略

　バイデン政権の通商政策にとって最大の課題は対中戦略の再構築である。だが，2020 年 1 月の米大統領就任式では，残念ながらはっきりした方針は表明されなかった。バイデン政権の下で，米国の対中戦略はどう変わるのだろうか。

　第 1 に，米国の対中強硬姿勢は，今や米政府だけでなく議会も党派を超えたコンセンサスとなっているため，トランプ政権からバイデン政権に移行しても，米中がデカップリングに向かうという基本的な流れに変化はない。

　第 2 に，バイデン米大統領は中国を「国際秩序に挑戦する唯一の競争相手」と位置づけており，中国に対抗する姿勢を示しているが，その手法はトランプ前政権とは異なる。単独主義から転換し，中国を牽制するために同盟国との連携を図りながら，強固な対中包囲網を構築していく方針だ。

　第 3 に，制裁的な貿易手法は取らないことを表明しているので，報復関税の応酬はなくなるだろう。ただし，トランプ前政権が中国からの輸入に課した制裁関税は当面維持する方針で，交渉カードに使うと見られる。関税の撤廃は中国側の譲歩と引き換えに小出しに実施するなど，米国の対中圧力はトランプ前政権よりも巧妙になろう。

　第 4 に，ただし，当面はコロナ禍で痛んだ国内経済の立て直しに注力し，新たな通商交渉の開始を急ぐつもりはなく，通商政策は後回しになりそうだ。

　第 5 に，バイデン政権は，気候変動，核不拡散，グローバルな公衆衛生など一部の分野で中国との協力を探ろうとしている。中国には，トランプ前政権が打ち出した強硬路線がバイデン政権に引き継がれることへの警戒があり，米国との対話の糸口と見るのが気候変動である。

3．国際協調路線に死角はないか

　ところで，バイデン政権の国際協調路線に死角はないのか。日米欧の主要 7

カ国（G7）が２月半ばに開いたオンライン首脳会議は，トランプ前大統領により亀裂が入った協調体制の立て直しを図る場となった。会議後の首脳声明では「2021 年を多国間主義のための転換点とする」と宣言し，G7 の亀裂を修復し，コロナ危機の克服や気候変動に協調して対応する決意を明らかにした。

　G7 の真価が問われるのは中国への対応だろう。声明は非市場志向の政策や慣行に共に対処する姿勢を示したが，欧米間には温度差がある。欧州各国の中国への経済依存度は高い。G7 が対中戦略で足並みを揃えられるのか。

　なお，サキ米大統領報道官が政権発足直後の記者会見で，「我々は中国と激しい競争をしている」と述べ，中国に対する強硬姿勢を鮮明にしたが，その際，「戦略的忍耐を持ちたい」と言及したことが，波紋を呼んでいる[3]。

　この戦略的忍耐（strategic patience）という表現が，オバマ政権時代の北朝鮮政策の失敗を連想させるとして，すぐに発言は撤回されたが，新たな対中戦略の策定には同盟国との調整で時間がかかるという意味なのだろうか。発言の真意は明らかでないが，新政権の本音に違いない。

　新政権の発足を待たずに EU が中国と投資協定で大筋合意したことに，バイデン氏は不快感を示した。EU との共闘に水を差されたからだ。米欧関係の修復には多少時間がかかるだろう。バイデン政権には「戦略的忍耐」が必要だ。

4.　米欧の亀裂にほくそ笑む中国

　欧州連合（EU）と中国が 2020 年 12 月末，投資協定の締結で大筋合意をした。７年に及ぶ交渉が妥結したのは，米大統領選後に中国が EU に歩み寄ったからだ。大筋合意で中国は，中国市場への EU 企業の参入拡大，国有企業への補助金削減，技術移転の強要禁止，人権問題でも強制労働を禁じる国際労働機関（ILO）基本条約の批准を目指すとしている。

　中国は，バイデン新政権発足の前に EU と合意すれば，米欧の間に楔を打ち込めると考えた。バイデン氏はトランプ前政権で悪化した米欧関係を修復し，EU と対中包囲網を築き中国に構造改革を迫る方針だった。だが，米国の政権移行期の政治空白を突いた今回の合意でその戦略は躓いた。

　なお，米欧関係だけでなく EU 内でも溝が深まっている。コロナ禍で打撃を受けた欧州経済を立て直すには，中国市場への参入拡大が急務だ。だが，新疆

ウイグル自治区の人権問題や香港国家安全維持法の制定などを問題視し，中国との関係強化に慎重な EU 加盟国も少なくない。EU が一枚岩となるのは難しく，EU の批准にはなお曲折が予想される[4]。

　今回の大筋合意の立役者はメルケル独首相だ。EU 議長国としての任期が終わる直前に合意にこぎつけた。中国との合意に踏み切ったのは，今後の米欧関係を懐疑的に見ているからだ。メルケル氏は 2017 年 5 月，「米国に頼れる時代は終わった」と発言したが，バイデン氏が米大統領に選ばれても，その見方は変わっていない。

　米国と EU の亀裂をほくそ笑むのは中国だ。米欧による対中包囲網に風穴をあけるため，EU を取り込んだ。しかし，EU が中国にすり寄るのは地政学上の影響を考えると危険だ。EU が中国への経済的依存を深めれば，安全保障や外交で中国の圧力に抵抗できなくなる。尖閣諸島問題で中国と対立する日本にとって，これは対岸の火事で済まない。米欧を取り持ち，対中包囲網の再構築に向けて連携強化を図っていくのが，調整役としての日本の役割ではないか。

5.　中国の TPP 参加の本気度

　中国の習近平国家主席が 2020 年 11 月，アジア太平洋経済協力会議（APEC）の首脳会議で環太平洋経済連携協定（TPP）への参加に前向きな姿勢を表明した。その狙いは一体何であろうか。東アジアの地域包括的経済連携（RCEP）協定が署名された直後のタイミングを狙って，中国が自由貿易の推進者であるかのごとく見せる戦略的ポーズにすぎないとの見方も少なくないが，中国は案外本気かもしれない。そう思わせるような根拠が少なくとも 3 つ考えられる。

　第 1 に，TPP を通じてアジア太平洋地域の対中依存度を高めるのが狙いかもしれない。習主席は 20 年 4 月の中央財経委員会で，磁場のようにグローバルなサプライチェーン（供給網）が中国に依存する状態を目指すと明言した。裏読みすれば，米国その他からの経済制裁を想定して中国の威嚇・抑止・反撃能力を強化するため，アジア太平洋地域におけるサプライチェーンの一角に中国を組み込ませようとしているのではないか。米国の対中制裁に闇雲に従うと，中国の「エコノミック・ステイトクラフト」に直面する恐れがある。

　第 2 に，TPP による対中包囲網を阻止するのが狙いかもしれない。質の高

い包括的な 21 世紀型 FTA を目指した TPP は，対中戦略の一環として位置づけられた。TPP の拡大により孤立を恐れた中国を TPP 参加に追い込み，国家資本主義の放棄など構造改革を中国に迫るというのが日米共有のシナリオだった。トランプ前政権の TPP 離脱で頓挫しかけたが，日本の主導で米抜き TPP が発効した。米国不在の間に TPP を中国の色に染めるつもりなのか。

　第 3 に，APEC が目指す環太平洋自由貿易圏（FTAAP）の実現に向けて主導権を握るのが狙いかもしれない。対中包囲網を警戒した中国は，TPP の対抗手段として ASEAN を議長に担いで RCEP の早期実現を目指した。RCEPならハードルが低く国家資本主義の温存も可能だと考えたからである。

　米国が TPP，中国が RCEP を通じて FTAAP の主導権を争った米中角逐の構図は，トランプ前大統領によって崩れた。しかし，APEC 内には「TPP の延長線上に FTAAP がある」といった議論が燻っており，米国のオウンゴールも中国の糠喜びに終わり，依然として大きな火種が残っている。このため，RCEP 交渉の妥結を果たした中国が TPP 参加への関心を示し，米国に揺さぶりをかけようとしている。

　仮に中国が本気でも，実際のところ TPP への参加は難しい。RCEP と違い，中国にとって国有企業規律や知的財産権の保護など TPP のハードルは高い。日本は 21 年，TPP の議長国である。日本は TPP の戦略的意義を踏まえ，中国から様々な誘惑や脅しの圧力を受けても，決してブレてはいけない。例外措置を講じてまで中国の TPP 参加を認めるべきではない。参加表明をしている他国への影響も懸念される。むしろ，中国よりも米国の TPP 復帰の方が先決であろう。

　ただし，米国の国内事情から，バイデン大統領は今すぐ TPP 復帰に動くことはない。支持基盤の労働者層に雇用流出への警戒感が根強いからだ。民主党が 20 年 8 月に採択した政策綱領には，「米国の競争力に投資をするまで新たな貿易協定の交渉はしない」と明記されている。2 年後の米中間選挙を控えて，世論の風当たりが強い TPP を含む新たな FTA 交渉には慎重になっている。

　こうした情勢を背景に，バイデン政権は新型コロナウイルス対策と雇用対策など内政を優先し，通商政策は後回しにする姿勢を見せている。したがって，英国やタイ，インドネシアなどの加盟拡大によって TPP の存在感を強め，参

加しないと不利になると米国を焦らせる一方，日本は日米貿易協議の枠組みを
活用し，長期戦も覚悟でバイデン政権に対して TPP 復帰を粘り強く説得して
いくべきである。

　21 年 2 月，英国が TPP への参加を正式に申請した。英国との交渉で悪しき
前例ができれば，TPP 参加条件の緩和を狙う中国の思う壺となる。むしろ，
現行基準の受け入れという一線を譲ることなく，英国の TPP 参加を実現すれ
ば，TPP の価値を高めるだけでなく，中国に対して不都合な現実を突きつけ
ることができる。英国は，香港国家安全維持法の制定や新疆ウイグル自治区の
人権問題などを問題視し，中国に対して強硬姿勢に変わっているからだ。TPP
参加国の承認を取り付けねばならない中国にとって嫌な存在となろう。

おわりに

　米中対立はバイデン政権になっても収束する気配はない。米中デカップリン
グによる「とばっちりの構図」を軽視するのは禁物だが，国際生産ネットワー
クの拡大で深化した米中を含むアジア太平洋の相互依存関係は，そう簡単には
壊せない。

　米中は安全保障で対立しても，経済ではどこかで折り合うしか解決の道はな
い。デカップリングは全面的なものではなく，ハイテク分野を中心に管理され
た部分的なものに限定されるべきだ。また，生産や貿易を中国に過度に依存す
ることのリスクが認識された。日本が今なすべきことは，「チャイナ・プラスワ
ン」を軸にグローバル・サプライチェーンの多元化と強靭化を図ることだろう。

　先鋭化する米中対立にどう歯止めをかけるのか，最も悩ましい問題だ。ルー
ルにもとづく多国間の枠組みに米中両国を取り込むことが必要であろう。米国
の TPP 復帰や中国が参加する RCEP の質向上が望まれる。機能不全に陥って
いる世界貿易機関（WTO）に代わって，保護主義と反グローバル化に対する
防波堤として，メガ FTA（自由貿易協定）と呼ばれる多数国による経済統合
の重要性が一段と増している。新たな通商秩序を主導する日本の覚悟が試され
ている。

[注]
1　「中国を甘やかす時代は終わった」と明言したペンス副大統領（当時）の演説（2018年10月）をさらに発展させた内容となっている。
2　ハイテク5社とは，ファーウェイ（華為技術），ZTE（中興通訊），ハイテラ（海能達通信），ハイクビジョン（杭州海康威視数字），ダーファ・テクノロジー（浙江大華技術）である。
3　日本経済新聞，2021年1月27日付。
4　欧州議会は5月，中国と大筋合意した投資協定の批准手続きを凍結することを決めた。中国の人権問題に絡んだEUの対中制裁に中国が報復措置をとったためである。

[参考文献]
馬田啓一「トランプの対中戦略の限界―身から出た錆―」『世界経済評論インパクト』No.1629（2020年2月17日）。
馬田啓一「コロナ後の通商秩序はどうなるか―先鋭化する米中対立―」『世界経済評論インパクト』No.1833（2020年8月3日）。
馬田啓一「米中対立とコロナ禍に揺らぐアジアの通商秩序」AJEC『Warm TOPIC』Vol.155（2020年9月・10月号）
馬田啓一「米大統領選後の米中対立の行方」『世界経済評論インパクト』No.1939（2020年11月9日）。
馬田啓一「中国のTPP参加の本気度」『世界経済評論インパクト』No.2065（2021年3月1日）。

（馬田啓一）

第II部

パンデミック（コロナ感染拡大）の影響

第5章

コロナ禍で高まる対中貿易依存リスク

―経済的相互依存関係の危機―

はじめに

　コロナ禍での中国の外交姿勢は，戦狼外交と呼ばれ，領土問題，軍事問題，コロナ対策など多岐にわたって自己主張を強めている。

　2020年5月に，豪州が新型コロナのパンデミックにつながった対応の誤りに関する調査を呼び掛けると，中国は豪州産の牛肉，大麦，ワイン，ロブスターや石炭の輸入を制限し，さらに，豪州国内で中国人に対する人種差別が広がっているとして，国民に豪州旅行を控えるよう呼びかけた。

　中国が自己主張を強めている背景の一つに，中国の対外貿易依存関係の変容がある。中国の貿易依存度は，中国が貿易相手国に一方的に依存する関係から，貿易相手国が中国に依存する関係に変容している。

　コロナ禍を契機にして，相互依存でつながっている国際分業の土台にひび割れが起きている。感染流行が終息する際には，重要医療物資を巡る複雑な世界的サプライチェーンの大幅見直しの可能性がある。低コストを実現する国際分業の利益よりは，より信頼性の高いサプライチェーンを構築することが政治的にも優先されよう。

第1節　揺らぐ世界の工場，中国の信頼性

1. 武漢封城

　2020年1月23日，中国は世界で最初に新型コロナウイルスの感染が拡大し

た湖北省の省都・武漢市全域を出入り禁止する「封城」（都市封鎖）を実施した。武漢市の人口は，1,100万人，過去に前例がない，最大数の隔離である。後に封鎖区域は人口5,800万人の湖北省全域に拡大された。4月8日に市外への移動制限が解除されるまで，武漢では移動が制限された。

　この封鎖によって，武漢及び周辺地域に集積している自動車産業や情報機器産業等の生産に支障をきたした。武漢には，国有3大自動車メーカーの一つ，東風汽車の拠点（本社）がある。東風汽車は，フランスのルノー，プジョー・シトロエン，日本のホンダ，米国のGMと合弁企業を設立し，多数の組立工場を持つ[1]。武漢に進出している日系企業，79社のうち自動車関連産業が半分弱を占めている。世界の自動車メーカーが懸念したことは，中国工場の操業停止によって，欧米工場向けの中国製部品が確保できるかということであった。実際，中国で工場が閉鎖されていた2月後半〜3月上旬，中国からの部品調達が滞って，日本国内での生産に影響が出た。

　一方で，武漢から北へ約500キロ離れた河南省鄭州市には，アップルがiPhoneの生産を委託しているフォックスコンの巨大工場がある。アップルのサプライヤー上位200社のうち2社が武漢に生産拠点を置き，その工場再開の10日間の遅れが，iPhone全体の生産計画にどのような影響を及ぼすのか，予測が難しい状況をもたらしていた。さらに，フォックスコンの工場では，厳しい検疫措置と戦っていた。アップルも中国にサプライチェーンのハブを置くリスクを現実のものとして認識した[2]。

2.　市場から消えたマスク

　次に，新型コロナウイルスの感染が中国から欧米に拡大し始めた2020年3月には，世界的に医療品の需要が急騰して供給不足に陥った。それは，イタリアから日本に至るまで多くの国の病院にある，マスクや消毒液などの在庫が消えたことに現れた。病院から盗み出してそれを転売する犯罪が増加し，密輸品が横行し，だまされて架空の医療品を購入する等の犯罪が増えた[3]。

　医療用マスクが不足した背景には，マスク調達の過度な中国依存があった。新型コロナウイルスの感染拡大に苦しんだ中国は，2020年2月初めに習近平国家主席が，新型コロナウイルスに対する「人民の闘い」を宣言した[4]。闘い

の一つとして，中国当局は，国内の製造工場に医療用マスクの増産を指示した。中国政府は，国が戦時に行うように，重要な供給品の不足を補うべく国中の製造機械を動員した。

　例えば，中国石油化工（シノペック）は 2020 年 2 月 7 日に，マスク生産装置を確保し，生産ラインを 11 本設定中であることを明らかにした。上海電気はパートナーと共同で，マスク生産ラインを 10 本設ける計画だと述べた。台湾の鴻海（ホンハイ）精密工業傘下の富士康科技集団（フォックスコン・テクノロジー・グループ）は，深圳でマスクの試験生産を開始した。ゼネラル・モーターズ（GM）の中国合弁は，1 日に少なくとも 170 万枚を生産するため14 本の製造ラインを設置するなど2020 年 2 月に続々と生産計画が発表された。在中国外資系マスクメーカーに対しても半ば強制措置であった[5]。これらは，通常なら世界中の病院に供給されるものであった。これで，世界中の病院は必需品を切り詰めることを強いられた。

　マスクの大増産に走った中国は，世界の医療用マスク生産能力を，新型コロナウイルスの感染が広がる前の50％から 2020 年 3 月には 85％に高めた。世界のマスク生産は中国 1 極に依存することになった。2020 年には，マスクの対中輸入依存度が一層高まるという状況をもたらした。中国の貿易統計では，マスク（HS630790）の輸出額は，2019 年の 54 億ドルから 2020 年には 538 億ドルと 9.9 倍増と急拡大している。中国のマスク輸出拡大に伴い，米国，日本をはじめとして世界中でマスクの対中輸入依存度を高めている。2020 年で米国のマスク輸入に占める中国のシェアは 84.2％，日本は 89.0％，韓国は 84.1％，インドネシアが 82.2％と過度に中国に依存している。

3.　中国の医療製品外交

　中国国内で感染が一服すると，中国政府はマスクをはじめとするコロナ関連医療製品の輸出などの医療製品外交を始めた。この中国の医療製品外交には，いくつかの問題が発生した。

　第 1 は，中国製医療製品に粗悪品が多く，受け取り拒否するケースが多発したことである。中国当局はマスクなどの医療物資を援助した国は 127 カ国に達するとアピールしていたが，オランダやスペインなどで粗悪品が大量に見つか

る問題も発生した。オランダ当局は中国製のマスク数万枚を品質基準に満たないとしてリコールし，スペインは検査キットを不良品として返品した[6]。

　第2は，世界の医療製品市場はワイルド・ウエストの世界に劣化してしまったことである。買い手は，中国企業以外の他の選択肢もないため，中国企業の言いなりであったという。中国企業は，必死になって医療製品を調達しようとする買い手に対して「中国の工場は，買い手候補が殺到する現状を好機ととら

第5-1図　中国のマスク輸出（HS630790）

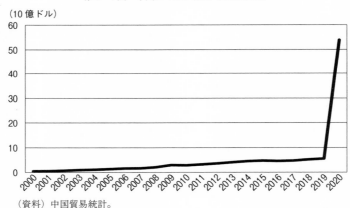

（10億ドル）

（資料）中国貿易統計。

第5-1表　主要国のマスク（HS630790）輸入に占める中国のシェア

（単位：％）

国名	2010	2015	2019	2020
米国	70.4	73.5	71.7	84.2
日本	84.2	80.3	76.7	89.0
韓国	62.6	66.9	68.2	84.1
台湾	64.4	73.8	74.2	62.5
タイ	28.9	32.9	37.0	64.7
インドネシア	22.0	45.1	58.1	82.2
マレーシア	53.7	56.5	74.9	na
インド	40.1	48.9	53.5	69.8
ドイツ	39.7	45.3	45.0	na
英国	48.7	52.4	51.3	na
メキシコ	41.5	46.1	50.4	na

（資料）各国貿易統計よりITI作成。

え，取引条件を一方的に決めたり，全額前払いを要求したり」等[7]，相手の足元をみているような対応をした。中国企業の行動に対する不信感が増幅された[8]。

第3は中国が医療製品の輸出規制を導入したことである。2020年4月導入された新規制について中国当局は，輸出向け医療品の品質確保や，国内で必要とされる物資が国外へ出荷されるのを防ぐ狙いがあると説明していた。規制の導入によって，在中国の米企業からの輸出が制限された。ウォール・ストリート・ジャーナルは，医療機器メーカーの米パーキンエルマーは，新規制で義務付けられた認定がないため，蘇州市の工場から新型コロナ検査キット140万個を出荷できずにいるなどの事例を指摘している[9]。

ファイナンシャル・タイム（FT）は，新型コロナ危機に乗じて国際的な立場を高めようとしている中国政府のコロナ外交は，逆に手ひどいオウンゴールを喫することが続いていると酷評していた。中国製品に対す信頼性が著しく低下するとともに，中国政府への信頼感も損ねることとなった。その結果は，米国をはじめ世界各国の政府に中国を自国の供給網から外そうとする動きを加速させることにつながると指摘している[10]。

第5-2表 中国のマスク（HS630790）輸出シェア（上位10カ国）

	相手国	国別シェア（％） 2019	2020	輸出額（100万ドル） 2019	2020	前年伸び率（％） 2019	2020
1	米国	39.2	27.5	2,133	14,816	0.3	594.6
2	ドイツ	4.8	8.6	261	4,611	6.2	1,666.7
3	日本	10.1	7.9	553	4,230	3.5	665.6
4	英国	4.8	7.6	262	4,083	15.4	1,455.7
5	フランス	2.1	7.1	114	3,836	6.0	3,270.1
6	イタリア	1.2	4.7	63	2,528	△9.1	3,897.9
7	カナダ	2.7	3.3	148	1,789	5.3	1,109.9
8	スペイン	1.3	2.7	69	1,439	△3.5	1,981.3
9	オランダ	3.4	2.6	185	1,405	4.8	659.7
10	豪州	2.6	1.6	143	868	△0.4	506.5
	世界計	100.0	100.0	5,446	53,851	6.0	888.9

（資料）中国貿易統計。

第2節　中国の豪州いじめと経済制裁のパラドックス

1.　中国の豪州いじめ [11]

　豪州と中国の緊張が高まり始めたのは2018年からである。豪州政府は外国による諜報活動や内政干渉を取り締まる法を強化し，米国の政策と歩調を合わせて，中国の通信機器大手，華為技術と中興通訊（ZTE）を国内の第5世代移動通信システム（5G）から締め出した。

　さらに，2020年春以降，豪州が新型コロナウイルスの発生源に関する独立した調査を支持する動きをみせたことで，豪中関係は一段と悪化した。2020年5月に，豪州が新型コロナのパンデミックにつながった対応の誤りに関する調査を呼び掛けると，中国は豪州産の牛肉，大麦，ワイン，ロブスターや石炭の輸入を制限し，さらに，豪州国内で中国人に対する人種差別が広がっているとして，国民に豪州旅行を控えるよう呼びかけた。

　豪州は，かつては，米国にはまねができないような経済関係を中国との間に築いていた。鉱物資源の対中輸出依存度を高め，対中貿易黒字を計上し，多くの中国人観光や留学生を受け入れていた。しかも，豪州は中国と自由貿易協定を締結した。中国は中豪FTAの意義として，中国が対外開放をさらに拡大する決意を示したことを強調していた。豪州は先進国で，成熟した市場や経済構造，経済管理モデルを持っており，中国が，経済規模の大きい先進国と署名した最初のFTAであった。中国は豪州とFTAを締結して，対外開放の拡大で中国の決意を示した [12]。

　豪州と中国の貿易依存関係は，豪州が対中輸出と輸入に過度に依存している状態である（第5-2図）。世界金融危機後に，それまで豪州の対中輸入依存度が対中輸出依存度を上回っていたのが逆転して，豪州が対中輸出依存度を高めた。豪州の対中輸出依存度を高めたのは鉄鋼石の輸出が拡大したためである。一方，中国から見れば，対豪州貿易依存度は極めて低く，豪州が対中貿易に一方的に依存している。

　この非対称的な貿易依存関係が，中国が豪州に対して強気にさせている一因である。しかし，中国も鉄鉱石や石炭，牛肉などの資源食料で対豪輸入依存度

が高い（第5-3図，第5-4図）。

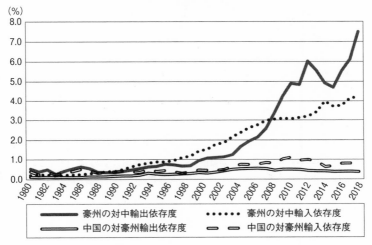

第5-2図 豪州と中国の貿易依存関係

（注）2019年GDPは予測値
（資料）輸出・輸入：IMF;DOT（2020年9月），GDP：IMF；WEO（2020年10月）。

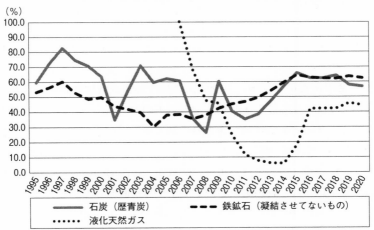

第5-3図 中国の輸入に占める豪州のシェア（石炭類・鉄鉱石・液化天然ガス）

（注）石炭（HS2701.12），鉄鉱石（HS2601.11），液化天然ガス（HS2711.11）
（資料）中国貿易統計。

第 5-4 図　中国の輸入に占める豪州のシェア（牛肉・大麦・ワイン）

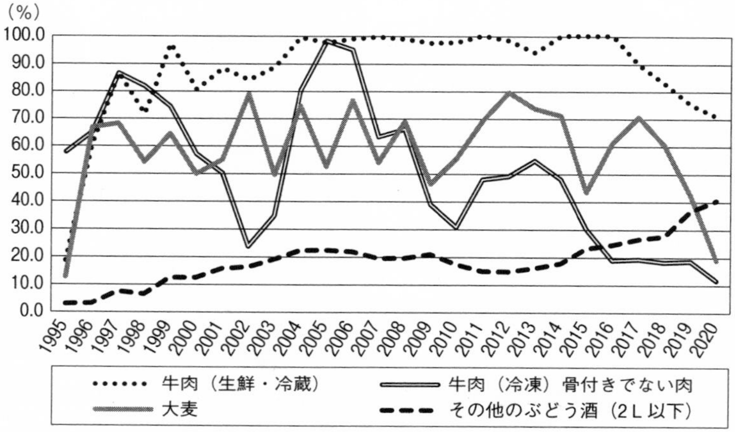

(注) 牛肉－生鮮・冷蔵 (HS0201), 牛肉－冷凍 (HS0202.30), 大麦 (HS1003),
ワイン (HS2204.21)
(資料) 中国貿易統計。

2.　経済制裁のパラドックス

　中国の豪州いじめは，中国経済にマイナスの影響として跳ね返っている。中国は，2020 年 9 月から，燃料炭の最大の供給元だった豪州産石炭の輸入を非公式に禁止した。12 月半ばには，中国政府が石炭の大口買い手である電力大手を呼んで供給不足問題を議論する会合を開催し，禁輸措置をその場で公式なものとした[13]。

　中国が豪州産石炭を禁輸にした意図[14]は，第 1 は気候変動対策に関して世界で指導力を発揮することを目指している中国が，国内の化石燃料の消費抑制に取り組んでいるというポーズを世界に見せるプロパガンダ。第 2 は，国内石炭産業の振興，国産石炭の需要を喚起させること。ところが，豪州に対し一段と威圧的な圧力をかけることを狙った制裁が，中国国内の石炭市場の価格高騰や供給不足を招いた，経済制裁のパラドックスに直面している。

　中国国内の石炭価格は，エネルギー含有量が 1 キログラム当たり 5,500 キロカロリーの石炭の場合，2020 年 7 月中旬に 1 トン当たり 85 豪ドル（約 6,800円）であったが，2020 年 12 月には，同 130 豪ドルを突破した。豪州のニュー

サウスウェールズ州では 2020 年の平均価格が同 51 豪ドルだった [15]。理由は，中国中央・北東部の石炭産地で進められている反汚職や環境関連の調査が影響したと指摘されている。さらに，中国は，国内の燃料炭不足への対応として，豪州以外から輸入を拡大するよう指示したが，大幅な上乗せ価格での調達を余儀なくされた。

　同じようなパラドックスは，大麦でも起きている。中国は 2020 年 5 月に初めて豪州産大麦（主にビール醸造に使用）への関税発動に踏み切る構えを示して，5 月 18 日，豪州産大麦に対して 5 年間の反ダンピング（不当廉売）関税を課すと発表した。一方で，中国は税関総署ウェブサイトに 2020 年 5 月 14 日掲載した告知で，米国産大麦の購入を許可した。それまで米国産大麦の輸入は認められていなかったが，2020 年 1 月の米中の貿易合意に基づき変更が求められた。

　中国が追加関税をちらつかせて以降，豪州産大麦の価格は急落していた。中国は，米国を使って豪州をけん制した。中国のこの行動は，中国の信頼性を揺るがすことになる。まず，中国市場から締め出された廉価な豪州産大麦が，世界市場にあふれて，米国産大麦を購入していた諸国が米国産から豪州産に代替されることにある。米国産大麦のコスト競争力に関して，根本的には何も変わっていない。米農家が生産を拡大したところに，再び中国の政治的な風向きが変わるようなことがあれば，米農家は行き場のない大麦を大量に抱えることになりかねない [16]。両天秤にかけるような中国の行動は，中国に対する不信感をもたらすものとなろう。

第 3 節　経済的相互依存関係の危機

1.　中国の対外貿易依存関係の変容

　中国の外交は，「戦狼外交（Wolf Warrior Diplomacy）」や「最後通牒外交（Ultimatum Diplomacy）」といった強硬姿勢が加速している [17]。中国の外交は，新型コロナウイルスが世界中に広がる以前から，プロパガンダと呼ばれる「パブリック・ディプロマシー」（広報文化外交）を行ってきたが，コロナ禍後に，

自己主張を強めている。自己主張は，領土問題，軍事問題，コロナ対策など多岐にわたっている。そのメッセージは，「中国を怒らせるな」という他国へのけん制である。

　中国の外交が，強硬姿勢を強めている背景には，中国経済の変容がある。中国経済は，経済規模（GDP）で米国に迫る勢いで成長している。米国に伍する経済大国の中国に対して，米国と同様にふさわしい態度を世界に要求しているとも受け取れる。とりわけ，中国の対外貿易依存度の劇的な変化が挙げられる。中国の GDP に占める貿易の比率の推移をみると，輸出依存度は2006年の34.9％，2018年に18.6％，輸入依存度は2005年の28.6％がピークで2018年に15.7％へとそれぞれ低下している。米国の輸出依存度8.1％，輸入依存度12.4％と比べると，輸出依存度は依然として高いが，輸入依存度は米国並みに接近している（第5-5図）。

　貿易は，「相互に影響を受け合う状態」である相互依存関係を作り出す。米国も中国も貿易を通じて，相互依存関係を構築しているが，米国の場合，貿易相手国が米国経済に一方的に依存する非対称的関係が多い。中国も貿易相手国が中国経済に一方的に依存する非対称的関係を強めている。

　中国の対外貿易依存度は，1990年代からリーマンショック前までの時期に一貫として拡大傾向にあった。特に，WTO 加盟後に急激な上昇を見た。この上昇期における中国の輸出依存度と輸入依存度は，ともに中国が貿易を貿易相手国に依存していた状態であった。例えば，中国の国地域別対外貿易依存度（中国の GDP に占める貿易比率）と主要国地域の対中貿易依存度（GDP に占める対中貿易比率）を比較すると，2000年時点において，中国の対日，対米，対 EU 貿易依存度は，日・米・EU の対中貿易依存度と比べて，輸出，輸入ともに高く，中国が一方的に日米 EU 貿易に依存していた（第5-3表）。ところが，世界金融危機後には，中国と日本・EU の貿易依存関係は，日本・EU が対中貿易依存度を高める一方で，中国の対日・EU 貿易依存度は低下して，非対称的な関係に向かっている。中国が貿易の相互依存関係を強めているのは，一帯一路沿線地域[18]である。

　他方，米中貿易は，2019年で中国の対米輸出依存度が2.8％，対米輸入依存度が0.8％，米国の対中輸出依存度が0.5％，輸入依存度が2.1％と中国が対米

輸出に，米国が対中輸入に依存する輸出と輸入の相互依存的な関係を構築している。トランプ前米大統領は，中国の対米輸出依存度の高さを中国の弱みとして対中追加関税措置を発動したが，消費財を中心とした過度な対中輸入依存度の高さは米国の弱みとなっている。

第5-5図　米国と中国の輸出依存度と輸入依存度（対 GDP 比）

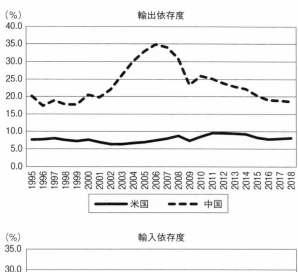

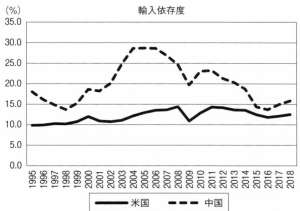

（資料）各国貿易統計。

第5-3表　中国の対外貿易依存度と主要国・地域の対中貿易依存度（対 GDP 比）

① 輸出依存度　　　　　　　　　　　　　　　　　　　　　　　　　　（単位：％）

相手国	中国の輸出依存度					対中輸出依存度				
	1990	2000	2009	2014	2019	1990	2000	2009	2014	2019
RCEP	3.7	6.3	6.1	5.9	5.0	0.2	1.1	3.5	4.8	5.1
日本	2.3	3.5	1.9	1.4	1.0	0.2	0.6	2.1	2.6	2.7
韓国	0.1	0.9	1.1	1.0	0.8	−	3.2	9.2	9.8	8.3
ASEAN10	1.0	1.4	2.1	2.6	2.4	0.7	2.5	5.0	5.8	6.3
豪州	0.1	0.3	0.4	0.4	0.3	0.3	0.9	3.4	5.6	7.5
台湾	0.1	0.4	0.4	0.4	0.4	−	1.3	13.0	14.4	13.7
NAFTA	1.5	4.7	4.9	4.4	3.4	0.1	0.2	0.5	0.7	0.5
米国	1.3	4.3	4.4	3.8	2.8	0.1	0.2	0.5	0.7	0.5
EU28	1.7	3.4	4.7	3.5	2.9	0.1	0.3	0.7	1.2	1.4
一帯一路53	1.7	2.8	5.2	5.8	4.9	0.2	1.7	2.3	3.3	3.3
世界計	15.8	20.7	23.6	22.3	17.0	0.2	0.7	1.5	2.1	2.1

② 輸入依存度　　　　　　　　　　　　　　　　　　　　　　　　　　（単位：％）

相手国	中国の輸入依存度					対中輸入依存度				
	1990	2000	2009	2014	2019	1990	2000	2009	2014	2019
RCEP	3.2	7.8	7.8	6.4	5.3	0.4	1.4	3.5	5.1	5.6
日本	1.9	3.4	2.6	1.5	1.2	0.4	1.1	2.3	3.7	3.3
韓国	0.1	1.9	2.0	1.8	1.2	−	2.2	5.7	6.1	6.5
ASEAN10	0.8	1.8	2.1	2.0	1.9	1.3	2.8	6.0	8.3	9.5
豪州	0.3	0.4	0.8	0.9	0.8	0.4	1.4	3.0	3.4	4.2
台湾	0.6	2.1	1.7	1.4	1.2	−	1.9	6.2	9.0	9.4
NAFTA	2.1	2.2	1.8	1.8	1.1	0.3	1.0	2.3	2.9	2.5
米国	1.7	1.9	1.5	1.5	0.8	0.3	1.0	2.1	2.7	2.1
EU28	2.5	2.6	2.5	2.3	1.9	0.2	0.8	1.8	2.1	2.6
一帯一路53	1.0	3.6	4.3	4.9	4.0	0.4	1.1	3.1	4.2	4.9
世界計	13.6	18.7	19.7	18.7	14.0	0.4	1.2	2.3	3.0	2.9

（資料）名目 GDP：IMF;WEO（2020 年 10 月）
　　　　輸出・輸入：IMF;DOT（2020 年 9 月）。台湾のみ台湾貿易統計。

2.　日本の対中貿易依存度の高まり

　日本の非対称的な対中貿易依存度の高まりは，コロナ禍当初に中国のサプラ
イチェーンの断絶の影響など，経済的なリスクを高めている。非対称的な関係
は，対中貿易依存度を高めている日本にとって，貿易に問題が生じたときに
は，その影響は相対的に日本で大きく，中国は相対的に小さくなる。

　日中の貿易依存度（日本の GDP に占める対中貿易の比率，中国の GDP に
占める対日貿易の比率）は，世界金融危機を境に 180 度変わった（第 5-6 図）。

　1980 年代は，中国の対日貿易依存度と日本の対中貿易依存の格差は大きく，
中国が日本に一方的に依存していた。1990 年代にはその差が広がり，中国は
対日貿易依存度を深めた。2000 年代に入ると，日中間の貿易依存度の差が縮
まり，相互依存的な関係に移行する。世界金融危機後には，日中間の貿易依存
度が逆転して，日本の貿易が中国に一方的に依存する関係に変容している。

　日本の非対称的な対中貿易依存度の高まりは，コロナ禍当初に中国のサプラ

第 5-6 図　日本の対中貿易依存度と中国の対日貿易依存度（対 GDP 比）

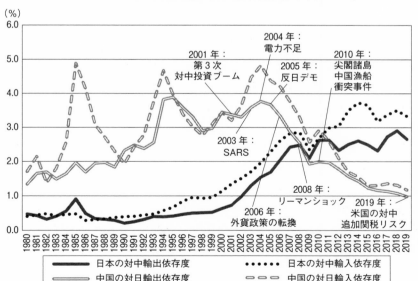

（注）2019 年 GDP は予測値
（資料）輸出・輸入：DOT（2020 年 9 月），GDP：WEO（2020 年 10 月）

イチェーンの断絶の影響など，経済的なリスクを高める。対中貿易依存度を高めている日本にとって，貿易に問題が生じたときには，その影響は相対的に日本で大きく，中国は相対的に小さくなる。日中間での相互依存関係の非対称的変化が，近年の日中関係の対立激化の重要な背景要因として指摘されている。中国は，依存度が下がってきた日本に対して，もはや以前ほどは政治的にも遠慮をしなくなってきた[19]。

3. 中国の「限韓令」

韓国は中国との経済・政治関係で，朴槿恵前政権発足当初の 2015 年に中韓 FTA の締結等蜜月時代を築いていた。その象徴が，アジアインフラ投資銀行（AIIB）参加表明（2015 年 3 月），「抗日戦争・反ファシズム戦争勝利 70 周年」記念式典（北京）への朴前大統領の参加（2015 年 9 月）等であった。

ところが，2016 年に入り中韓関係は一変した。2016 年 2 月に韓国が THAAD 配備の協議開始を表明，2017 年 3 月に THAAD 配備を開始した。中国は，これら一連の動きに THAAD 配備が自国の安全保障を脅かすとして強硬に反対し，中韓関係が悪化した。

中国は，2016 年 7 月頃から韓国に対する「報復」措置を本格的に講じ始めた。当初は，韓国人アーティストの中国での活動や，韓国ドラマ・K-POP など中国での流通を規制する「限韓令」から「報復」が始まり，訪韓団体観光の規制，一部韓国製化粧品の輸入不許可などに拡大した。THAAD 配備開始に前後して，中国の「報復」は一段と強化された[20]。

韓国の貿易は，中国の WTO 加盟以降，対米貿易に依存する関係から対中貿易に依存する関係に変化した（第 5-7 図）。さらに，韓国と中国の貿易は，韓国が中国に一方的に依存している関係にある（第 5-8 図）。

韓国の対中輸出依存度は，2011 年の 11.2％を過去最高にして，2016 年は 8.8％に低下している。この背景には，韓国企業の脱中国生産が進み，中国に変わる生産拠点地としてベトナムへの投資が拡大したことである。

第 5-7 図　韓国の対米・対中貿易依存度（対 GDP 比）

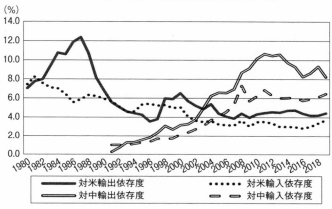

（注）2019 年 GDP は予測値
（資料）輸出・輸入：IMF;DOT（2020 年 9 月），GDP：IMF；WEO（2020 年 10 月）

第 5-8 図　韓国と中国の貿易依存関係（対 GDP 比）

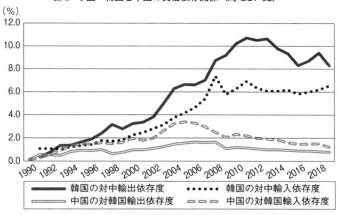

（注）2019 年 GDP は予測値
（資料）輸出・輸入：DOT（2020 年 9 月），GDP：WEO（2020 年 10 月）

4.「東洋は興隆，西洋は衰退」

　コロナ禍を契機にして，相互依存でつながっている国際分業の土台にひび割れが起きている。感染流行が終息する際には，重要医療物資を巡る複雑な世界的サプライチェーンの大幅見直しという，構造的な変化が引き起こされる可能

性がある。低コストを実現する国際分業の利益よりは，より信頼性の高いサプライチェーンを構築することが政治的にも優先されよう。過度な対中貿易依存は，中国の経済的圧力を一層高めるリスクであることを豪州の事例が教えてくれる。中国は FTA を締結している豪州に対して，これまでに見たことのないような経済的圧力や猛攻を加えている。中国は自国に歯向かった政府に容赦ない経済的・軍事的圧力をかけていると指摘されており，豪州はその見せしめにされている[21]。

　中国は，コロナ禍でも，2020 年はプラスの経済成長を遂げ，2021 年は 8％成長も見込まれている。中国の経済規模は米国に迫ろうとしており，貿易な直接投資など世界経済が対中依存度を強めている。経済運営に自信を深めている中国の習近平国家主席は，WSJ 紙によれば，新型コロナウイルスと農村部の貧困撲滅で勝利を宣言した後，今後も中国の興隆と自らの権威を維持することを目指す新たな経済計画を練っていると伝えている。これに呼応する形で，中国の国営メディアは，欧米の主要国がコロナ禍に苦しむ姿を横目に貧困撲滅を成功させ，国家の安定を支えた先見の明ある指導者として，習氏に賛辞を送り，危機や長期的課題への中国共産党の対応力は優れているとし，「東洋は興隆し，西洋は衰退している」との優越性を強調してきた[22]。

　習近平国家主席は 2020 年 1 月の世界経済フォーラム（WEF）の演説で，「他国を拒否，脅迫，威嚇し，意図的にデカップリングや供給途絶，制裁を引き起こし，孤立や疎外させるために，小規模な集団でまとまったり，新たな冷戦を開始したりすれば，世界を分裂させ，さらには対立させるだけだ」と米国の同盟国を対中国で結束させようとするバイデン米新政権をけん制した[23]。

　米国と同盟国の間にくさびを打ち込むチャンスを窺っていた中国は，EU と投資協定に原則合意（2020 年 12 月 30 日），RCEP に署名するなど米国に対して，地政学的な大勝利を挙げていた。

　しかし，EU が新疆ウイグル自治区の人権侵害に関与した中国当局者 4 人に対し，制裁を科したことを受けて，中国は，中国共産党に批判的な欧州議会議員を含む欧州人に制裁を発動した。これを機に欧州議会は 2020 年 5 月 20 日の本会議で，EU が中国と合意した投資協定の承認手続きを「凍結」する決議を賛成多数で可決した。決議では，報復制裁を解除されない限り，中国との投資

協定の審議に一切応じない姿勢を明確にした。対中貿易を重視してきた EU でも，欧州議会やドイツの政界，欧州市民の間では，中国との投資協定に懐疑的な見方が広がっている。

　米国は，盟国や他国と早々に協力して取り組むべき問題として次世代通信規格「5G」や重要財のサプライチェーンの確保を取り上げ，2020 年 2 月に，半導体や医薬品，レアアースなど重点品目のサプライチェーン（供給網）の広範な見直しを指示する大統領令に署名した。米中のデカップリングは確実に進むのではないか。

[注]
1　「新型肺炎で自動車業界ピンチ，武漢に生産拠点多数〜中国に生産工場を置く自動車産業に低迷の危機」WSJ，2020 年 1 月 29 日
2　「アップルに三重苦，関税・販売減・新型コロナ〜中国にすべてを賭けてきたクック氏，揺れ動く戦略」WSJ，2020 年 3 月 3 日
3　「足りないマスクや医療品，犯罪集団は荒稼ぎ」WSJ，2020 年 3 月 10 日
4　「中首脳が電話会談，習氏『人民の闘い』に勝つ　新型肺炎で」WSJ，2020 年 2 月 7 日
5　「マスクの世界需給ひっ迫，中国が大量確保」WSJ，2020 年 2 月 7 日
6　「中国，マスク輸出外交にほころび，粗悪品多く許可制導入，流通滞れば不足に拍車」日本経済新聞朝刊，2020 年 4 月 18 日
7　「中国医療品に殺到の欧米，待ち受ける『無法地帯』」WSJ，2020 年 4 月 24 日
8　「英国政府は中国の民間企業 2 社に約 22 億円を支払い抗体検査キットを 200 万個購入したが，検査キットは欠陥品だった」https://nytimes.com/2020/04/16/world/europe/coronavirus-antibody-test-uk.html
9　「中国の新輸出規制，医療物資の対米輸出の妨げに」WSJ，2020 年 4 月 17 日
10　「自滅した中国コロナ外交―世界で孤立の恐れ，『国内優先』が裏目」日本経済新聞朝刊，2020 年 4 月 24 日
11　「激化する中国の豪州いじめ」WSJ 紙社説，2020 年 9 月 2 日
12　「中豪が FTA に署名，中国側は 4 つの意義を強調」，「ジェトロビジネス短信」2015 年 07 月 10 日
13　「中国で石炭不足の危機，『豪いじめ』が裏目に」WSJ，2021 年 2 月 11 日
14　Sha Hua「中国の脱炭素シフト，本気度示す変化」WSJ，2021 年 2 月 15 日
15　「中国の石炭市場が混乱，豪石炭の輸入禁止で」NNN アジア経済ニュース，2021 年 1 月 8 日
16　「習主席がもてあそぶ三角関係，豪州巻き込み複雑化」WSJ，2020 年 5 月 22 日
17　桒原響子「国間研戦略コメント（2020-11）中国の『戦狼外交』：コロナ危機で露呈した限界と課題」2020 年 5 月 15 日
18　ASEAN（10 カ国），南西アジア（4 カ国），その他アジア（4 カ国），ロシア，CIS（11 カ国），中東欧（5 カ国），GCC（6 カ国），その他中東（10 カ国），アフリカ（2 カ国）の 53 カ国とした。
19　関山健「経済相互依存と政治関係―日本と中国‐国交正常化 45 年の変化と今後―」http://ssdpaki.la.coocan.jp/proposals/8.html
20　「これらの『報復』措置は，2017 年 10 月に中韓が『双方は韓中間の交流強化が両国の共同利益に合致することに共感し，すべての分野の交流協力を正常な発展軌道に速やかに回復させることで

合意した』ことにより，一旦，峠を越えた。THAAD 配備問題は韓国経済に悪影響を及ぼした。韓国銀行（中央銀行）は 2017 年 10 月の経済見通し発表時に『THAAD の衝撃で，2017 年の実質 GDP 成長率が 0.4 ポイント低下』とする見方を示している」（百本和弘「韓国の対日，対中経済関係の変容」，『国際貿易と投資，N0111』）

21　William Mauldin and Alex Leary「バイデン政権，対中国で同盟国を結束できるか」WSJ，2021 年 3 月 4 日

22　Chun Han Wong「習主席『勝利宣言』掲げ全人代へ，権威固めに拍車」WSJ，2021 年 3 月 5 日

23　James T. Areddy「習主席，米同盟国の再結束に警戒感　バイデン政権けん制」WSJ，2021 年 1 月 26 日

（大木博巳）

第6章

コロナ禍と米中対立が韓国に促すチャイナ・プラスワン

はじめに

　コロナ・ショックに見舞われた 2020 年の韓国の実質国内総生産（GDP）成長率はマイナス 0.9％と，22 年ぶりのマイナス成長に陥った。とはいえ，経済の落ち込みは他の主要先進国に比べ小幅にとどまった。その理由として，(1) 韓国政府の「K 防疫」で新型コロナウイルス感染症拡大がある程度抑えられ，また，政府による消費喚起策が下支えした結果，民間消費の極端な不振が長引かなかったこと，(2) 2020 年春に大きく落ち込んだ輸出が夏以降，持ち直したことなどが挙げられる。(2) については中国の存在が大きい。経済の輸出依存度が高い韓国にとって輸出総額の 4 分の 1 を占める対中輸出の好不調は死活問題である。その対中輸出は年前半こそ大きく落ち込んだものの，後半に入ると持ち直した。

　このように，コロナ禍での韓国経済は中国に救われた面もあるが，同時に中国依存リスクが露呈した面もある。そもそも，新型コロナウイルス感染拡大による影響は，① 供給ショック，② 需要ショックの 2 つの側面に分けられる。中国との関連では，② に関してはインバウンド需要（訪韓中国人の支出）の消滅で観光業など関連業界は打撃を受けたものの，中国経済が 2020 年もプラス成長を維持したことなどにより，韓国の対中輸出への打撃は比較的軽微であった。その半面，① に関して韓国は大きな影響を受けた。その典型的な事例がコロナ対策で中国国内の工場が操業を停止し，中国から部品輸入が停止したために，韓国の完成車メーカーが操業停止に追い込まれた事例である。これによりグローバル・サプライチェーンの脆弱性が露呈したことで，経済安全保

障の面から過度な対中依存を見直す必要に迫られている。さらに，トランプ前政権から続く米中対立の長期化が避けられない中で，韓国としては中国との付き合い方を見直さざるを得ない局面が続いている。

　ここでは，コロナ禍と米中対立を契機にした韓国の対中経済関係について，貿易，対外直接投資を軸に点検し，韓国の今後の課題を整理する。

第1節　高い対中貿易依存がもたらすリスク

1．露呈した対中輸入依存の脆弱性

　韓国の対中輸入は増加傾向が続いている。2000年に128億ドルに過ぎなかった対中輸入は2020年には1,089億ドルと，20年間で8.5倍に増加した（第6-1図）。輸入総額に占める対中輸入額の割合も増加基調が続いており，2020年には23.3％に達した。中国から輸入されている主な品目は韓国独自コードのMTI3桁ベースで金額の多い順に半導体，コンピュータ（記憶媒体や部品を含む），携帯電話（部品を含む），精密化学原料，産業用電気機器（ワイヤーハー

第6-1図　韓国の対中輸入と輸入総額に占める対中輸入額の割合の推移

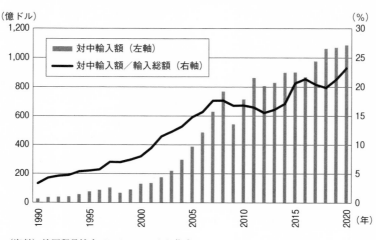

（資料）韓国貿易協会データベースから作成。

ネスなど）となっており，中間財が多いのが特徴である。

　ついで，より細かく状況をみるために品目別（HS6桁ベース）で対中輸入依存度をみてみよう。

　2020年に対中輸入額が1億ドル以上を記録した品目の数は全体で174品目であった。これらについて，韓国の輸入総額に占める対中輸入額の割合をみると，全体の6割に当たる105品目が対中輸入額の割合が50％以上，うち，全体の3割弱にあたる47品目が対中輸入額の割合が80％以上となった。つまり，対中輸入に大きく依存している品目が少なくないわけである。対中輸入額の割合が最も高かった「鉄または非合金鋼のフラットロール製品（ペイント・ワニスを塗布，またはプラスチックを被覆したもの）」（HS721070）が98.8％，次いで「染色整理仕上げ機械」（HS845150）が98.7％など，輸入のほぼ全量を対中輸入に依存している品目もみられた。こうした品目について，韓国国内で生産体制が整っていればよいが，そうでなければ，仮に中国からの輸入が停止した場合，韓国国内での関連製品の生産が停止することになりかねない。

　このような対中輸入依存のリスクは，図らずも新型コロナウイルス感染拡大の初期段階で露呈してしまった。その象徴的な事例が，感染拡大防止のため中国の生産活動が停止したことにより中国からのワイヤーハーネスの輸入が中断，韓国国内の在庫が尽きた2020年2月に自動車メーカー各社が軒並み操業停止に追い込まれた事態である。韓国はワイヤーハーネスを輸入に依存しているが，コロナ禍前の2019年のワイヤーハーネス（HS854430）の国別輸入実績をみると，輸入総額の86.7％を対中輸入が占め，他を圧倒していた。このようにワイヤーハーネスは対中輸入への依存度が高い典型的な品目の一つであった。さらに，貿易統計では分からないが，韓国の各メディア報道によると，輸入先は中国地場企業ではなく在中韓国系企業4社であった。その4社[1]とは，レオニワイヤリングシステムズコリア，裕羅コーポレーション，京信，THNで，いずれも韓国から地理的に近い山東省を中心に生産拠点を有している。これら山東省の拠点の多くは，韓国の生産コスト上昇を受けて韓国から生産移管すべく設立したもので，主要顧客は韓国メーカーである。ちなみに，現代自動車・起亜の中国工場向け生産拠点は北京市，河北省，江蘇省など，現代自動車・起亜の中国生産拠点の近隣地に別途，設けられている。

　このように生産拠点が韓国から中国に移管した事例はワイヤーハーネスに限らず，労働集約型業種を中心に広くみられる。韓国企業の中国進出は両国が国交正常化した1992年以降，徐々に進んでいったが，当時は奇しくも韓国が人件費上昇，ウォン高といった生産コスト上昇に悩まされていた時期でもあった。そのため，地理的に近く，朝鮮族人材を活用すれば言語の障壁が低い中国，特に，山東省や天津市を中心にした環渤海湾地域に韓国企業が大挙，進出していった。その結果，韓国企業にとっても中国は「世界の工場」となった。しかし，2000年代後半以降，中国の生産コスト上昇を受けて，第三国向け生産拠点としての中国の位置づけは低下，現在では韓国企業の中国生産拠点は中国内需向け，あるいは韓国向け拠点の色彩が強い。ちなみに，韓国輸出入銀行（2019）によると，在中韓国系企業の販売先構成比（2018年）は中国56.7％，韓国36.6％，第三国6.7％となっている。

　露呈した対中輸入依存リスクに対し，韓国政府はリショアリング（製造業の国内回帰）促進政策を推進している。韓国政府は2013年12月に「海外進出企業の国内回帰支援に関する法律」を施行し，一定割合以上，海外生産を縮小し，韓国国内に生産拠点を新増設した場合，企業に法人税減免をはじめとする各種インセンティブを与える政策を行ってきた。当時の狙いはサプライチェーンの脆弱性への対応ではなく，国内の雇用創出や製造業の空洞化阻止にあった。しかし，インセンティブを受けるための条件が厳しい，インセンティブの内容が不十分といった理由で企業の利用は低調であった。その後，条件緩和，インセンティブ強化を図る過程で，コロナ禍に見舞われたわけである。韓国政府ではリショアリング促進の理由にグローバル・サプライチェーンの安定化を追加した。それでも，同法を利用する企業数は従来よりも増加したものの，依然として限定的である。「韓国経済新聞」（2020年11月25日，電子版）によると，同法施行以来2020年11月までで同法の適用を受けた企業の数は累計で86社とのことである。韓国の経済団体はインセンティブの不十分さ，人件費の高さ，各種規制などが企業のリショアリングを妨げているという立場である。

　さらに，リショアリング政策のみでは対中輸入リスク軽減には限界がある。例えば，ワイヤーハーネスは自動化が難しい労働集約型業種であり，韓国政府

が企業にどのような政策インセンティブを付与しようとも，生産コストの高い韓国では不向きな業種である。むしろ，中国以外の人件費が比較的安価な近隣国に生産拠点を移転するニアショアリング政策により「チャイナ・プラスワン」体制を構築することこそが有効であろう。ワイヤーハーネスの例では，各社の決算資料をみると，裕羅コーポレーションはベトナムに，京信はカンボジアに，THN はフィリピンにそれぞれ生産拠点を有している。これら ASEAN での生産規模の拡大によりリスク分散が可能である。ちなみに，コロナ禍に見舞われた 2020 年のワイヤーハーネスの国別輸入をみると，対中輸入額は前年に比べ減少し，輸入総額に占める対中輸入の割合も 79.4％に低下した一方，ベトナム，フィリピン，カンボジアからの輸入額はいずれも急増し，輸入総額に占めるシェアもベトナム 9.1％，フィリピン 7.7％，カンボジア 2.2％となった。ただし，それでも対中輸入の割合は 8 割近くと非常に高く，韓国企業にとっても韓国政府にとっても ASEAN での生産新増設によるさらなるリスク軽減策の検討が必要であろう。

　ちなみに，ニアショアリング政策についても韓国政府は時折言及している。2020 年 2 月に産業通商資源部（2020b）は「特定国家・企業に独占的に依存している場合，第三国等へのサプライチェーン分散を推進する」とした。さらに，産業通商資源部（2020a）はその内容について「チャイナ・プラスワンの拡大」（ASEAN 諸国，インドなどの FTA 締結国との協力拡大），「生産拠点多角化支援」（海外市場調査支援，コンサルティング・金融支援強化），「多角化品目の支援拡大」（新しい輸入品に対する信頼性評価支援，環境関連の許認可迅速化）を挙げている。ただし，これらはリショアリング政策に比べても支援内容が小粒な感は否めず，どこまで奏功するのか不透明であろう。

2.　高止まりする対中輸出依存度

　韓国経済の対中輸出に対する依存度は高い。近年の韓国の輸出総額に占める対中輸出の割合は 25％前後の高い水準となっている。対中輸出の割合は日本も 2 割程度と高いが，日韓で決定的に異なるのは，経済の輸出依存度である。名目 GDP に対する対中輸出の比率（2019 年）を算出すると，日本の 2.6％に対して韓国は 8.3％と，日韓では大きな格差がある。

　人口が日本の4割，経済規模が日本の3分の1に過ぎない韓国にとって，輸出依存型経済成長は宿命である。その輸出のカギを握っているのが対中輸出の動向である。韓国の対中輸出は特に2000年代に急増し，輸出総額に占める対中輸出の割合も大幅に上昇した（第6−2図）。後述のようにこの時期，韓国の大手企業の中国進出が急増し，これら企業の中国生産拠点向けの部品・素材輸出が誘発されたことも，対中輸出急増の大きな要因の一つになっている。2010年代に入ると対中輸出は伸び悩み，輸出総額に占める対中輸出の割合も上昇が止まったが，それでも高止まりが続いている。2020年の対中輸出の割合は25.8％で，対日・対米輸出合計の割合（19.4％）より高く，また，対中・対香港輸出合計の割合は31.8％と，対米・対日・対EU輸出合計（29.5％）よりも高い。

　いうまでもなくすべての品目の対中輸出の割合が25％前後というわけではなく，対中輸出の割合がそれよりはるかに高い品目も散見される。2020年の対中輸出実績が1億ドル以上の品目の数はHS6桁ベースで151品目に上るが，このうち3割弱の43品目は対中輸出の割合が50％以上，うち，14品目は同割合が80％以上となっている。ちなみに，韓国最大の輸出品目のメモリー半導

第6−2図　韓国の対中輸出と輸出総額に占める対中輸出額の割合の推移

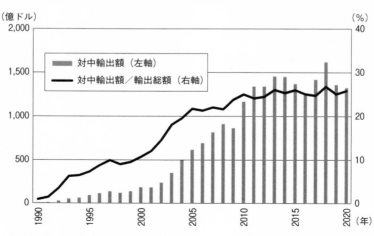

（資料）韓国貿易協会データベースから作成。

体の場合，対中輸出の割合は 54.1％，香港を加えるとその割合は 80.3％にも達する。つまり，韓国経済の最大のけん引役ともいえる半導体産業は対中輸出の状況次第とすらいえよう。

このような高い対中輸出依存に対し，韓国政府では輸出先多角化政策を繰り広げている。中でも，地理的に比較的近く，人口数が多く，今後とも経済成長が見込まれる ASEAN 諸国やインドとの関係強化を目指す「新南方政策」を展開しているところである。2020 年の韓国の輸出実績は対 ASEAN 諸国が891 億ドル（輸出総額に占める割合は 17.4％），対インドは 120 億ドル（同2.3％）となっており，いずれも増加傾向にある。両者を合わせると輸出総額の 19.7％と，ほぼ2割になっており，中国には及ばないものの，米国（同14.5％）を大きく上回っている。ただし，対 ASEAN 諸国輸出は第三国向け輸出の生産を行う現地韓国系企業に対する中間財の輸出も多く，世界経済の動向に左右されやすい。ちなみに，OECD/WTO による付加価値ベースでの韓国の輸出先（最終需要地）別構成比をみると，2015 年時点で中国が 25.3％，米国が 18.3％に対し，ASEAN 諸国・インドは合計で 10.2％にとどまっており，対中輸出リスクを相殺するには依然，力不足である。韓国の対中輸出リスク対策は道半ばである。

第2節　軸足を中国から米国・ASEAN に移した韓国の対外直接投資

対外直接投資は輸出入に比べ対中依存度の低下が進んでおり，韓国企業が中国以外の海外進出先を模索している姿が窺える。

過去を振り返ると，韓国の対中直接投資（実行ベース）は 1992 年の中韓国交正常化を契機に立ち上がった。特に 2000 年代に入り急増し，2007 年には 54億 6,114 万ドルを記録した。しかし，その後はそれまでの増加基調が一変し，伸び悩みが続いている。また，対外直接投資総額に占める対中直接投資の割合も特に 2000 年代に入り急増し，ピーク時の 2005 年には 39.4％に達し，さながら中国一極集中の様相を示した。しかし，その後，低下に転じ，2015 年以降

は10％未満で推移している。ちなみに，直近の2020年1〜9月は7.8％となっている。現在では韓国企業にとって中国は数ある主要進出国の一つといった位置づけに過ぎない。

　このような韓国の対中直接投資の変遷の理由は次のようにまとめられる。1990年代は韓国の生産コスト上昇に伴い，労働集約型企業を中心に中国への生産移管を目的とした対中直接投資が相次いだ。2000年代に入ると，韓国企業にとっても中国が「世界の工場」となり，また，中国のWTO加盟を契機に中国内需市場への参入機会の期待も高まり，幅広い分野で韓国企業の中国進出が活発化した。しかし，2000年代後半以降，中国の人件費など生産コストが上昇すると，第三国向け生産拠点としての中国の位置づけは低下し，中国拠点は中国内需向けとしての位置づけが色濃くなった。さらに，THAAD（終末高高度防衛ミサイル）配備問題を発端にした中韓関係悪化は韓国企業に対中直接投資を躊躇される要素となった。にもかかわらず，対中直接投資が減少傾向に転じないのは中国内需市場への期待が依然，大きいからである。サムスン電子が中国の膨大な半導体需要を取り込むべく2014年に西安に半導体工場を完成させたのがその典型例であるが，その他にも，LGエナジーソリューション（2020年12月にLG化学から分社），サムスンSDI，SKイノベーションの車載電池メーカー3社が拡大の見込まれる中国電気自動車市場の取り込みを狙い，そろって中国で生産拠点を構築・拡充，有機ELディスプレイなどのフラットパネルディスプレイでも各社が中国市場の取り込みを狙い現地生産を拡充している。

　ともあれ，対中直接投資が頭打ちになったのとは対照的に，直接投資が増加しているのが米国，ASEANである。第6-3図は，韓国の対中・対米・対ASEAN直接投資の推移を比較したものである。対外直接投資は年毎の変動が比較的大きいため，傾向が分かりやすいように各5年間の合計を取ったが，2000年代後半以降の対中直接投資の伸び悩みと，対ASEAN・対米直接投資の伸びが鮮明である。

　韓国の対外直接投資はASEANの中では特にベトナムに集中している。第三国向け生産拠点のポジションが中国からベトナムなどに移ったためである。その代表例がサムスン電子の携帯電話生産拠点である。かつて同社にとって携

第 6－3 図　韓国の対中・米・ASEAN 直接投資の推移（実行ベース）

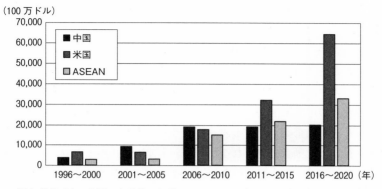

（注）数値は各 5 年間の合計値。ただし，2016〜2020 年は 2016 年 1 月から 2020 年 9
　　月までの 4 年 9 カ月間の合計値。
（資料）韓国輸出入銀行データベースから作成。

帯電話の最大の生産国は中国であった。しかし，中国の生産コスト上昇などを
受け，生産の中心を中国からベトナムに移していった。具体的には，2009 年
にベトナム北部のバクニン省の第 1 工場で携帯電話の生産を開始，2014 年に
タイグエン省の第 2 工場で本格生産を開始した。その後，中国生産拠点の閉鎖
によって，現在ではベトナムが同社の世界生産の 5 割近くを担う大生産拠点に
なった。同社のベトナム進出により，関連企業が続々とベトナムで生産を始め
た。さらに，他の韓国企業もベトナムに続々と進出，韓国系企業のベトナム集
積が進んだ。
　対米直接投資も増加基調が顕著である。2010 年代前半はシェールガス関連
の鉱業の直接投資が活発化，それが一段落すると，不動産関連の直接投資が増
加した。さらに，2010 年代半ば以降からは製造業の直接投資も増加している。
近年の対米直接投資は，トランプ前政権の保護主義的な通商政策対策もあった
が，それ以上に多かったのが米国市場獲得目的と米国企業の保有技術獲得目的
の対米直接投資であった。前者は CJ 第一製糖による冷凍食品メーカー・シュ
ワンズ買収，LG エナジーソリューションや SK イノベーションの車載電池工
場建設などが代表的である。後者は現代自動車グループが自動運転やロボット
企業に出資した他（後者は出資手続き中），サムスン，SK，LG など主要財閥

グループがバイオ，人工知能などの新技術獲得を目的に米国企業に出資している。また，従来，グリーンフィールド型直接が主流だった韓国の対米直接投資は 2010 年代半ば以降，M&A 型も目に付くようになった。

　このような中，コロナ禍の影響を評価するのは時期尚早であるが，米中対立が及ぼす影響を巡ってはすでにいくつかの課題が浮かび上がっている。トランプ前政権時の中国からの輸入品に対する輸入関税率引き上げなどを契機に，世界の主要企業の中で米国向け生産拠点を中国から他国へ移管する動きが続出した。しかし，韓国企業に関する限り，こうした事例を探すこと自体が容易でないほど，目立った動きは見られなかった。すでに前述のとおり，中国にある韓国企業の生産拠点は，（米国を含めた）第三国向け輸出拠点としての役割がすでに希薄になっていたためである。

　しかし，だからといって韓国企業が米中対立の影響を受けないわけではない。直接的影響は少ないとしても間接的な影響は少なくない。中国での販売先の中国企業や他の外資系企業が米中対立の影響で生産拠点を中国から他国へ移せば，販売先の流出につながるからである。その結果，場合によっては在中韓国系企業の存在意義が揺らぎかねない。別の課題として，米中のいずれか一方への肩入れを回避する必要性である。例えば，サムスン電子は中国・西安でNAND フラッシュ型メモリーの増産を続けている。同時に，同社は米国テキサス州オースティンの半導体工場の隣接地を取得，設備増強に向けて動いているとの観測が出ているが，これについては米中への投資バランスを考慮したものとの見方も一部でなされている [2]。

　また，「チャイナ・プラスワン」が一足早く進んでいるからと言って，韓国の対外直接投資にリスクがないわけではない。

　中国に代わる第三国向け生産拠点として位置づけられたベトナムの労働力もまた有限であり，現にベトナムの人件費は毎年上昇が続いている。世界銀行によると，ベトナムの 2019 年の 1 人当たり GDP は 2,715 ドルと，労働集約型の韓国企業の「脱中国」が顕在化した頃の 2007 年の中国（2,694 ドル）をすでに上回っており，ベトナムの賃金水準が必ずしも低いとは言えないことが示唆される。かつて「ポスト・チャイナ」を探したように，今後，いつの日か「ポスト・ベトナム」を探さざるを得ない可能性がある。とはいえ，現在のところ

「ポスト・ベトナム」の有力国は見当たらない。

　さらに，中国企業との競争激化も懸念材料である。前述した半導体，車載電池，フラットパネルディスプレイなど，韓国企業の大型投資が続いた分野は中国政府の「中国製造2025」の重点分野ともかなり重複する。つまり，今後，中国国内市場で技術力を高めた中国地場企業との競争が激化する恐れがあるわけである。さらに，米中対立が中国の独自技術開発に拍車を掛けている点もリスク要因である。韓国企業の中国拠点がこれからも中国内需市場拡大の果実を獲得できる保証はどこにもない。

　以上のように，対外直接投資ではチャイナ・プラスワンが進展しつつあるものの，韓国企業は依然として数々の事業リスクに直面している。

[注]

1　4社のうち，レオニワイヤリングシステムズコリアはドイツ・レオニグループの100％出資企業である。また，京信には住友電気工業（30％），住友電装（20％）がそれぞれ出資している（カッコ内は出資比率）。

2　本章執筆時点（2021年2月下旬）までの韓国の各種メディア報道よると，サムスン電子はファウンドリー（半導体の受託生産）工場建設地として，テキサス州オースティン工場以外の米国内の他の地域も検討しており，建設地は決定していないようである。

[参考文献]

〈日本語〉

百本和弘（2019），「環境変化に翻弄される韓国企業の中国ビジネス〜中国企業の競争力向上，米中貿易摩擦激化など〜」『季刊　国際貿易と投資』No.117，国際貿易投資研究所

百本和弘（2020），「コロナ危機で改めて浮かび上がった韓国にとって切実な『チャイナ・プラスワン』」『季刊　国際貿易と投資』No.120，国際貿易投資研究所

〈韓国語，カナダラ順〉

産業通商資源部（2020a），「先端産業の世界の工場への跳躍のための『素材・部品・装備2.0戦略』発表」

産業通商資源部（2020b），「『コロナウイルス感染症-19』企業隘路解消および輸出支援対策」

韓国輸出入銀行（2019），「2018会計年度　海外直接投資経営分析」

（百本和弘）

第7章

コロナショックが与える東南アジアへの影響

はじめに

　2020年以降，猛威を振るっているコロナ禍は東南アジア経済にも大きな影響を与えている。生産分業を通じて密接に連携する同地域において，コロナ禍はサプライチェーンに影響を与え，その在り方を再考させる事態となっている。

　本章では東南アジアを対象に，コロナ禍に対する各国の対応，経済面への影響を概観した上で，サプライチェーンへの影響と課題について議論する。第1節では，東南アジアにおける各国の政策対応と経済面への影響の特徴を整理し，第2節では東南アジアを中心にサプライチェーンへの影響と今後の課題について論じる。

第1節　コロナ禍が東南アジア経済に与えた影響

1. 東南アジアにおけるコロナ禍の現状と各国の対応

　東南アジアにおける新型コロナウイルスへの感染状況は，世界の中では抑制された地域[1]であるものの，2020年4月以降，多くの国で感染者と死者数の増加がみられ，特にインドネシア，フィリピンで急速に上昇した。当初，押さえ込みに成功していたマレーシアやミャンマーも2020年10月以降，増勢を強めている。

　アジア主要国の各国の10万人当り感染者数と死亡者数（2021年5月23日

時点）をみると，感染者数，死亡者数が多い国はインド，フィリピン，インドネシア，マレーシアで，日本が続く状況にある（第 7 - 1 図）。一方，ベトナムやタイについては，感染者数，死亡者数についても相対的に少なく，押さえ込みに一定程度，成功している。

　コロナ禍の拡大に伴い，東南アジア主要国（シンガポール，ベトナム，タイ，マレーシア，インドネシア，フィリピン）は 2020 年 3～4 月以降，相次いで行動制限等の政策対応を行った。各国によって内容に差はあるものの，集会の禁止，職場閉鎖，学校の休校，公共交通機関の停止などの措置が採用された。その後，2020 年 4 月にはベトナムで，5 月にはタイ，マレーシア，シンガポールで，6 月にはフィリピン，インドネシアで段階的な緩和措置がとられた。しかし，2020 年 10 月以降，感染の再拡大がみられ，各国で行動制限措置が再び強化される事態となっている。タイについても，2020 年 12 月以降，感染者数が増加傾向にあることを受け，2021 年 1 月に行動制限を強化し，ベトナムでも 2021 年 1 月以降，一部地域で行動制限が強化されている。

　東南アジア諸国の中で，コロナ禍の押さえ込みに最も成功したのはベトナムである。ベトナムは 2020 年 1 月 23 日に中国・武漢からの入国者の感染を確認

第 7 - 1 図　アジア主要国の 10 万人当り新型コロナ・ウイルスの感染者数・死亡者数（2021 年 5 月 23 日時点）

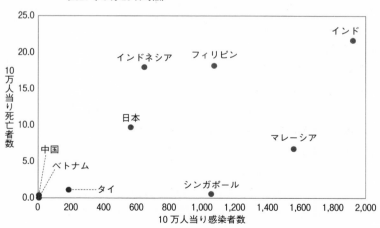

（資料）"COVID-19 Weekly Epidemiological Update"（WHO）から作成。

した後，早期の入国制限や検疫措置，ロックダウンを実施したことなど迅速な対応が感染抑制に寄与したと指摘されている（Nguyen et al., 2021）[2]。また，シンガポールは，感染者数は圧倒的に多いものの，感染者数の多くは寮に居住する外国人労働者で，クラスターが明確であった点が特徴であり，2020年9月以降は感染拡大が沈静化している。シンガポール政府のコロナ対策は，入国制限や集会制限，職場閉鎖，マスクの着用義務化（違反者には罰金）などの措置とともに，デジタル技術を活用した対応も際立っていることが特徴である。シンガポール政府は，2020年3月からTrace Togetherと呼ばれるスマホ向けのトレーシング・アプリ[3]を導入したことに加え，その後にスマホを所有しない居住者等を対象にTrace Together Tokenと呼ばれる携帯用機材も居住者に無償配布している。この2つを併せて，2021年4月末時点で492万人（6歳以上人口の92%）がトレーシング・アプリを導入している[4]。さらに，店舗や事業所等への出入りの際にデジタル上で登録を行うSafe Entryも導入されており，Safe Entryへのチェックインでも，IDカード等とともに，Trace TogetherもしくはTrace Together Tokenが用いられている。このようにシンガポールは，デジタル技術を活用して，トレーシング・インフラを浸透させている。

　ベトナムとシンガポールは，2002～2003年の重症急性呼吸器症候群（SARS）で中国以外の国では大きな影響を受けた国であり，そうした経験が迅速な対応をもたらす要素となったとも考えられる[5]。

　2021年以降，各国はワクチン接種を強化している。ワクチン接種は，各国の経済活動の正常化を図る上で最重要の要素となっており，各国はワクチン調達と迅速な接種率の向上に取り組んでいる。

2.　人の移動に関連するサービス産業に甚大な影響

　コロナ禍は東南アジア経済にも大きな影響を与えている。東南アジア・各国の2020年の実質GDP成長率は，ベトナムを除き，大幅なマイナス成長となっている（第7-1表）。感染者数が多く，厳しい行動制限が課されたフィリピン（9.6%減）で落ち込みが大きく，観光も含めサービス輸出の減少が大きいタイ（6.1%減），マレーシア（5.6%減），シンガポール（5.4%減），インドネシア

第 7 - 1 表　東南アジア主要国の実質 GDP 成長率の推移

（単位：％）

	2018 年	2019 年	2020 年	ホテル 飲食	輸送 倉庫
フィリピン	6.3	6.1	- 9.6	- 45.4	- 30.9
タイ	4.2	2.3	- 6.1	- 36.6	- 21.0
マレーシア	4.8	4.4	- 5.6	- 26.5	- 21.9
シンガポール	3.5	1.3	- 5.4	- 26.6	- 25.4
インドネシア	5.2	5.0	- 2.1	- 10.2	- 15.0
ベトナム	7.1	7.0	2.9	- 14.7	- 1.9

（資料）CEIC から作成。

　（2.1％減）が続いている。一方，早期に感染の押さえ込みに成功したベトナム
については2.9％増とプラス成長を維持した。

　コロナ禍の影響は，あらゆる産業に及んでいるものの，特に人の移動に直接
的に関連するホテル・飲食サービス，輸送サービスに大きなマイナスの影響を
与えていることが特徴である。産業別の実質 GDP 成長率（2020 年）をみると，
ホテル・飲食サービスや輸送・倉庫サービスは，実質 GDP 成長率を大きく下
回るマイナス幅となっている。これらのサービス業は，生産と消費が同時に行
われる特徴があり，かつ電子商取引によって代替することも困難であるため，
コロナ禍の影響を大きく受けている。

　ホテル・飲食や輸送は観光関連サービス業とも位置づけられ，特に東南アジ
アは国際観光収入への依存度が相対的に大きい国が多い。東南アジアの中で
は，特にカンボジア，タイは国際観光収入が大きい比率を占めている（第
7 - 2 表）。GDP に占める国際観光収入の比率は，世界平均が2.1％である中，
カンボジアは19.6％，タイは12.0％と高く，マレーシア，シンガポールも6％
程度を占めている[6]。コロナ禍が長期化し，渡航制限等により人の移動制限が
長期化する中，国際観光収入の比率の大きいこれらの国には大きな影響が及ん
でいる。観光関連サービス業が大きな影響を受けていることは，世界のサービ
ス貿易（名目ベース）をみても明らかで，2020 年の世界のサービス貿易は
20％減と物品貿易（8％減）よりも大きく落ち込むとともに，観光サービスは
63％減，輸送サービスは19％減と大幅に落ち込んでいる（WTO, 2021）。

第7-2表　アジア主要国の訪問客数，国際観光収入のGDP比（2019年）

		訪問客数（万人）	国際観光収入	
			国際観光収入（億ドル）	国際観光収入／GDP比（％）
A S E A N	カンボジア	661	53	19.6
	タイ	3,992	651	12.0
	マレーシア	2,610	222	6.1
	シンガポール	1,912	204	5.5
	ラオス	479	10	5.4
	ベトナム	1,801	118	4.5
	ミャンマー	436	25	3.3
	フィリピン	826	115	3.0
	インドネシア	1,611	184	1.6
日本		3,188	492	1.0
世界平均		−	18,152	2.1

（注）シンガポールの観光収入のGDP比は2018年。
（資料）World Bankから作成。

　観光分野は，所得水準の向上とともに，東南アジア主要国の海外旅行者が増加しており，またオンライン・トラベル分野でユニコーン企業[7]が誕生するなど，デジタル分野の牽引役にもなってきた。Google・Temasek・Bain（2020）によると，東南アジア6カ国の電子商取引市場は2020年には前年比63％増の620億ドルと市場規模を拡大させた一方で，オンライン・トラベル分野は同58％減の140億ドルと大きく低下している[8]。加えて，同分野のユニコーン企業であるインドネシアのTravelokaでは2020年に人員削減を行ったと伝えられている。

　人の移動については，今後，構造的な影響も出ることが見込まれる。人の移動の中で，私的な観光については，デジタル技術での代替が難しい側面があるため，底堅い需要があると考えられるが，ビジネス出張については，オンライン会議が世界的に幅広く浸透する中で，一部はデジタルによって構造的に代替されていくことが見込まれる。

第 2 節　サプライチェーンへの影響と多元化投資

1.　中国を中心とする調達先集中の課題

　コロナ禍は，東南アジアの物品貿易，同地域で事業展開を行う企業のサプライチェーンに大きな影響を与えた。特に，東南アジアを含む東アジア地域は，企業の工程間分業が広く浸透している地域だけに，その影響は大きいものがある。

　コロナ禍がサプライチェーンに与えた論点は，部品等の調達先が中国など一部の国に偏っている課題を顕在化させたこと，中でもマスクや医療機器など必需品（Essential Goods）と位置付けられる物品が一部の国からの輸入に依存，もしくは国産化ができていないことがリスクとして認識されたものである。

　こうしたサプライチェーンの課題が顕在化したことを受け，シンガポールのバラクリシュナン外相は，2020 年 6 月の講演で，「良き時代には，ジャスト・イン・タイムのサプライチェーンが最も効率的であると考えられてきた。しかし，現在では強靱性のために『ジャスト・イン・ケース』のサプライチェーンを構築するようになるだろう」[9] と発言し，印象深い言葉を用いてサプライチェーンがより短く，多元化する方向で変容する可能性を指摘した。

　中国等に調達先が集中していることで生じた課題は，2020 年 2～3 月頃に顕在化した。武漢で 2020 年 1 月下旬に導入されたロックダウンによって，自動車部品の供給不足が日本や中国などでの日本企業の自動車生産減を招いた事例（Urata, 2020）やマレーシアでの行動制限によって在シンガポール企業の電子部品調達が不可能になった事例（ジェトロ，2020）などが指摘されている。こうした状況は現地日系企業を対象としたアンケート調査からも確認できる。バンコク日本人商工会議所とジェトロ・バンコクが，2020 年 3 月中旬に在タイ日系企業を対象に実施したアンケート調査[10] では，「中国等（日本を除く）からの部品，材料，中間財，製品等の納入が遅延・困難」と回答した企業が回答企業総数の 41％（製造業では 50％）に及び，部品調達に課題を抱えた企業が多かったことがわかる。同様に，ジャカルタ・ジャパン・クラブとジェトロ・ジャカルタが 2020 年 2 月下旬から 3 月上旬に行った調査[11] では，中国につい

ては明示されていないものの，「海外からの輸入部品，原料，中間財，製品等の調達が遅延，困難になる」と回答した企業が57％を占めていた。

　しかし，中国からの部品調達問題は早期に回復したと指摘できる。武漢のロックダウンは2020年4月上旬に解除され，中国国内での感染者数が鎮静化したことで，中国の経済活動が回復したことが大きい。東南アジア主要国の対世界，対中国の月次輸入額（3カ月移動平均）[12] に占める中国の構成比をみると，2020年1〜3月に大きく低下したものの，4月以降に回復していることがわかる（第7-2図）。マレーシア日本人商工会議所とジェトロ・クアラルンプールが2020年5月中旬に実施したアンケート調査[13] では，「中国サプライヤーからの製品・部品・原材料などの納品遅延」を指摘した企業の比率は1％（製造業では1.8％）と，中国からの調達を課題と回答する企業が大幅に低下した。同様に，ジャカルタ・ジャパン・クラブとジェトロ・ジャカルタなどが2020年6月に実施したアンケート[14] でも，中国からの部品調達遅延や停止を指摘する企業は2％まで減少し，大きく改善したことがうかがえる。今回のコロナ禍は，ロックダウンによる供給ショックがみられたものの，生産設備その

第7-2図　ASEAN6の対中輸入比率の推移

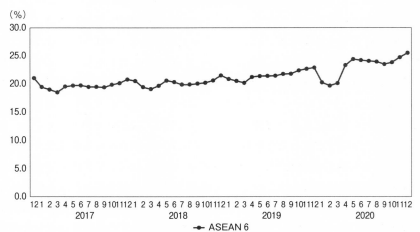

（注）3カ月移動平均値の構成比。ASAEN6はタイ，マレーシア，インドネシア，フィリピン，ベトナム，シンガポール。
（資料）CEICから作成。

ものは傷んでおらず，ロックダウンの緩和とともに，生産が早期に再開可能であった点は，2011 年の東日本大震災などの自然災害と異なる点と指摘できる。

　コロナ禍を受け，強靭なサプライチェーン構築のため，調達先の多元化の重要性が議論されている。Hayakawa and Ando（2021）は，貿易統計を用いて，機械部品の調達先が多様化している国ほど，機械類最終財の輸出に対する悪影響が小さかったことを明らかにしており，多元化は一定の役割を果たし得ることが示されている。一方で，企業が多元化を行う場合，集中によるリスクと分散によるコスト増とのバランスの見合いで判断していくことになる。三浦（2020）が指摘するように，産業集積が進む中国では，産業レベルの規模の経済が発生していることが想定され，中国外への生産移管は，企業レベルの規模の経済だけでは達成し得ないコスト増をもたらすことも想定され，大規模な再編は容易ではない。

　しかし，コロナ禍は 2018 年から米中摩擦が顕在化していた中で発生したことで，サプライチェーンへのリスク認識を増幅させている。米国は，輸出管理規則に基づき，ファーウェイなどエンティティ・リストに掲載された企業に対して輸出規制等を課し，中国は 2020 年 12 月には同様の措置を導入し得る輸出管理法を施行するなど，安全保障を論拠とした貿易規制措置が米中間で強化されている。コロナ禍によるサプライチェーンの一時的な寸断に加えて，今後，米中摩擦が一段と激化する場合には，サプライチェーンの集中は，これまで以上にそのリスク認識を高め，一定の多元化をもたらす要因となることは考えられる。

2.「必需品」貿易と ASEAN の取り組み

　調達先が集中している課題の中でも，コロナ禍において需要が急増したマスクや人工呼吸器など必需品と位置付けられる品目については，中国等のロックダウンによる供給不足に加えて，各国が輸出制限措置を導入したことで，より多元化，国産化の必要性を認識させることとなったと指摘できる。

　WTO[15] によると，世界におけるコロナ禍に関連した貿易制限・緩和措置の件数は計 318 件（2021 年 5 月 7 日時点）に及んでいる。その内容の多くは輸出国では必需品の一時的な輸出禁止・制限とともに，輸入国では必需品に対す

る関税引き下げなどである。東南アジアでは，ベトナムでマスク輸出のライセ
ンス化や医薬品の輸出禁止措置が導入され，タイやマレーシアでもマスク等を
対象に，インドネシアでもマスクやエチル・アルコール，防護具等を対象に，
輸出禁止措置が導入された。

　さらに，ベトナムは 2020 年 3 月に米の新規輸出契約が停止され，その後に
数量規制を導入（2020 年 5 月 1 日に撤廃）したことで食糧供給にも不安定性
を認識させることとなった[16]。東南アジアでは，ベトナムやタイなどメコン諸
国が米などの食糧品の純輸出国である一方，シンガポール，インドネシア，
フィリピンなどが純輸入国となっている。ベトナムの一時的な輸出禁止措置を
受け，マレーシアはインドからの米輸入を増加させている[17]。

　特に，シンガポールは，食糧の輸入依存度が高く，コロナ禍は一段と食糧輸
入途絶のリスク認識を高めることとなった。シンガポールでは気候変動リスク
も考慮し，食料品の自給率を 2030 年までに 30％まで引き上げることを政策目
標（30 by 30 と呼称）として掲げており，コロナ禍はその必要性を一段と認
識させることとなった[18]。

　こうした輸出禁止・制限措置については，WTO のルールの現状も確認する
必要がある。関税及び貿易に関する一般協定（GATT）第 11 条では数量制限
の一般的廃止が規定され，輸入とともに輸出も対象となる。しかし，同時に
GATT 第 11 条第 2 項 a では，「輸出の禁止又は制限で，食糧その他輸出締約
国にとつて不可欠の産品の危機的な不足を防止し，又は緩和するために一時的
に課するもの」については例外が認められている。そのため，コロナ禍を受
け，各国で導入された輸出禁止・制限措置には，根拠となり得る一定の例外条
項が存在している。

　必需品と位置付けられる品目で，一部の国が輸出制限措置を導入した中，
ASEAN 共同体を構築している ASEAN では，円滑な貿易体制を維持するため
の取り組みが行われている。2020 年 4 月の特別 ASEAN サミットで採択され
た宣言文の中で ASEAN の貿易投資の開放性を維持することが確認され，
2020 年 6 月の経済大臣会合では「ハノイ行動計画」が採択され，必需品の円
滑な貿易を確保し，不必要な非関税措置の抑制，必需品に対して輸出制限等の
措置を採った場合の迅速な通報を行うことなどが盛り込まれた。さらに，

ASEAN では必需品の定義が議論され，2020 年 11 月に ASEAN 各国の経済大臣によって覚書（MOU）[19] が署名され，必需品をリストアップするとともに，同必需品に対する非関税措置の発動を控えることが盛り込まれた。必需品には，HS8 桁レベルで合計 153 品目（HS6 桁レベルで集計すると 83 品目）[20] が掲載されている。この中には，医療用マスクや人工呼吸器などとともに，医薬品（HS30）で数多くの品目が含まれている。一方で，今回，コロナ禍で輸出制限の対象となった食糧品は含まれていない。

　この必需品の定義 [21] に基づいて，ASEAN 各国の輸入額（2019 年），対中依存度，さらには貿易の集中度を示す HHI 指数 [22] をみたものが第 7 - 3 表である。必需品は，各国の輸入総額の 2～3％程度を占め，国別ではシンガポールを除き，中国が最大の輸入元で，対中輸入比率は 1～3 割程度を占めている。HHI 指数は 2010 年代に，シンガポールを除く 5 カ国では，対中輸入比率の上昇を要因に上昇傾向がみられている。必需品の国内供給力は把握できないが，関連指標として輸出額，貿易収支をみるとシンガポール，マレーシアを除き，輸入依存が大きい状況にある。一方，必需品には多様な財が含まれているものの，各国ともに必需品全体でみれば，対 ASEAN 輸入比率は 1～2 割程度あり，ASEAN 域内における必需品の貿易円滑化は，相互に安定的な供給を確保する上で，一定の役割が期待できる枠組みであると位置付けられる。

第 7 - 3 表　東南アジア主要国の必需品輸入額と HHI 指数

（単位：億ドル，指数）

	必需品輸入額	対中輸入比率		対ASEAN輸入比率		HHI 指数		必需品輸出額	必需品貿易収支
	2019 年	2010 年	2019 年	2010 年	2019 年	2010 年	2019 年	2019 年	2019 年
シンガポール	74	7.7	8.8	14.8	14.8	1,075	1,040	153	79
タイ	61	11.6	20.3	10.6	9.7	925	959	44	− 17
マレーシア	41	10.5	18.5	22.9	14.5	780	847	84	43
フィリピン	30	8.0	13.4	22.0	18.8	526	612	5	− 25
インドネシア	33	14.9	27.8	19.9	15.6	721	1,133	20	− 13
ベトナム	67	11.9	18.8	9.2	6.5	702	823	45	− 22

（資料）ITC から作成。

　ASEAN では，コロナ禍による影響を踏まえ，こうした必需品貿易に対する原則作りが進められており，今後，さらに政策協調の枠組みを強化できるかが論点となる。シンガポールのリー・シェンロン首相は，2020 年 4 月の特別 ASEAN サミットで，渡航制限や貿易制限の措置導入とその緩和について共通の基準やガイドラインを設定する必要性について言及している [23]。こうした制度的な枠組みを域内で強化しいけるかは今後の課題となろう。

おわりに

　コロナ禍は，東南アジアにおいて，人の移動に関連する産業を中心に甚大な影響を及ぼすとともに，同地域で事業展開する企業のサプライチェーンの在り方を再考させることとなった。調達先の集中は供給途絶リスクを高めるが，その一方でサプライチェーンの多元化はコスト増を伴うため，大規模な再編は容易ではない [24]。

　しかし，多元化の論点は，コロナ禍の影響とともに，米中摩擦によって貿易と安全保障に関する認識の高まりによって，増幅されている。米国の輸出管理規則，中国の輸出管理法など，安全保障の観点から貿易制限が課され，今後，サプライチェーンが寸断されるリスクも想定されるためだ。

　こうした中，東南アジアなどアジア地域で構築されてきたサプライチェーンに対する安定的な制度環境を整備していく上で，地域大での政策協調が求められる。ASEAN における取り組みのように，必需品などに対する政策協調の制度的枠組みを強化していけるかが一段と重要となる。

[注]
1　東アジア地域において米州や欧州と比較して感染者数が少ない理由として「ファクター X」が議論される中，熊谷（2020）は，東アジアでは初期感染者の数が圧倒的に少なかったこと，感染の中心地となった北大西洋諸国から距離が離れていたことが寄与したと，重力方程式を用いて論じている。
2　Nguyen et al.（2021）は，ベトナムの迅速な措置は，35,000 人の感染者と 350 人の死者減少に寄与したと推計している。
3　シンガポール政府によると，収集する情報には位置情報を含まず，日本の COCOA と同様に，

他のユーザーとの接触情報を蓄積。

4　導入数はバラクリシュナン・スマートネーション担当相の国会報告に拠る。また，Trace Together による濃厚接触の識別件数は 2020 年 11 月 2 日時点で約 25,000 件，その内，陽性判明は 160 件であったと報じられている（Channel News Asia, November 2, 2020, About 25,000 close contacts of COVID-19 cases identified using Trace Together: Gan Kim Yong）。

5　WHO によると，SARS は，中国における感染者数が 5,327 人，死者数が 348 人であった中，シンガポール（同 206 人，32 人）は香港，台湾，カナダに次ぐ世界で 5 番目に多い水準，ベトナム（同 63 人，5 人）は米国に次ぐ同 7 番目に多い水準であった。

6　ASEAN（2020）では，観光産業は ASEAN の GDP の 14.3％，雇用の 13.7％を占めているとしている。

7　評価額 10 億ドル以上のスタートアップと定義される。

8　シンガポール，インドネシア，タイ，マレーシア，フィリピン，ベトナムの 6 カ国。同様に輸送分野では，フード・デリバリーは同 20％増の 60 億ドルと増加したものの，ライド・ヘイリングは同 38％減の 50 億ドルに低下。

9　Ministry of Foreign Affairs, Government of Singapore (Remarks by Minister for Foreign Affairs Dr Vivian Balakrishnan on "Diplomacy in a Post-COVID-19 World", June 22, 2020)。

10　バンコク日本人商工会議所，ジェトロ・バンコク（2020），「新型肺炎の影響に関する緊急アンケート結果」（回答企業総数 552 社）。「日本からの部品，原料，中間財，製品等の調達が遅延，困難」と回答した企業の比率は 7％であった。

11　ジャカルタ・ジャパン・クラブ，ジェトロ・ジャカルタ（2020），「新型肺炎の影響に関する緊急アンケート調査結果」（回答企業総数 42 社）。

12　対中国輸入は毎年，旧正月の時期に中国からの輸入が大きく減少するため，その影響をならすため，3 カ月移動平均値を利用。

13　マレーシア日本人商工会議所，ジェトロ・クアラルンプール（2020），「2020 年度在マレーシア日系企業の新型コロナウイルス対策に関わる緊急アンケート」（回答企業総数 248 社）。

14　ジェトロ・ジャカルタ，ジャカルタ・ジャパン・クラブ，JICA，信金中央金庫，東京都中小企業振興公社（2020），「在インドネシア日系企業の新型コロナウイルスに関わる緊急アンケート結果」（回答企業総数 362 社）。

15　WTO（COVID-19: Measures affecting trade in goods）に拠る。

16　脚注 15 および FAO（Viet Nam lifts rice export restrictions）に拠る。

17　The Straits Times, May 15, 2020 (Malaysia signs record rice import deal with India: Exporters).

18　シンガポールの Masagos Zulkifli 前環境・水資源省相は，2020 年 6 月 4 日の国会答弁で，現状の自給率は 10％以下であり，30 by 30 の重要性を強調している（Written reply by Mr Masagos Zulkifli, Minister for the Environment and Water Resources, to Parliamentary Question on 30 by 30, on 4 June 2020）。

19　Memorandum of Understanding on the Implementation of Non-Tariff Measures on Essential Goods under the Hanoi Plan of Action on Strengthening ASEAN Economic Cooperation and Supply Chain Connectivity in Response to the COVID-19 Pandemic.

20　覚書上の品目数は 152 品目と掲載されているが，同品目数に含まれていない HS340119 が品目リストに掲載されているため，計 153 品目とした。必需品目の内訳をみると，医薬品を含む化学品が HS6 桁レベルで 50 品目（HS8 桁分類では 107 品目），トイレットペーパー類 1 品目，マスク等の縫製品同 5 品目（同 9 品目），帽子類 1 品目，ガラス製品 3 品目（同 4 品目），アルミニウム製品 1 品目，一般機械 2 品目（同 3 品目），精密機器 19 品目（同 24 品目），医療用備品 1 品目（同 3 品目）となっている。

21　同リストでは，HS6桁以降の細かい品目でリストアップされているが，統計制約により，HS6桁レベルで集計。

22　HHI指数はハーフィンダール・ハーシュマン指数で，輸入のHHI指数は各国・地域の輸入構成比を二乗して算出し，その数値が大きい程，輸入先の集中度が高いことを示す。

23　シンガポール首相府（Intervention by PM Lee Hsien Loong at the Special ASEAN Summit on COVID-19 on 14 April 2020）。

24　需要ショックの長期化がサプライチェーンに与える影響に関する指摘もなされている。Kimura（2020）は，生産ネットワークは短期的な供給ショックや需要ショックに対しては強靭性が存在するものの，ショックが長期化した場合には，生産ネットワークが複雑性の上に成り立っていることから，元の状態に戻すことが困難となる可能性を指摘している。

［参考文献］

ASEAN (2020), *ASEAN Comprehensive Recovery Framework*, Jakarta: ASEAN Secretariat.

Google・Temasek・Bain & Company (2020), "e-Economy SEA 2020 At full velocity: Resilient and racing ahead," https://economysea.withgoogle.com/ (accessed 20 February, 2020).

Kimura, Fukunai (2020), "Exit Strategies for ASEAN Member States Keeping Production Networks Alive Despite the Impending Demand Shock," ERIA Policy Brief, No.2020-3(May).https://www.eria.org/publications/exit-strategies-for-asean-member-states-keeping-production-networks-alive-despite-the-impending-demand-shock/(accessed 20 February, 2020).

Hayakawa, Kazunobu and Mitsuyo Ando (2021), "Does the import diversity of inputs mitigate the negative impact of COVID-19 on global value chains," IDE Discussion Paper, 809.

Nguyen, Quang Va, Dung Anh Cao and Song Hong Nghiem (2021), "Spread of COVID-19 and policy responses in Vietnam: An Overview," *International Journal of Infectious Diseases*, 103 (2021), pp.157-161.

Urata, Shujiro (2020), "Reimagining Global Value Chains after COVID-19," ERIA. https://www.eria.org/news-and-views/reimagining-global-value-chains-after-covid-19/(accessed 20 February, 2020).

WTO (2021), "World trade primed for strong but uneven recovery after COVID-19 pandemic shock," https://www.wto.org/english/news_e/pres21_e/pr876_e.htm. (accessed May 26, 2021).

熊谷聡（2020），「新型コロナウイルスによる死者が東アジアで少ないのは何故か――重力方程式による解決」，IDEスクエア世界を見る眼，日本貿易振興機構アジア経済研究所，http://hdl.handle.net/2344/00051772（2021年2月15日閲覧）。

ジェトロ（2020），「新型コロナによるASEAN＋3地域のサプライチェーンへの影響と対応策―ASEAN＋日中韓共同研究報告書―国別報告書：日本」。

三浦有史（2020），「コロナ後のサプライチェーンのあり方―脱「中国依存」は正解か―」，環太平洋ビジネス情報RIM2020, vol.20 No.79。

（椎野幸平）

第8章

パンデミックに翻弄される外国人労働者

はじめに

　新型コロナウイルスの世界的流行（パンデミック）により，国境を越えた人の往来が制限された。経済協力開発機構（OECD）が，「歴史的な低水準であった」と言及したとおり，2020年前半に先進国に流入した移民は，例年のおよそ46％程度にまで減少した（OECD 2020）。日本においても，2013年以降，過去最高を更新しながら増加してきた外国人の流入に急ブレーキがかけられた。コロナショックと呼ばれる経済不況下で，雇用情勢が急速に悪化する中，人手不足の解決策として注目された外国人労働者をめぐる状況も一変した。

　そこで，本章では，第1に，世界的に入国制限が行われたコロナ禍で日本の外国人労働者数がどのように推移したかを確認する。第2に，コロナショックへの対策として政府が講じた外国人の雇用維持・生活支援のための主な対策を整理し，パンデミックが外国人労働者に与えた影響について報告する。第3に，コロナショックが及ぼした日本の外国人労働者受入れ拡大政策への影響について分析し，ポストコロナ時代における持続可能な社会を展望することとしたい。

第1節　日本における外国人労働者数の推移

1．急増した在留外国人

　世界経済の成長とグローバル化に伴い，国際的な移民の数は堅調に推移して

きた。国連人口部の試算によれば，2020年の世界の移民（ストック）は2.82億人。パンデミックの影響により，2020年は当初の見込みより，おおよそ27％程度減少したというものの，移民の数は，1990年からの30年で1.8倍へと拡大した（UNDESA 2020a）。この間，日本で暮らす外国人も大幅に増加した。2020年に日本に在留する外国人は277万人。総人口に占める割合は2.2％となった。世界の高所得国では，総人口に占める移民の割合が平均で14.7％に達している。そのため，世界的にみれば，日本は外国人が少ない社会であるといえるが，それでも，1990年の108万人と比較すると，その数は2.6倍に増加した（UNDESA 2020b）[1]。

　近年，特に増加が著しいのは，日本で働く外国人である。2012年12月から2018年10月まで，日本は戦後2番目に長い景気拡張期間を経験した。2018年には有効求人倍率が1.61倍を記録し，1973年以来45年振りの高水準となった。2008年をピークに日本の総人口が減少に転じてから約10年が経過し，人口減少社会の到来が実感されるようになる中，雇用情勢が急速に好転したため，人手不足が経済成長を制約する課題として浮上した。その対策の一つとして，外国人労働者受入れ拡大への期待が大きく膨らむこととなった。こうした情勢を反映して，2012年に68万人であった外国人労働者は，2016年には100万人を超え，2019年には166万人へと急増した。2020年に発生したパンデミックは，特にアジア出身の外国人労働者が日本で急増する過程で発生したのである。

2.　コロナ禍における外国人労働者数の推移

　それでは，コロナ禍で外国人労働者数は，どのように推移したのだろうか。この問題を検討するために，日本政府による水際対策と帰国困難者に対する特例措置を確認してみよう。日本政府は，入管法第5条第1項第14号に基づき，上陸の申請日前14日以内に添付の表の国・地域における滞在歴がある外国人について，特段の事情がない限り，外国人の上陸を拒否する措置をとった。添付の表にある国・地域には，インドネシア，タイ，中国，フィリピン，ベトナムといった外国人労働者が多い国も含まれ，2020年4月より，これらの国からの新規入国ができない状況となった。また，カンボジア，ネパール，ミャン

マー，ラオス，モンゴル，ネパールは，上陸拒否に該当する地域ではないが，発給された査証（ビザ）の効力が停止された。それに加え，政府からの要請に基づく航空便の減便も行われた。秋になると，感染が落ち着いた国・地域との間で，防疫措置を講じた上での入国が再開されたが，2020 年は急増した外国人労働者の流入に急ブレーキがかけられた。同時に，日本からの渡航者に対しても，各国・地域は厳格な入国制限を行ったため，外国人労働者は，在留期限を迎えたとしても，母国に帰国することが困難な状況となった。日本政府は，帰国困難となった外国人が不法残留にならないように，特例により，特定活動の在留資格を許可し，日本に在留することを認め，就労の継続を許可する仕組も用意した。

こうした状況を受け，2020 年の日本の外国人労働者数は，対前年比 4.0％増の 1,724,328 人となった[2]。パンデミックにより，外国人の入国は制限されたが，帰国困難者の就労継続が認められたことに加え，留学修了者の労働市場への新規参入も加わり，事業主に雇用される外国人労働者数は，コロナ禍にも拘わらず対前年比微増で推移した。産業別でもパンデミック前後で構成比には大きな変化は見られず，製造業が全体の 28.0％を占めた。次いで，卸売業，小売業 13.5％，宿泊業，飲食サービス業 11.8％が続いた。産業別の推移をみると，2020 年は製造業と宿泊業，飲食サービス業の伸び率がマイナスを記録した（第8-1 表）。国籍別では，ベトナムが中国を初めて上回り，総数に占める割合が，ベトナム 25.7％，中国 24.3％となった。次いで，フィリピン 10.7％，ブラジル 7.6％，ネパール 5.8％が続いた。前年と比較するとブラジルが減少した。ブラジル人は，定住者（主に日系 2 世・3 世）の在留資格により，労働者派遣・請負事業を行う製造業の事業所で就労する者の割合が高い。コロナ禍で，派遣切りとなる者が増加したことが，その一因として考えられる。在留資格別では，定住者，留学生の資格外活動（アルバイト）が減少に転じたが，専門的・技術的分野が対前年比 9.3％，技能実習[3] が 4.8％の増加となった（第8-1 図）。外国人を雇用する事業所は，267,243 カ所。前年比 10.2％の増加となった。規模別では，従業員 30 人未満の事業所が 60.4％，30〜99 人 18.1％，100〜499 人 10.8％，500 人以上 3.5％となっている。

日本は高度人材の受入れと定着を支援する方針（「雇用対策基本方針」（2014

第8-1表　産業別外国人労働者数の推移

（単位：人）

	2016 年	2017 年	2018 年	2019 年	2020 年		
						対前年増減率	構成比
外国人労働者総数	1,083,769	1,278,670	1,460,463	1,658,804	1,724,328	4.0%	100.0%
建設業	41,104	55,168	68,604	93,214	110,898	19.0%	6.4%
製造業	338,535	385,997	434,342	483,278	482,002	-0.3%	28.0%
情報通信業	43,758	52,038	57,620	67,540	71,284	5.5%	4.1%
卸売業，小売業	139,309	166,182	186,061	212,528	232,014	9.2%	13.5%
宿泊業，飲食サービス業	130,908	157,866	185,050	206,544	202,913	-1.8%	11.8%
教育，学習支援業	59,963	65,309	69,764	70,941	71,775	1.2%	4.2%
医療，福祉	17,434	21,734	26,086	34,261	43,446	26.8%	2.5%
サービス業（他に分類されないもの）	153,994	189,858	230,510	266,503	276,951	3.9%	16.1%
その他	158,764	184,518	202,426	223,995	233,045	4.0%	13.5%

（注1）各年 10 月末現在。
（注2）本表の産業別のデータは，日本産業分類（平成 25 年 10 月改定）に対応している。
（出所）厚生労働省「『外国人雇用状況』の届出状況（2020 年 10 月末現在)」より作成。

第8-1図　在留資格別外国人労働者数の推移

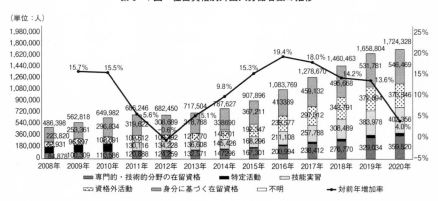

（注）毎年 10 月末現在。
（出所）厚生労働省「『外国人雇用状況』の届出状況まとめ」各年版より作成。

年 4 月厚生労働省告示）に基づき，専門的・技術的分野の在留資格を有する外国人労働者を積極的に受け入れ，それ以外の分野については十分慎重に対応する姿勢で政策を展開してきた。これは多くの国で採用されている選択的移民政策といわれるものであるが，実際の外国人の雇用状況をみると，労働市場における外国人労働者への需要は，在留資格の上では，専門的・技術的分野には該当しないと考えられている製造業，建設業，福祉・介護，サービス業などの分野の中小企業で高く，そのニーズに対応する形で，特にベトナムを中心とするアジア出身の技能実習生の増加を伴いながら拡大してきた（第 8 - 1 図）。

　パンデミックは，外国人労働者の生活に深刻な影響を及ぼしたが，事業主に雇用される外国人労働者数は，コロナ禍で日本の雇用者数が減少に転じている状況とは対照的に，前年並みに維持される方向で推移したと考えられる[4]。

第 2 節　コロナ禍の外国人労働者

1. 外国人労働者に対する雇用維持対策・生活支援

　コロナ禍でも外国人労働者の雇用が前年並みで推移した背景には，政府による雇用維持対策・生活支援の影響も考えられる。それでは，どのような施策が実施されたのだろうか。

　第 1 に，経済危機下にある外国人労働者の雇用維持，生活の安定を図るための支援である。政府はコロナウイルス感染拡大に伴う経済対策の一環として，国民に一律 10 万円を給付した。その対象には，基準日（2020 年 4 月 27 日）に住民基本台帳に記録されている場合は，在留外国人も該当することとなった。また，企業が労働者に休業手当を支払う場合に活用する雇用調整助成金の上限額・助成率が引き上げられ，対象者も拡大した。さらに企業が教育訓練を実施した場合でも，賃金相当額の助成が受けられるようになった。また，休業手当の支払いを受けることができなかった場合は，新型コロナウイルス感染症対応休業支援金が支給された。雇用契約の途中で解雇等された場合や帰国困難であるため，次の就労先を探す外国人にも雇用保険制度の活用が促された。企業に対しては，事業継続を支援するための持続化給付金，外国人には国民年金

の保険料免除をはじめとする支援が行われ，その活用が促された。

　第2に，出入国管理政策上の特例である。ここでは急増した技能実習生に対する措置を確認してみよう。帰国が困難となった者，技能検定試験等の受検ができないために次段階の技能実習に移行できない者に，特定活動の在留資格を許可し，就労の継続を認める措置が用意された。また，解雇等により実習の継続が困難となり，新たな実習先が見つからない場合は，再就職し，就労の継続が可能となるように最長1年間の特定活動の在留資格に変更することを認める特例も用意された。さらに，就職先を見つけることが困難な場合に備え，出入国在留管理庁による再就職の支援（求人事業者とのマッチング支援）が実施された。一定の条件の下ではあるが，企業の移籍，職種の変更も認められた。

　第3に，多言語での情報の発信である。法務省が「外国人生活支援ポータルサイト」を開設するなど，関係省庁・自治体などが，多文化共生政策の一環として，外国人向けに複数の言語で情報を発信したことは，コロナ禍の支援策の特徴といえよう。

2.　日本におけるコロナ禍の外国人労働者

　しかしながら，政府の支援は外国人労働者の生活を救済するには及んでいない。特に，製造業などの中小企業における現場労働を担う技能実習生，飲食店等のサービス業でアルバイトを行う留学生など，コロナ禍が直撃した産業に従事する外国人に深刻な影響を及ぼした。

　技能実習生について，出入国在留管理庁は，受入れ企業で実習が中止され，解雇された者が4,129人（2020年10月16日現在）に上り，うち約1,300人は同業種の別の実習先に移ったが，受入れ先が見つからないケースが目立ち，約1,200人が本来の実習業種とは異なる分野の仕事に「転職」していることを明らかにした[5]。仕事を失い，次の仕事を見つけることができないまま，帰国することも許されない状況で困窮する技能実習生の惨状も伝えられた（斉藤2020）。技能実習生よりも，コロナ禍の直撃を受けたのは，外食産業や小売業，観光業などの対人サービスの分野でアルバイトに従事する者が多い留学生であったことも報告されている。この報告によれば，コロナ禍が日本の学校の3月の卒業シーズンと重なったことから，学校を卒業し，アルバイト先を辞め，

アパートの退去期限が迫った段階になって帰国便がキャンセルされ，住居，収入，就労許可もない状態で行き場を失う者が続出したという。さらに留学生には，技能実習生における監理団体のようなサポート機関が存在しないことも指摘されている（斉藤 2020, p.62）。監理団体の中には，技能実習生のサポート業務を怠るところもあるが，2020 年 8 月の筆者の現地調査では，仕事を失った技能実習生が監理団体の支援・保護を受け，雇用保険を申請し，求職活動を行いながら，監理団体が所有する研修施設内の寮で，地域のボランティアからの野菜等の食糧支援も得て生活している様子が観察された。このような監理団体による支援が，事態の更なる悪化を食い止めているといえよう。

　国籍別では，2020 年 10 月末現在で技能実習生の 54.3%，アルバイトを行う留学生の 41.6% を占めるなど，近年，急増したベトナム人の深刻さが報告された。在日ベトナム大使館によると，2020 年末時点で帰国できないベトナム人が 2 万人に達している。そこで，2021 年 2 月 4 日に，国際協力機構（JICA）が，同大使館からの要請により，就業支援セミナーを開催した。帰国できないため，日本での就労の継続を希望するベトナム人技能実習生ら 118 人がオンラインで参加を申し込んだという。99 人が回答したセミナーの事前アンケートでは，「今は働いていない」41.8%，「解雇された」40.2%，働いている人のうち，2020 年 2 月以降に給料が「減った」61.1% であったことが報告されている [6]。ベトナム政府は 2020 年秋からチャーター便を用意しているが，帰国を希望する者が多く，2021 年春になっても予約待ちの状態が続いているという。

3.　東南アジアの状況と送出し国への影響

　製造業，サービス業などの分野における不安定な雇用と低賃金の下で，社会的に弱い立場にある外国人がコロナ禍で困窮する状況は，日本に限られた問題ではない。

　国際労働機関（ILO）は，2020 年 3 月末から 4 月末に ASEAN 諸国，香港，サウジアラビア，UAE 等で製造業，サービス業などに従事する計 309 人（ミャンマー人，フィリピン人，カンボジア人，インドネシア人，ベトナム人）の男女を対象に調査を行い，パンデミックが移民労働者に与えた影響を明らかにしている。この調査によると，滞在先にいる移民労働者の 32% がコロナを契機

に解雇不安，賃金不払いに直面したと回答した。この中には雇い主からのハラスメント・暴力，パスポートの取り上げなど，強制労働の状態にあった事案も含まれていた。滞在先から帰国した者については，その47％が自主的に，24％が雇用期間満了で，16％が途中解雇を理由とするものであった。また，コロナ禍で失業した移民労働者の97％が滞在先における社会保障にアクセスできなかったと回答した。帰国した者は，母国で職探しをするが，再度渡航し，元の職場への復帰を望む者も多く，ミャンマー人を対象とした調査ではその割合が58％に達した。感染リスクの問題も報告され，扇風機やエアコンの不足，グラスの共有，密状態の寝室があり，33％がマスクや消毒液が与えられていなかったと回答した（ILO 2020）。不衛生で密状態の寮は，アジアで感染爆発の震源地ともなった。労働者に占める外国人の割合が，製造業の半数，建設業の7割以上，サービス業の3割を占めるなど，非熟練労働力をアジアからの出稼ぎ労働者に依存するシンガポールでは，2020年5月8日時点で2万人を超えるコロナウイルスの国内感染者が発生し，その9割近くが寮に住む外国人労働者が占めた[7]。保健省は2020年12月14日に，コロナウイルスの感染拡大が始まって以降，寮で集団生活を送る323,000人の移民労働者のうち47％に当たる152,794人にコロナウイルスの陽性反応があったと発表した[8]。

　このようにパンデミックは社会的弱者として生活するアジアの移民労働者を襲ったが，その影響は送出し国・地域にまで及ぶ。アジア開発銀行は，感染拡大によって，2020年の移民労働者からの海外送金額が最大で東南アジアは18.6％，南アジアは24.7％減少すると試算した。国別では，ネパール28.7％，インドネシ21.4％，フィリピン20.2％，ベトナム18.1％の減少になるとの結果が示されている（Takenaka,A. K et al. 2020）。世界銀行の海外送金データによると，2019年の出稼ぎ労働者からの海外送金額は，フィリピンが世界4位（海外送金額がGDPに占める割合9.9％），ベトナム11位（同6.5％），インドネシア14位（同1.0％），ネパール19位（同27.3％）であるなど，アジアは世界有数の出稼ぎ労働者の送出し地域となっている。外貨獲得や国内の失業対策のため，国策として労働力輸出を進めているアジア諸国のマクロ経済運営にもダメージを及ぼす。移民労働者の問題は，アジア経済全体の安定性，健全性の観点からも検討すべき問題であることを，パンデミックは改めて提起したといえ

よう。

第 3 節　パンデミックと日本の外国人労働者受入れ拡大政策

1.　近年の外国人労働者受入れ拡大政策

　ここからはパンデミックと日本の外国人労働者受入れ拡大政策について検討してみよう。まずは近年の動向を確認してみたい。2012 年にスタートしたアベノミクスといわれる経済政策により，金融緩和と財政出動を両輪とする政策が進められた。その結果，低迷していた日本の雇用情勢が大幅に改善し，労働供給が日本経済のボトルネックと考えられるようになった。足元の人手不足への対応に加え，人口減少という日本が抱える構造的な問題への対処として，外国人労働者の受入れ拡大に向けた取り組みが進められた。具体的には，外国人高度人材ポイント制導入（2012 年），日本版グリーンカード導入（2017 年），家事支援人材の受入れ（2015 年），介護福祉士の就労を認める在留資格「介護」の新設（2016 年），技能実習の適正化・拡充（最長 3 年から 5 年への期間延長）（2017 年）などがあげられるが，これらの施策に加え，2018 年 6 月に閣議決定した「経済財政運営と改革の基本方針」で，技能実習 3 年修了者に追加で 5 年間，国内での就労を認める制度を創設する方針を示し，同年 12 月に入管法を改正した。専門的・技術的分野の在留資格の一つとして，在留資格「特定技能」（「特定技能 1 号」と「特定技能 2 号」）を新設し，人手不足が深刻な特定産業分野（14 分野）[9] について，2019 年 4 月から 5 年間における上限数（34 万 5150 人）を設け，受入れがスタートした。

2.　ダブルショックに見舞われた外国人労働者受入れ拡大政策

　しかし，コロナショックは日本の雇用情勢を一変させた。2020 年の完全失業率は 2.8％。11 年ぶりの悪化となったほか，休業者が過去最高の 256 万人を記録した（総務省統計局「労働力調査」）。厚生労働省によると，有効求人倍率は 1.18 倍。45 年ぶりの下げ幅となった。（「一般職業紹介状況」）。コロナウイルス関連の解雇等（見込みを含む）は 88,574 人（2021 年 2 月 19 日集計）。こ

のうち製造業が最も多く 19,071 人を占めている。つまり，多くの外国人労働者が従事している製造業の雇用情勢の悪化が深刻な状況となった。

　そこで，中小製造業の雇用環境の変化について，中小企業庁「中小企業景況調査」の従業員過不足 DI を用いて確認してみよう（第 8-2 図）。リーマンショック，東日本大震災の影響を受け，2008 年 4-6 月期から 2013 年 4-6 月期までは，従業員過剰と答えた企業の割合が，不足と答えた企業の割合を上回った。その後，2013 年 7-9 月期から 2018 年 1-3 月期にかけて，雇用情勢が好転し，人手不足が深刻になった。しかし，米中貿易摩擦が始まった 2018 年 3 月以降，人手不足感は緩和する方向に転じ，コロナショックが発生した 2020 年4-6 月以降は，従業員過不足 DI がプラスに転じた。

　他の雇用指標をみても，コロナショック前から人手不足感は緩和する傾向が示され，2019 年平均の有効求人倍率は 1.60 倍。前年を 0.01 ポイント下回り，2009 年以来，10 年ぶりに減少するほか，2019 年平均の完全失業率は前年と同率の 2.4％となった。米中貿易摩擦が始まり，世界経済への不安が高まる中，好調であった日本経済にも陰りが見え始めていた時期に，コロナウイルスの感染が拡大した[10]。

　政府は，人手不足の解決策として，2019 年 4 月から特定技能制度に基づく

第 8-2 図　中小製造業における従業員数過不足 DI の推移

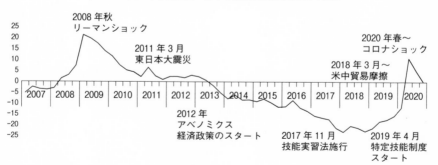

　（注）従業員数過不足数 DI とは，従業員の今期の状況について，「過剰」と答えた企業の割合
　　　（％）から「不足」と答えた企業の割合（％）を引いたもの。
　（出所）万城目（2020）を基に中小企業庁・独立行政法人中小企業基盤整備機構「中小企業景況
　　　調査」より作成。

新しい外国人労働者受入れをスタートさせたが，その時点では既に人手不足が一段落した状況下にあった。それに追い打ちをかけるように，コロナショックが重なり，特定技能外国人の数は伸び悩んでいる。この様子は，バブル経済期に立案された技能実習制度が，バブル崩壊直後にスタートした1993年当時の姿と重なる。技能実習制度が「失われた20年」といわれる不況期に歩んだ道と同じように，数の拡大を追求し，政策的な後押しを強化すれば，労働市場に歪みが生じ，技能実習で指摘されている労働法令違反や人権侵害などの不正事案が特定技能制度でも広がる懸念も拭えない。人手不足の解決策として，受入れ拡大を目指した日本の政策は，再考を求められているといえよう（万城目2020, pp.75-77）。

おわりに：ポストコロナ時代の持続可能な社会に向けて

　アジア経済は，域内で貿易と投資が拡大する好循環を形成し，経済成長を持続させてきたが，その過程で，期限付きの一時的な出稼ぎ労働者[11]を中心とする国際労働移動も増加させてきた。その結果，アジアは，世界の移民の3分の1が居住する移民受入れ地域であり，かつ，世界で最も多くの移民を送り出す地域ともなっている（UNDESA 2020b）。その背景にあるのは，域内での格差の拡大である。移民労働者受入れ国では，少子高齢化，高学歴化が進み，自国の若年労働者が敬遠する労働集約的産業，低賃金職種で人手不足が生じるようになり，その分野の労働力を国外に求めるようになった。アジアにおける期限付きの一時的出稼ぎ労働者の移動の拡大により，受入れ国は低賃金の若年労働者を，送出し国は，自国の失業対策と海外送金による外貨を獲得するなど，受入れ国・送出し国の双方にグローバル化のメリットをもたらしてきた。その一方で，受入れ国における移民労働者に対する人権侵害行為，送出し国における労働者からの高額な手数料の徴収なども問題視されてきた。このような課題を抱えている中で，パンデミックが発生した。コロナ禍は，不安定な雇用と低賃金の下で，社会的にも弱い立場に置かれて暮らす外国人を直撃し，経済的に困窮する外国人の生活に深刻な影響をもたらした。

　コロナ禍が長期化する中，当面は，深刻になることが懸念される外国人の雇止め対策や心のケアの拡充が政策課題になると考えられるが，ポストコロナを展望した場合のキーワードは移民労働者と共に創る持続可能な社会となろう。

　国際社会は，「国連移住グローバル・コンパクト」（2018 年 12 月に国連で採択）により国際移住が「持続可能な開発の源」であることを共有した。国際社会に人権・環境を重視するガバナンスの構築を求める国連の「持続可能な開発目標」（SDGs）においても，移住労働者の権利保障と安全・安心な労働環境を促進することが目標の一つに掲げられている。市場ではひたすら安く短期間で作られた製品と，いつでもそれが買える便利さが歓迎されるが，そのために必要な労働力を国外に求め，非熟練・低賃金・低技能の外国人を受け入れるという発想では，持続可能な社会は実現できない。人口減少と労働力不足という国内事情からのアプローチによる単なる数合わせの議論ではなく，人材育成のビジョンを共有し，生産性の向上を通じた社会の発展を目指すとともに，アジア域内の経済連携と国際協力の在り方を模索する観点からの検討が求められているといえよう。コロナ禍で，社会の根底を担う労働力を外国人に過渡に依存するリスクにも直面した今だからこそ，コロナ後の新しい世界を見据え，人権を重視した多様性と包摂性のある持続可能な社会づくりの観点から，慎重に検討することが大切ではないだろうか。

[注]
1　国連人口部は，「移民」を「出生国以外の国に住んでいる人」と定義し，データを作成・公表している。日本政府は，国際機関が用いる移民という表現を用いていないため，本章では，日本については，「移民」は，「外国人」，「移民労働者」または「移住労働者」は，「外国人労働者」と表現する。
2　外国人雇用状況届出制度に基づき，厚生労働省が毎年 10 月末時点の状況を集計・公表したデータである。
3　技能実習生は，「技能実習」の在留資格をもって日本に入国・在留する外国人である。雇用契約に基づき，企業の生産現場で実習を行う。期間は最長 5 年間である。
4　外国人労働者の状況の把握には，労働時間，賃金のデータも不可欠となるが，本章執筆時点では集計・公表されているものは見当たらない。また，外国人雇用状況届出制度によりデータが集計された 2020 年 10 月末以降の状況も確認する必要がある。
5　「社説」『西日本新聞』2020 年 12 月 13 日。
6　「帰国困難ベトナム人に仕事を　JICA が支援セミナー」『朝日新聞デジタル』2021 年 2 月 5 日。
7　「労働『輸入頼み』綻び」『日本経済新聞』2020 年 5 月 9 日朝刊 10 面。
8　シンガポール保健省『ニュースハイライツ』2020 年 12 月 14 日

9　特定技能 1 号の特定産業分野は，介護，ビルクリーニング，素形材産業，産業機械製造業，電気・電子情報関連産業，建設，造船・舶用工業，自動車整備，航空，宿泊，農業，漁業，飲食料品製造業，外食業である。

10　清水（2020）は，保護主義の拡大とコロナウイルスの感染拡大を「ダブルショック」と表現している。

11　是川（2020）は，アジアの労働者の移動の特徴は，その多くが期限付きの一時的出稼ぎ労働者であり，年間 600 万人程度（2017 年）。この内，約 300 万人が湾岸諸国，約 85 万人が ASEAN 諸国，約 220 万人が OECD 諸国に向かっている。日本はアメリカ，韓国と並ぶ主要な目的地の一つとして位置付けられていると指摘している。

[参考文献]

是川夕（2020），「誰が日本を目指すのか？『アジア諸国における労働力送り出し圧力に関する総合的調査（第一次）』に基づく分析」『人口問題研究』第 76 巻第 3 号，国立社会保障・人口問題研究所。

斉藤義久（2020），「技能実習生・留学生への入管の対応と問題点」『季刊労働法』271 号（2020 年冬季），労働開発研究会。

清水一史（2020），「ダブルショック下の ASEAN 経済統合と RCEP」『世界経済評論 IMPACT』No. 1880, 2020 年 9 月 14 日，国際貿易投資研究所・文眞堂。

万城目正雄（2020），「コロナ禍で中小製造業における外国人材の活用はどうなるか」『型技術』第 35 巻第 9 号，pp.72-77，日刊工業新聞社。

Takenaka, A. K., Gaspar, R., Villafuerte, J., & Narayanan, B. (2020), "COVID-19 Impact on International Migration, Remittances, and Recipient Households in Developing Asia" *ADB BRIEFS*, No.148 August 2020, Manila, Asian Development Bank.

ILO (2020), "Experiences of ASEAN migrant workers during COVID-19: Rights at work, migration and quarantine during the pandemic, and re-migration plans" *ILO Brief*, June 2020, International Labour Organization.

OECD (2020), *International Migration Outlook 2020*, OECD Publishing, Paris, Organization for Economic Cooperation and Development.

UNDESA (2020a), *International Migrant Stock 2020 Highlights*, New York, United Nations Publication, United Nations Department of Economic and Social Affairs, Population Division.

UNDESA (2020b), *International Migrant Stock 2020*, New York, United Nations Department of Economic and Social Affairs, Population Division.

（万城目正雄）

第III部

アジアの経済統合の行方

第 9 章

保護主義とコロナ拡大下の東アジア経済統合

―AEC の深化と RCEP 署名―

はじめに

　現在，米中貿易摩擦をはじめとする保護主義の拡大とともに，2020 年に入ってからのコロナウイルスの感染拡大が，世界経済を襲っている。保護主義とコロナウイルスの世界的感染拡大は，ダブルショックとなって，きわめて大きな負の影響を世界経済に与えている。貿易と投資の拡大の下で急速に成長してきた ASEAN と東アジア経済も，大きな影響を受けている。2020 年の ASEAN と東アジアの経済はマイナス成長あるいは大幅減速となった。

　しかし，このような厳しい状況の中で，ASEAN と東アジアはコロナに対処し，同時に ASEAN は，2015 年に創設した ASEAN 経済共同体（AEC）をさらに深化させようとしている。そして ASEAN が提案して交渉を牽引してきた東アジアのメガ FTA：地域的な包括的経済連携（RCEP）が，2020 年 11 月に遂に署名された。

　筆者は，世界経済の構造変化の下での ASEAN と東アジアの経済統合を長期的に研究してきている。本章では，それらの研究の延長に，現在の世界経済における保護主義とコロナ拡大下で，ASEAN 経済統合はどのように深化しているか，RCEP を含めた東アジアの経済統合はどのように深化しているかについて考察したい。とりわけ，AEC がどのように深化してきているのか，2020 年 11 月の RCEP 署名はどのような意義を有するのか，について述べたい。

第1節　ASEAN・東アジア経済統合の進展とトランプ政権下の保護主義拡大

1. ASEAN 経済統合の展開と東アジア

　東アジアでは ASEAN が経済統合をリードしてきた。1967 年に設立された ASEAN は，1976 年から域内経済協力を開始し，1987 年に ASEAN 域内経済協力戦略を「集団的外資依存輸出指向型工業化戦略」へと転換し，1992 年からは ASEAN 自由貿易地域（AFTA）を推進してきた。また冷戦構造の変化を契機に CLMV 諸国が ASEAN に加盟した。2003 年 10 月の第 9 回首脳会議における「第 2 ASEAN 協和宣言」は，ASEAN 経済共同体（AEC）の実現を打ち出した。AEC は，2020 年までに物品（財）・サービス・投資・熟練労働力の自由な移動に特徴付けられる単一市場・生産基地を構築する構想であった。2007 年には創設を 5 年前倒しして 2015 年とし，また 2015 年までのロードマップである「AEC ブループリント」を発出した。AEC の中心である AFTA に関しては，2003 年 1 月には先行 6 カ国で関税が 5％以下の自由貿易地域が確立され，2010 年 1 月には先行加盟 6 カ国で関税が撤廃された[1]。

　ASEAN は，東アジアの地域経済協力においても，中心となってきた（第 9-1 図，参照）。東アジアではアジア経済危機への対策を契機に，ASEAN＋3 や ASEAN＋6 などの地域経済協力が重層的・多層的に展開しており，その中心は ASEAN であった。また 5 つの ASEAN＋1 の FTA が，ASEAN を軸として確立されてきた。ただし東アジア全体の FTA は，日本が推す東アジア包括的地域連携（CEPEA）と中国が推す東アジア自由貿易地域（EAFTA）が対抗して進まなかった。

2. 世界金融危機後の ASEAN と東アジア

　2008 年の世界金融危機後の構造変化は，さらに ASEAN と東アジアに大きな転換を迫ってきた。その構造変化の下で TPP にアメリカも参加し，TPP が大きな意味を持つようになった。TPP は 2010 年 3 月に 8 カ国で交渉が開始された。TPP がアメリカをも加えて確立しつつある中で，それまで進まなかっ

第9-1図　ASEAN を中心とする東アジアの地域協力と経済統合

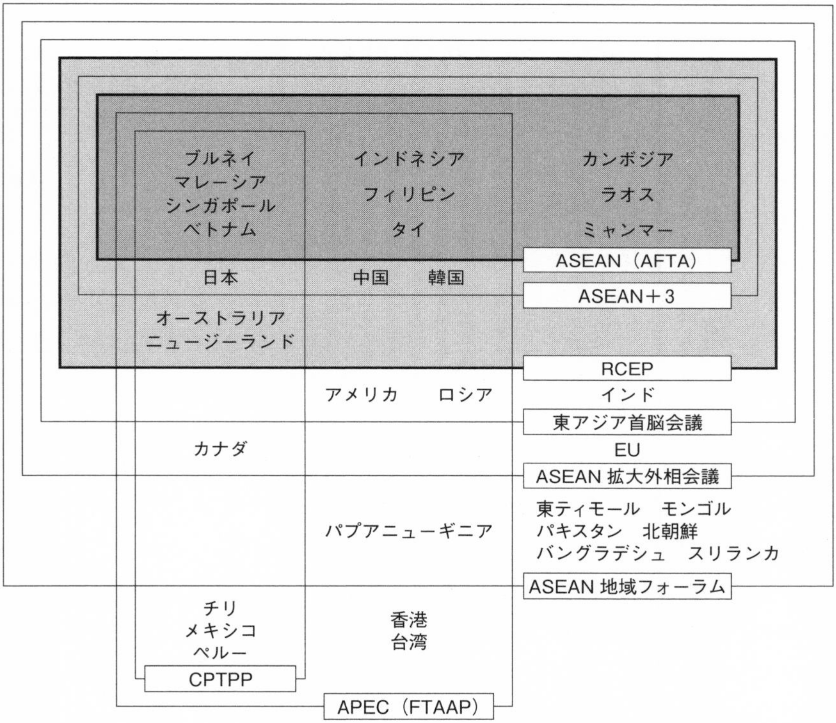

| ブルネイ
マレーシア
シンガポール
ベトナム | インドネシア
フィリピン
タイ | カンボジア
ラオス
ミャンマー |

ASEAN（AFTA）
ASEAN＋3
RCEP
東アジア首脳会議
EU
ASEAN 拡大外相会議
ASEAN 地域フォーラム
CPTPP
APEC（FTAAP）

日本　　中国　　韓国
オーストラリア　ニュージーランド
アメリカ　　ロシア　　インド
カナダ
パプアニューギニア
東ティモール　モンゴル　パキスタン　北朝鮮　バングラデシュ　スリランカ
チリ　メキシコ　ペルー
香港　台湾

（注）（　）は自由貿易地域（構想を含む）である。ASEAN：東南アジア諸国連合，AFTA：ASEAN 自由貿易地域，RCEP：地域的な包括的経済連携，CPTPP：包括的及び先進的なTPP，APEC：アジア太平洋経済協力，FTAAP：アジア太平洋自由貿易圏。
（出所）筆者作成。

た東アジア全体の FTA も推進されることとなった。

　2011 年 8 月に日本と中国は共同提案を行い，CEPEA と EAFTA を区別なく進めることに合意した。それに対応して ASEAN は，2011 年 11 月 17 日の ASEAN 首脳会議で，これまでの CEPEA と EAFTA，ASEAN＋1 の FTA の延長に，ASEAN を中心とする新たな東アジアの FTA である RCEP を提案した。2012 年 8 月には第 1 回の ASEAN＋FTA パートナーズ大臣会合が開催され，ASEAN10 カ国並びに ASEAN の FTA パートナーである 6 カ国の計 16

カ国が RCEP を推進することに合意した。同時に RCEP 交渉の目的と原則を示した「RCEP 交渉の基本指針及び目的」をまとめた。2012 年 11 月には RCEP 交渉立上げ式が開催され，「RCEP 交渉の基本指針及び目的」を承認した。そして 5 月には遂に RCEP 第 1 回交渉が行われた。他方，7 月には第 18 回 TPP 交渉会合において日本が TPP 交渉に正式参加し，2016 年 2 月 4 日には TPP 協定が署名された。こうして世界金融危機後の変化と TPP が，ASEAN と東アジアの経済統合を追い立ててきた[2]。

　東アジアの経済統合を牽引する ASEAN は，着実に AEC の実現に向かい，2015 年 12 月 31 日には AEC を創設した。AEC では，関税の撤廃に関して，AFTA とともにほぼ実現を果たした。AFTA は東アジアの FTA の先駆であるとともに，東アジアで自由化率の高い FTA である。2015 年 1 月 1 日には，全加盟国で関税の撤廃が実現された（ただし CLMV 諸国においては，関税品目表の 7％までは 2018 年 1 月 1 日まで撤廃が猶予された）。原産地規則の改良や自己証明制度の導入，税関業務の円滑化，ASEAN シングル・ウインドウ（ASW），基準認証等も進められた。さらにサービス貿易の自由化，投資や資本の移動の自由化，熟練労働者の移動の自由化も徐々に進められてきた。そして 2015 年 11 月の首脳会議では，2025 年に向けて新たな AEC の目標「AEC ブループリント 2025」を打ちだした[3]。

3.　アメリカの TPP 離脱と米中貿易摩擦

　TPP 署名がさらに ASEAN と東アジアの経済統合を進めると考えられたが，2017 年 1 月 20 日にはトランプ氏がアメリカ大統領に就任し，アメリカは TPP から離脱してしまった。またトランプ大統領は，これまで世界の自由貿易体制を牽引してきたアメリカの通商政策を逆転させてしまった。

　アメリカの TPP からの離脱は，ASEAN と東アジアの経済統合にも大きな負の影響を与えた。アメリカの TPP 離脱以前には，第 1 に TPP は ASEAN 経済統合を加速し追い立ててきた。第 2 に TPP が RCEP という東アジアの広域の経済統合の実現を追い立て，RCEP がさらに ASEAN の統合を追い立ててきた。第 3 に TPP の規定が ASEAN 経済統合をさらに深化させる可能性もあった。しかしアメリカの TPP 離脱後には，それらの作用が発揮されること

は難しくなってしまった[4]。

　他方，TPP からアメリカが離脱して保護主義が拡大する中で，日本はアメリカ抜きの 11 カ国による TPP11 を提案し，その交渉をリードした。2017 年5 月の交渉会合で日本が提案した TPP11 が交渉開始され，2018 年 3 月 8 日には包括的及び先進的な TPP 協定（CPTPP）が 11 カ国によって署名されて，12 月 30 日には遂に発効した。

　トランプ大統領は，TPP 離脱だけではなく，2018 年からは中国との貿易摩擦を引き起こし，大きな負の影響を世界経済に与えた。トランプ政権のアメリカは，2018 年 3 月 23 日には通商拡大法 232 条によって鉄鋼とアルミニウムにそれぞれ 25％と 10％の追加関税を掛けた。この措置に対抗して中国はアメリカからの果物や鉄鋼製品等に 15％，豚肉とアルミニウム製品に 25％の追加関税を掛けた[5]。

　アメリカは，さらに中国向けの措置として，通商法 301 条に基づき，7 月 6 日には中国からの 340 億ドル相当の輸入に 25％の追加関税を掛け，8 月 23 日には第 2 弾の措置として中国からの 160 億ドル分の輸入に 25％の追加関税を掛け，さらに 9 月 24 日には第 3 弾として中国からの 2,000 億ドル分の輸入に10％の追加関税を掛けた。他方，中国はそれぞれに報復関税を掛けて，貿易摩擦が拡大した。2019 年 9 月 1 日には，アメリカは中国向け措置の第 4 弾の一部を発動し，米中貿易摩擦はさらに拡大してきた。

4. 保護主義拡大下の AEC の深化と RCEP 交渉

　世界経済における保護主義拡大下で，ASEAN は着実に「AEC2025」の目標へ向かい，AEC を深化させてきた。2018 年 1 月 1 日には，（2015 年 1 月 1 日から 3 年間猶予されていた）CLMV 諸国における 7％の品目に関しても関税が撤廃され，AEC の関税撤廃が完了した。関税撤廃の完成は，AEC の深化においてきわめて重要な出来事であった。AEC では，関税の撤廃とともに，自己証明制度の導入，税関業務の円滑化，ASEAN シングル・ウインドウ（ASW），基準認証等が，さらにサービス貿易の自由化，投資や資本の移動の自由化，熟練労働力の移動の自由化が進められてきた。また新たな分野に関する制度化では，2018 年 11 月に「ASEAN 電子商取引協定」が署名された。ASEAN にお

ける初の電子商取引分野の協定であった。ただし，ベトナムの政令116号のような，ASEANの経済統合へ逆に作用する例も見られた[6]。

　RCEP交渉は2018年中の実質合意を目指し，ルールに関する7つの章が妥結し，他の章も妥結に向かってきたが，2018年には妥結出来なかった。さらに2019年にも，インド要因によって16カ国による妥結は出来なかった。2019年11月4日の共同首脳声明は，RCEP参加国15カ国が全20章に関する条文ベースの交渉及び15カ国による基本的にすべての市場アクセス上の課題への取り組みを終了したことを述べた。また，インドには未解決のまま残されている重要な課題があり，すべてのRCEP参加国がこれらの未解決の課題の解決のために共に作業していくと述べた[7]。しかしインドは，RCEP離脱を表明してしまった。

第2節　保護主義とコロナ拡大下のASEANと東アジア

1. 保護主義の拡大とコロナ感染の拡大

　2020年1月15日には，米中が第1段階合意文書である米中経済・貿易協定に署名した。この第1段階の合意では，中国が2年間で農産品・工業製品など2,000億ドル分のアメリカからの輸入を増やすこと，知財権の保護や技術移転の強要禁止などを約束し，他方，アメリカは2019年9月に発動した第4弾の一部の1,200億ドル分の輸入に課していた関税15％を7.5％に引き下げるとした。その後，2月14日には協定が発効し，実際に関税が引き下げられた。

　しかしながら，第1～3弾の25％の追加関税は維持されたままであった。また，「中国製造2025」に関係する産業補助金の問題や国有企業改革については，残されたままであった。米中貿易摩擦の根底には，ハイテク産業を巡る覇権争いがある。アメリカは，中国のファーウェイに対する規制も強化してきた。中国も「中国製造2025」に関しては譲らず，ハイテク技術を巡る争いは収まらない状況にあった。さらに米中は，政治安全保障を巡っても対立を深めてきた[8]。

　このような状況の中で，コロナウイルスの感染が中国から拡大して世界を

襲ってきた。コロナ感染は ASEAN 各国にも拡大し，供給ショックや需要ショックにより，ASEAN と東アジアにも大きなダメージを与えた。またコロナを契機に，米中摩擦はさらに拡大した。アメリカは，コロナウイルスの感染拡大における中国の責任追及を続け，米中摩擦がさらに拡大した。また 2020年 5 月 28 日の中国全国人民代表大会で出された香港国家安全法の導入は，米中摩擦をさらに拡大させた。

　保護主義とコロナの感染拡大は，ダブルショックとなって ASEAN と東アジアに大きな負の影響を与え，2020 年においては，ASEAN 主要 6 カ国の中でベトナムを除くシンガポール，マレーシア，タイ，フィリピン，インドネシアの 5 カ国がマイナス成長となり，過去 20 年間で最低の成長率となった。フィリピンは統計を開始した 1946 年以降最悪の成長率，シンガポールは 1965年の建国以来最悪の成長率となった[9]。

2.　ASEAN と東アジアのコロナへの対応

　コロナウイルスに対しては，ASEAN と東アジアが地域としての対策を講じてきた。ASEAN は，4 月 9 日のテレビによる外相会議において「ASEAN COVID-19 対策基金」の設立に合意した。4 月 14 日にはテレビによる ASEAN特別首脳会議並びに新型コロナウイルス感染症に関する ASEAN + 3 特別首脳会議が開催された。ASEAN 特別首脳会議では，医薬品の供給に向けた協力の強化等，域内の協力措置の強化が表明された[10]。ASEAN + 3 特別首脳会議では，新型コロナウイルス対策基金への融資等 ASEAN への支援が表明された[11]。また日本は ASEAN 感染症対策センターの設立を提言した。

　ASEAN と東アジアにおける地域協力は，感染症とその対策とともに，製造業における生産ネットワークの維持などにとっても必須となる。サプライチェーンの強化等に関して ASEAN は，3 月 10 日 ASEAN 特別経済相会議でASEAN 強靭性強化に関する共同声明を発出し，6 月 4 日には「ASEAN 経済協力・サプライチェーン強化にかかるハノイ行動計画」を採択した[12]。

　2020 年 11 月 8 日の第 37 回 ASEAN 首脳会議では，「ASEAN COVID-19 対策基金」の設立や「公衆衛生上の緊急事態のための ASEAN 地域医療用品備蓄（RRMS）」の立ち上げを確認し，「ASEAN 公衆衛生緊急事態及び新興感染

症センター（ACPHEED）」の設立を発表した[13]。

　さらに，同首脳会議では，「ASEAN 包括的リカバリーフレームワーク（ACRF）」とその実施計画である「ASEAN 包括的リカバリーフレームワークの実施計画」が採択された。「ASEAN 包括的リカバリーフレームワーク（ACRF）」は，コロナ危機からの ASEAN の統合的な出口戦略を提供しており，コロナ感染の影響を最も受けている主要なセクターや社会のセグメントに焦点を当てた，回復の様々な段階における ASEAN の対応を明示した[14]。

3.　保護主義とコロナ拡大下の AEC の深化

　保護主義とコロナの拡大下ではあるが，ASEAN は着実に AEC を深化させてきた。AEC の深化は，コロナ下においてもコロナ後においても，ASEAN の発展にとって必須であろう。2020 年 8 月 25 日の第 52 回 ASEAN 経済相会議（AEM）と 11 月 8 日の第 37 回首脳会議は，コロナウイルスによる経済への影響の確認とともに，現在の AEC2025 の進捗状況を確認した。例えば，物品貿易では，9 月 20 日から原産地の自己証明制度（AWSC）が ASEAN 全体で開始された。AWSC によって，貿易取引コストがさらに削減されるとともに，認証手続きが簡素化され容易となった。11 月 2 日には，ASEAN 税関貨物通関システム（ACTS）が開始された。ACTS は，輸送中の物品の国境を越える移動を容易にする。さらに認定輸出者制度（AEO）や ASEAN シングル・ウインドウによる電子申請も進められてきた。

　基準認証では，新たな相互認証（MRA）に署名し，自動車の形式認証に関する相互認証（MRA）が署名された。サービス貿易の自由化では，ASEAN サービス貿易協定（ATISA）の署名が遂に完了した。投資の自由化においても，ASEAN 包括的投資協定（ACIA）を深堀りする改訂議定書が，第 4 次まで署名された。競争政策，消費者保護，知財権，電子商取引等も進められてきた。

　第 37 回 ASEAN 首脳会議では，ASEAN が包括的かつ強靭で持続可能な成長を達成するために，「ASEAN デジタルマスタープラン 2025」の採用に向かっていることも宣言された。コロナ後の変化を考えると，コロナ感染拡大は経済構造の変化を促し，さらに電子商取引を含めたデジタル化が進むであ

ろう[15]。

　ASEANと東アジアは，製造業の生産ネットワーク構築によって急速に発展してきたのであり，コロナ後においても，製造業における生産ネットワークは変わらず重要であり続けるであろう。そしてASEANによる生産ネットワークの支援も不可欠であろう。ただし，コロナ後の経済構造の変化とともに，ASEAN電子商取引を含めたデジタル化の支援が，生産ネットワークの支援とともに，さらに重要になるであろう。電子商取引においては，2019年1月22日にASEAN電子商取引協定が署名され，その後，各国の批准が進められて，同協定が発効に向かっている。最近ではフィリピンが2021年1月に同協定を批准した。フィリピンは9カ国目の批准であった。

　さらに2021年1月21-22日には，第1回ASEANデジタル大臣会議（ADGMIN）が開催され，従来の「ASEAN情報技術マスタープラン2020」を継承する形で，「ASEANデジタルマスタープラン2025（ADM 2025）」が採択された。2021年から2025年までのASEANのデジタル協力を導く8つの望ましい成果と37の行動が明記されている[16]。

　保護主義とコロナ拡大下においてもASEANは着実にAECを深化させてきているが，しかし一部でASEANの経済統合へ逆に作用する例も見られた。例えば2021年に入ってからのフィリピンの自動車関税の例である。フィリピン貿易産業省（DTI）は，2021年1月4日に，完成車輸入の急増が国内自動車産業に深刻な打撃を与えているとして，輸入車に対するセーフガードの暫定措置を発動する方針を発表した。暫定措置により，200日間にわたり完成車輸入に対して，乗用車1台につき7万ペソ（約15万円），小型商用車1台に付き11万ペソ（約24万円）の関税が付加される。DTIの調査によると，2014年から2018年にかけて，乗用車の輸入は35％増加し，小型商用車の輸入は約3倍に拡大した[17]。セーフガードは2月1日から暫定適用されている。

　このセーフガードの背景には，ASEANにおける関税撤廃等によって，フィリピンにおいて完成車輸入が拡大するとともに国内生産が減少したことがある[18]。ただし，フィリピンでのセーフガードの発動のような例は，2018年からのベトナムの政令116号の場合と同様に，これまで進めてきたASEAN経済統合の深化に逆行する。同時に各自動車メーカーの合理的な生産体制と国際

分業にも，マイナスとなる可能性がある。このような問題は，ASEAN 統合の深化と各国間の分配の問題に関係する微妙な問題である [19]。しかしこのような措置が頻発するようになると，また短期ではなく中長期で続くようになると，今後の ASEAN 統合の深化に負の影響を与えるであろう。ASEAN 各国並びに ASEAN としての対応が必要となるであろう。

　2021 年 4 月 28 日には，ASEAN 事務局が，「AEC ブループリント 2025」の中間時点における評価を行う『AEC ブループリント 2025 の中間評価』を発表した。2016 年から 2020 年までの「AEC ブループリント」の進捗状況に関して，全体で，目標の 54.1％がすでに完了したと報告された [20]。2025 年に向けて，AEC は着実に進められてきている。

第 3 節　保護主義とコロナ拡大下の RCEP 署名

1. 2020 年 11 月の RCEP 署名

　2020 年 11 月には，保護主義とコロナ拡大下で，今後の ASEAN と東アジアに大きなインパクトを有するであろう 2 つの出来事があった。11 月 6 日には，バイデン氏がアメリカ大統領選に当選した。その後，2021 年にはアメリカ大統領に就任し，これまで貿易摩擦と米中対立を拡大させ続けたトランプ大統領の通商政策を転換することが期待されている。

　そしてさらに重要なことには，11 月 15 日の第 4 回 RCEP 首脳会議において，遂に RCEP が東アジア 15 カ国によって署名された。保護主義とコロナが拡大する厳しい状況の中での署名であった。

　共同首脳声明は，「世界の GDP の約 30％，人口の 30％，貿易の 28％を占める協定として，RCEP が世界最大の自由貿易協定として，世界の貿易及び投資のルールの理想的な枠組みへと向かう重要な一歩であると信じる」と述べた。また ASEAN の役目と中心性についても言及して，「RCEP 協定が，ASEAN により開始された最も野心的な自由貿易協定であり，地域枠組みにおける ASEAN 中心性の増進及び ASEAN の地域パートナーとの協力の強化に寄与する事に留意する」と述べた [21]。

2.　RCEP 協定の内容

RCEP の目的は，地域的な貿易及び投資の拡大を促進し世界的な経済成長及び発展に貢献する，現代的で包括的な質の高いかつ互恵的な経済連携協定を構築することである。2011 年の「RCEP のための ASEAN フレームワーク」と2012 年の「RCEP 交渉の基本方針と原則」を引き継ぎ，現代的，包括的，質の高い，互恵的の4つの特徴を含む。また RCEP の重要な特徴は，東アジア地域枠組みにおける ASEAN 中心性であり，共同宣言でも明記されている。そして RCEP は，既存の ASEAN＋1 の FTA を越える先進的な FTA を目指し，多くの ASEAN＋1 の FTA を越える規定を含む。

　以下，RCEP 協定の内容の主要な点を述べることとしたい。RCEP 協定は，「冒頭の規定及び一般的定義（第1章）」に始まり，「物品の貿易（第2章）」，「サービスの貿易（第8章）」，「投資（第10章）」，「知的財産（第11章）」，「電子商取引（第12章）」，「競争（第13章）」，「経済協力及び技術協力（第15章）」，「政府調達（第16章）」を含めた，貿易の自由化やルールに関する多くの分野を包括する全20章から成る[22]（第9-1表，参照）。

　「物品の貿易（第2章）」に関しては，多くの品目の関税が，既存の ASEAN＋1 の FTA を越えて撤廃される。既存の ASEAN＋1 の FTA の貿易自由化率よりも，RCEP の貿易自由化率は拡大する。さらには，日中や日韓のように，これまで FTA が存在しなかった部分に FTA が構築されることになり，関係国と企業には大きな恩恵となる。最恵国待遇（MFN）関税に比べて，大きな関税削減となるからである。関税撤廃に関しては，撤廃に時間がかかる品目も多いが，最終的に，参加国全体の最終的な関税撤廃率は，品目数ベースで91％となる。

　RCEP においては，「原産地規則（第3章）」が，広域で統一されることも重要である。同一品目であれば，すべての参加国で同じ原産地規則が適用される。既存の複数の ASEAN＋1 の FTA の原産地規則に比べて，参加各国や企業にとって大いに利用しやすくなる。また既存の ASEAN＋1 の FTA に比べて，原産地規則が緩和された品目も多い。RCEP によって広域で累積が可能となったことも，広域で活動を行う企業にとって有益となる。

　「サービスの貿易（第8章）」では，既存の ASEAN＋1FTA におけるポジ

第9-1表　RCEP協定の20章

```
前文
第 1 章　冒頭の規定及び一般的定義
第 2 章　物品の貿易
第 3 章　原産地規則
第 4 章　税関手続き及び貿易円滑化
第 5 章　衛生植物検疫措置
第 6 章　任意規格・強制規格・適合性評価手続
第 7 章　貿易上の救済
第 8 章　サービスの貿易
第 9 章　自然人の一時的な移動
第 10 章　投資
第 11 章　知的財産
第 12 章　電子商取引
第 13 章　競争
第 14 章　中小企業
第 15 章　経済協力及び技術協力
第 16 章　政府調達
第 17 章　一般規定及び例外
第 18 章　制度に関する規定
第 19 章　紛争解決
第 20 章　最終規定
```

（出所）"Regional Comprehensive Economic Partnership Agreement"
　　　　（日本語訳は外務省仮訳）．

ティブリスト方式を越えて，ネガティブリスト方式も採用されることとなった。「投資（第10章）」では，既存のASEAN＋1のFTAの内容を越え，かつWTOの貿易に関連する投資措置（TRIMs）協定に基づく措置を上回るパフォーマンス要求の禁止（ロイヤリティー規制の禁止や技術移転要求の禁止）等を規定した。ロイヤリティー規制の禁止や技術移転要求の禁止に関しては，中国もこれまでのFTAでは規定していなかった。

　「電子商取引（第12章）」では，これまでのASEAN＋1FTAを越えて，データのフリーフローと，データローカライゼーションの禁止の2つの規定が取り入れられた。これらに関しては，中国も従来のFTAでは約束していなかった規定であった。ただし，この2つの規定を含めてCPTPPが採用している3つの規定のうち，ソースコードの非開示は，今後の課題となった。

　また「政府調達（第16章）」は，これまでのASEAN＋1FTAには規定され

ていなかった新たな規定である。ただしその内容は，関連法令及び手続きの透明性と協力の促進等にとどまっている。

　「制度（第18章）」では，RCEP合同委員会，4つの委員会（物品，サービス及び投資，持続可能な成長，ビジネス環境），RCEP事務局の設置が規定されている。「最終規定（第20章）」では，発効について，ASEAN構成国の6カ国とその他の国の3カ国が批准書・受託書・承認書を寄託して60日で発効と規定されている。

　RCEP協定の内容を見ると，ASEAN＋1のFTAを越えた部分も多い。ただし関税の撤廃に時間が掛かる品目も多く，またルールにおいても合意できていない分野も多い。しかし先ずは署名し発効し，徐々に内容を充実させていくことが肝要である。これまでASEANが進めてきたAFTAなども，そのような方式である。発展段階が異なる多くの国を含んだメガFTAであり，そのような進め方が必要であろう。参加各国がそれぞれ利益を得る形で，さらに充実を図っていくことが重要である。

3.　RCEP署名のASEANにとっての意義

　RCEPの署名は，ASEANと東アジアにとって，大きな意義を有する。世界の成長センターである東アジアで，初のメガFTAかつ世界最大規模のメガFTAが署名されて実現に向かっている。RCEP参加国は，世界のGDP・人口・貿易の約3割を占めるとともに，それらが拡大中である。またRCEPの署名は，これまでFTAが存在しなかった日中と日韓のFTAが署名されたことを意味する。そして保護主義とコロナが拡大する現在の厳しい世界経済の状況の中で署名に至ったことが，重要である。

　RCEPは，発効されて実現されるとASEANと東アジアに大きな利益を与えるであろう。第1に東アジア全体で物品（財）・サービスの貿易や投資を促進し，東アジア全体の一層の経済発展に資する。第2に知的財産や電子商取引など新たな分野のルール化に貢献する。第3に東アジアの生産ネットワークあるいはサプライチェーンの整備を支援するであろう。第4に域内の先進国と途上国間の経済格差の縮小に貢献する可能性がある。

　RCEPの署名は，ASEANにとって，大きな意義がある。ASEANが提案し

て交渉を牽引してきたメガFTAが署名されたのである。RCEPは，日本でも中国でもなく，ASEANが提案して進めてきたメガFTAである。以前からの状況から見るとセカンドベストではあるが，東アジア経済統合における中心性を確保できたと言える[23]。

　ASEANにとっては，自らが提案したRCEPを実現することは，東アジア経済統合におけるASEAN中心性の維持に直結する。ASEANの中心性に関しては，2020年11月の「共同宣言」でも，明記されている。そもそも2011年の「RCEPのためのASEANフレームワーク」において，ASEANがRCEPを牽引することが示され，また「RCEP交渉の基本指針と目標」においても「RCEP交渉に当たっては，新たな地域的経済構造におけるASEANの中心性を認識する」と明示され[24]，それが引き継がれている。

　またRCEP交渉に当たっては，ASEANが交渉を牽引してきた。例えば，当該年のASEAN議長が，RCEP閣僚会議の議長を務めてきた。また30回以上行われたRCEP交渉会合も，イマン・パンバギョ・インドネシア商業省総局長が議長を務めてきた。

　今後，重要であるのは，RCEPにおいて，ASEANがイニシアチブを確保し続けることである。ASEANの経済統合には従来からの域内経済協力・経済統合の重要な特徴があり，ASEANにとっては，広域枠組みの整備とイニシアチブの確保が常に肝要である[25]。ASEANは，RCEPにおいてイニシアチブを発揮できるように制度整備していくことが重要である。RCEP事務局も，ジャカルタなどASEANに置くことが重要であろう。また自らの経済統合を深化させていくとともに，ASEANとしての一体性を保持しなくてはならない。中国のプレゼンスがさらに拡大する中で，大国間でバランスを取りながらイニシアチブをどのように維持するかが，さらに重要となろう。

4.　RCEP署名の日本と各国にとっての意義

　RCEP署名は，日本にとっても大きな意義がある。日本にとってRCEP参加国との貿易は総貿易の約半分を占め，年々拡大中である。またASEANと日中韓を含むRCEPは，日本企業の生産ネットワークに最も適合的である。これまでFTAのなかった日中と日韓とのFTAの実現でもある。RCEPによ

り，日本からの輸出に対する中国と韓国の関税撤廃割合は大きく拡大し，日本経済にも日本企業にもプラスとなる。例えば，日本の工業製品に対する中国の関税撤廃率は8％から86％へ，韓国の関税撤廃率も19％から92％へと大きく拡大する[26]。RCEPの経済効果に関しては，多くの試算において，参加国の中で日本の経済効果が最大とされている。そして日本が進めて来たCPTPP（TPP11），日本EU・EPAに続く，3つ目の重要なメガFTAが実現に向かうこととなる。

　中国にとっても，メガFTAへの参加は期待された。中国にとっては，アメリカとの貿易摩擦と対立を抱える中で，早目の署名を求めたと言えるだろう。また日本や東アジア各国にとっても，中国を通商ルールの枠組みの中に入れていくことは，今後の東アジアの通商体制において重要であろう。

　インドは，今回の署名は出来なかったが，いつでも戻ることができる仕組みになっている。インドに関しては，共同宣言は，「我々は，RCEPにおけるインドの役割を高く評価し，RCEPがインドに対して引き続き開かれていることを改めて強調する」と述べた。インドに関しては，共同宣言以外にも「インドの地域的な包括的経済連携（RCEP）への参加に係る閣僚宣言」を出して，インドに配慮した。同宣言では，RCEP協定は，その効力を生じた日からインドによる加入のために開放しておくこと，RCEP協定への署名後いつでもインドとの交渉を開始することなどを宣言している[27]。

　最後に，RCEPの署名と発効は，現在の保護主義に対抗し，現在の状況を逆転していく契機となる可能性がある。CPTPPと日本EU・EPAがすでに署名・発効されており，3つ目のメガFTAかつ東アジアのメガFTAであるRCEPの署名と発効は，さらに大きなインパクトを持つであろう。アメリカでは，1月にバイデン氏が大統領に就任し，今後，通商政策も変化する可能性がある。その中で，東アジアのメガFTAであるRCEPの署名と発効は，アメリカの通商政策にも影響を与えるであろう。保護主義が拡大し，またコロナが拡大している世界経済の状況を変化させるためにも，RCEPの早期の発効が重要である。

おわりに

　米中貿易摩擦をはじめとする保護主義に加えて，2020 年に入ってからはコロナウイルスの世界的感染拡大が発生し，それらのダブルショックと言える状況が，未曽有の大きな負の影響を ASEAN と東アジア経済に与えている。コロナに対しては，ASEAN と東アジアが地域としての対策を講じてきた。そして保護主義とコロナの拡大下ではあるが，ASEAN は着実に AEC を深化させてきた。ただしフィリピンの自動車関税のように，ASEAN 経済統合に逆に作用する例も見られる。

　ASEAN 各国はコロナ感染の拡大によって大変厳しい状況にあるが，AEC の深化は，コロナ感染下においてもコロナ後においても，ASEAN の発展にとって必須であろう。2021 年 4 月には，ASEAN 事務局が『AEC ブループリント 2025 の中間評価』を発表し，2025 年に向けての AEC が着実に進められていることを確認した。

　ところで，2021 年 2 月のミャンマーの軍事クーデターは，きわめて多数の犠牲者を出して人権と民主主義を害するとともに，ASEAN 経済並びに ASEAN の一体性と統合にもマイナスに働く可能性がある。ASEAN はミャンマーの軍事クーデター後すぐに議長声明を発し，4 月 24 日には臨時首脳級会議を開催したが，更に ASEAN としての対応が必要である。日米中など域外各国や国際機関の関与も重要であろう。

　東アジア全体の経済統合においては，2020 年 11 月には，遂に RCEP が東アジア 15 カ国によって署名された。RCEP は東アジアで初のメガ FTA である。RCEP の署名は，ASEAN にとって，大きな意義がある。ASEAN が提案して交渉を牽引してきたメガ FTA が署名された。そして東アジア経済統合における中心性を確保できた。今後，重要であるのは，ASEAN がイニシアチブを確保し続けることである。RCEP 署名そして発効は，日本にとっても大きな意義がある。RCEP により，日本からの輸出に対する中国と韓国の関税撤廃割合は大きく拡大し，日本経済にも大きなプラスとなる。

　さらに RCEP の署名と発効は，現在の保護主義に対抗し，現在の状況を少

しずつ逆転していく契機となる可能性がある。すでに発効されている CPTPP と日本 EU・EPA とともに，東アジアのメガ FTA である RCEP の署名と発効は大きなインパクトを持つであろう。

　東アジア経済統合の進展は，保護主義とコロナ拡大下で，さらにコロナ後において，東アジアと世界経済にとってきわめて重要である。

【付記】本章は，清水一史（2021）「保護主義とコロナ拡大下の ASEAN と東アジア— AEC の深化と RCEP 署名—」，国際貿易投資研究所（ITI）（2021）の主として第 3-4 節を基に大幅に加筆修正したものである。

[注]
1　ASEAN 経済統合の展開に関しては，清水（2016a, 2019），参照。また AEC に関しては，石川・清水・助川（2016）等を参照。
2　RCEP と TPP の経緯に関しては，清水（2016b, 2020b），参照。
3　AEC の実現状況や「AEC ブループリント 2025」に関しては，ASEAN Secretariat（2015a, b, c），石川・清水・助川（2016）等，参照。
4　アメリカの TPP 離脱と ASEAN 経済統合に関して詳細は，清水（2020b），参照。
5　米中貿易摩擦の ASEAN と東アジアへの影響に関しては，清水（2019, 2020b），参照。
6　清水（2019, 2020c），参照。
7　"Joint Leader's Statement on the Regional Comprehensive Economic Partnership (RCEP)," https://asean.org/storage/2019/11/FINAL-RCEP-Joint-Leaders-Statement-for-3 rd-RCEP-Summit. pdf（日本語訳：https://www.mofa.go.jp/mofaj/files/000534732.pdf）．
8　米中貿易摩擦と米中対立に関しては，大橋（2020）等，参照。
9　『ビジネス短信』（ジェトロ），2021 年 2 月 19 日号。
10　"Declaration of the Special ASEAN Summit on Coronavirus Disease 2019 (COVID-19)," D-https://asean.org/storage/2020/04/FINAL-Declaration-of-the-Special-ASEAN-Summit-on-COVI19. pdf.
11　"Joint Statement of the Special ASEAN Plus Three Summit on Coronavirus Disease 2019 (COVID-19)," https://asean.org/storage/2020/04/Final-Joint-Statement-of-the-Special-APT-Summit-on-COVID-19.pdf.
12　"Hanoi Plan of Action on Strengthening ASEAN Economic Cooperation and Supply Chain Connectivity in Response to the COVID-19 Pandemic," https://asean.org/hanoi-plan-action-strengthening-asean-economic-cooperation-supply-chain-connectivity-response-covid-19-pandemic/.
13　"Chairman's Statement of the 37th ASEAN Summit Hanoi, 12 November 2020 Cohesive and Responsive," https://asean.org/storage/43-Chairmans-Statement-of-37th-ASEAN-Summit-FINAL.pdf.
14　ASEAN Secretariat (2020).
15　ASEAN 経済統合と電子商取引に関して，清水（2020a），参照。
16　"Press Release: The 1st ASEAN Digital Ministers' Meeting and Related Meetings," http://www.asean2021.bn/Theme/news/news-22.01.21.aspx.『ビジネス短信』（ジェトロ），2021 年 1 月 29 日号。
17　"DTI imposes Safeguard Duty on imported passenger and light commercial vehicles," https://

www.dti.gov.ph/archives/news-archives/safeguard-duty-passenger-and-light-commercial-vehicles/.

18　国内生産に関しては，最近では，2019 年 7 月のいすゞ D-Max の現地生産が中止され，また 2020 年 3 月にはホンダの組み立て工場が閉鎖された。さらに 2021 年 1 月 20 日には，日産が貿易産業省に，アルメーラの現地生産をやめることを通知した。

19　清水（2020c），参照。

20　ASEAN Secretariat (2021).

21　"Joint Leader's Statement on the RCEP," https://www.mofa.go.jp/mofaj/files/100114930.pdf（日本語訳：https://www.mofa.go.jp/mofaj/files/100114950.pdfhttps://www.meti.go.jp/press/2020/11/20201115001/20201115001-2.pdf）.

22　"Regional Comprehensive Economic Partnership Agreement,"https://rcepsec.org/wp-content/uploads/2020/11/All-Chapters.pdf（日本語訳：https://www.mofa.go.jp/mofaj/files/100114949.pdf）.

23　ASEAN は，これまで東アジアの地域協力と FTA において中心であった。ASEAN にとっては，東アジアの FTA の枠組みは，従来のように ASEAN＋1 の FTA が主要国との間に複数存在し，他の主要国は相互の FTA を結んでいない状態が理想であり，ベストであった。しかし，2008 年からの世界金融危機後の変化の中でアメリカを加えた TPP 確立の動きとともに，日本と中国によって東アジアの広域 FTA が進められる状況の中で，ASEAN の中心性を確保しながら東アジア FTA を推進するというセカンドベストを追及することとなったのである（清水 2019：2020b，参照）。

24　"Guiding Principles and Objectives for Negotiating the Regional Comprehensive Economic Partnership," http://www.mofa.go.jp/mofaj/press/release/24/11/pdfs/20121120_ 03_ 03.pdf（日本語訳：http://www.mofa.go.jp/mofaj/press/release/24/11/pdfs/20121120_03_04.pdf）.

25　ASEAN においては，1987 年の域内経済協力から続く経済統合の政策的特徴が，広域の経済統合枠組みの整備を求める。しかし広域枠組みへ埋没する危険が，常に自らの経済統合の深化と広域枠組みにおけるイニシアチブの獲得を求める。ASEAN 統合にはこのような論理が働いている（清水 2016b：2019，参照）。

26　『地域的な包括的経済連携（RCEP）協定における工業製品関税（経済産業省関連分）に関する内容の概要』（経済産業省）（https://www.meti.go.jp/policy/trade_policy/epa/pdf/epa/rcep/gaiyo.pdf）。

27　"Ministers'Declaration on India's Participation in the Regional Comprehensive Economic Partnership (RCEP)," （日本語訳：https://www.meti.go.jp/press/2020/11/20201115001/20201115001-4.pdf）.

［参考文献］

"ASEAN Framework for Regional Comprehensive Economic Partnership."

"Declaration of the Special ASEAN Summit on Coronavirus Disease 2019 (COVID-19)."

"Guiding Principles and Objectives for Negotiating the Regional Comprehensive Economic Partnership."

"Hanoi Plan of Action on Strengthening ASEAN Economic Cooperation and Supply Chain Connectivity in Response to the COVID-19 Pandemic."

"Joint Leader's Statement on the Regional Comprehensive Economic Partnership (RCEP)."

"Joint Statement of the Special ASEAN Plus Three Summit on Coronavirus Disease 2019 (COVID-19).

"Regional Comprehensive Economic Partnership Agreement."

"Summary of the Regional Comprehensive Economic Partnership Agreement."

ASEAN Secretariat (2008), *ASEAN Economic Community Blueprint*, Jakarta.

ASEAN Secretariat (2015a), *ASEAN 2025: Forging Ahead Together*, Jakarta.

ASEAN Secretariat (2015b), *ASEAN Economic Community 2015: Progress and Key Achievements*, Jakarta.

ASEAN Secretariat (2015c), *ASEAN Integration Report*, Jakarta.

ASEAN Secretariat (2017), *AEC2025 Consolidated Strategic Action Plan (CSAP)*, Jakarta.

ASEAN Secretariat (2018), *AEC2025 Consolidated Strategic Action Plan (CSAP) (updated)*, Jakarta.

ASEAN Secretariat (2020), *ASEAN Comprehensive Recovery Framework*.

ASEAN Secretariat (2021), *The Mid-Term Review of the ASEAN Economic Community Blueprint 2025*.

Shimizu, K. (2021), The ASEAN Economic Community and the RCEP in the World Economy, *Journal of Contemporary East Asia Studies*, Vol.10, No.1.

石川幸一 (2019),「ASEAN 経済共同体 2025 の現況と展望」, 石川・馬田。清水 (2019)。

石川幸一・清水一史・助川成也編 (2016),『ASEAN 経済共同体の創設と日本』文眞堂。

石川幸一・馬田啓一・清水一史 (2019),『アジアの経済統合と保護主義―変わる通商秩序の構図―』文眞堂。

馬田啓一・浦田秀次郎・木村福成・渡邊頼純編 (2019),『揺らぐ世界経済秩序と日本』文眞堂。

大橋英夫 (2020),『チャイナ・ショックの経済学―米中貿易戦争の検証―』勁草書房。

外務省・財務省・農林水産省・経済産業省「地域的な包括的経済連携 (RCEP) 協定に関するファクトシート」。

木村福成編 (2020),『これからの東アジア―保護主義の台頭とメガ FTAs ―』文眞堂。

国際貿易投資研究所 (ITI) (2020),『ASEAN の新たな発展戦略―経済統合から成長へ―』ITI 調査研究シリーズ No.86。

国際貿易投資研究所 (ITI) (2021),『コロナ禍と米中対立下の ASEAN ―貿易, サプライチェーン, 経済統合の動向―』ITI 調査研究シリーズ No.117。

助川成也 (2020),「15 カ国で推進する RCEP の意義」『世界経済評論』64 巻 2 号。

清水一史 (2014),「RCEP と東アジア経済統合―東アジアのメガ FTA ―」『国際問題』632 号。

清水一史 (2016a),「世界経済と ASEAN 経済共同体」, 石川・清水・助川 (2016)。

清水一史 (2016b),「ASEAN と東アジア経済統合」, 石川・清水・助川 (2016)。

清水一史 (2019),「ASEAN と東アジア通商秩序― AEC の深化と ASEAN 中心性―」, 石川・馬田・清水 (2019)。

清水一史 (2020a),「ASEAN 経済統合と電子商取引協定」,『ASEAN の新たな発展戦略―経済統合から成長へ―』ITI 調査研究シリーズ No.102。

清水一史 (2020b),「ASEAN 経済統合の深化とアメリカ TPP 離脱：逆風の中の東アジア経済統合」, 木村 (2020)。

清水一史 (2020c),『ASEAN 経済統合と自動車部品補完・生産ネットワーク～AEC の深化とトヨタ自動車 IMV 並びにデンソーの例～』ITI 調査研究シリーズ No.109。

清水一史 (2021),「保護主義とコロナ拡大下の ASEAN と東アジア― AEC の深化と RCEP 署名」, 国際貿易投資研究所 (ITI) (2021)。

（清水一史）

第 10 章

双循環によりグローバル・サプライチェーンの
形成を目指す中国
—北京経済技術開発区の戦略的新興産業・集積の形成—

はじめに

　一方で，1978 年からの改革開放政策は，「1980 年」の深圳などの経済特区に
原点があり，1984 年以降の「国家級経済技術開発区」に外資導入政策による
「産業集積」という成長戦略である。労働集約型製造業の産業集積は約 30 年を
要して 2010 年までにほぼ完成させた。上海自由貿易試験区が「2013 年」から
「現代サービス業」の育成を目指した。自由貿易試験区は，2020 年に「北京自
由貿易試験区」の成立により中国全土 21 カ所となった。

　他方で，1988 年に設置された産業政策司（部）は，幼稚産業保護論による
国内産業育成政策を実施した。1994 年からの自動車産業政策などの「支柱産
業」，そして 2010 年からの「戦略的新興産業」が重点産業（ピッキング・ウィ
ナー）である。フォーチュン世界 500 大企業数に関して，中国が 2020 年にア
メリカを抜き，首都北京を中心とした国内産業育成政策は成果を得た。

　次に，2021 年から始まる第 14 次 5 カ年計画は，次世代情報産業育成のため
の「新型インフラ」を 2025 年まで重点的に建設する。これは，国内産業育成
政策と外資導入政策を融合し，中国全土で「2035 年」に向けて「戦略的新興
産業」集積（クラスター）の完成を目指す。

　具体例は，北京自由貿易試験区での① 大興国際空港エリア，② 北京首都国
際空港近郊，③ 中関村エリアのうちの，① に属する北京経済技術開発区の
「2017〜35 年の計画」の「亦庄新市街計画」である。

　その産業集積セグメントの構築は，① 2019 年に北京大興国際空港が開港し，

第10−1図　北京自由貿易試験区における戦略的新興産業集積：
国家級北京経済技術開発区（1994年〜）のケース

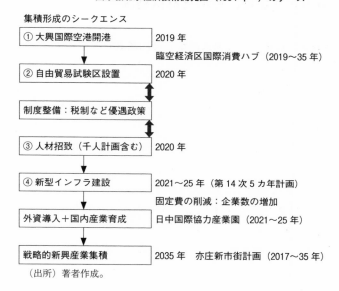

集積形成のシークエンス

① 大興国際空港開港　　　　2019年

臨空経済区国際消費ハブ（2019〜35年）

② 自由貿易試験区設置　　　2020年

制度整備：税制など優遇政策

③ 人材招致（千人計画含む）　2020年

④ 新型インフラ建設　　　　2021〜25年（第14次5カ年計画）

固定費の削減：企業数の増加

外資導入＋国内産業育成　　日中国際協力産業園（2021〜25年）

戦略的新興産業集積　　　　2035年　亦庄新市街計画（2017〜35年）

（出所）著者作成。

② 2020年に自由貿易試験区が設置され，③ 2020年に人材招致が強化され，④ 2025年までに重点的に新型インフラ建設が進むという順序で進む（第10−1図）。

2035年に向けて，中国全土で亦庄新市街計画と同様の「戦略的新興産業」集積の形成が進む。北京自由貿易試験区は，京津冀（北京・天津・河北省）共同開発につながる。長江デルタ，広東・香港・マカオ大湾とともに国内「産業集積」間のサプライチェーン・ネットワークが形成される。2035年に向けて「一帯一路共同建設」と連結性を強化することにより，グローバル・サプライチェーンの形成を目指す。

第1節　中国産業集積の原型は経済特区

1．産業政策の2つの軸：外資導入政策と国内産業育成政策

　「第14次国民経済社会発展5カ年計画（2021〜25年）と2035年長期目標の策定に関する党中央の提案」を習近平氏が行った。（中国共産党第19期中央委員会第5回総会，習主席，北京2020年10月29日発新華社）。中国共産党第19期中央委員会第5回総会コミュニケでは特色ある社会主義思想を明らかにする。「三つの代表」の重要思想は，マルクス・レーニン主義，毛沢東思想，鄧小平理論である（北京2020年10月29日発新華社）。

　鄧小平理論は，第1段階の外資導入による「経済特区」，第2段階の国家級の「経済技術開発区」での産業集積形成という政策に生きている（Kuchiki (2020) で詳説）。第3段階で「自由貿易試験区」（Pilot Free Trade Zone）は，現代サービス業への外資導入による産業集積の形成であり，ハイエンド製造業，戦略的新興産業の集積（クラスター）形成である。

　ここで，産業集積とは，地理的に近い特定の地域に1つの産業，または複数の産業が群として立地することである。集積は，外部経済効果によりイノベーションもたらす。クラスターとは，イノベーションが活発化した集積である（藤田（2003）による）。

　さて，第10-1表に中国の産業政策の歴史を示した。その2大政策は，「国内産業育成政策」と「外資導入政策」である。前者が支柱産業から「戦略的新興産業」の育成につながる。後者が「経済特区」から「国家級経済技術開発区」，そして「自由貿易試験区」につながる。

　「外資導入政策」に関して，中国の1978年に始まる改革開放後の高度成長の起点は，1980年に設置された深圳など4地域の「経済特区」であった。これが1984年の国家級経済技術開発区につながった。その成長戦略は，工業団地，税減免などの優遇措置，インフラ整備による外資の導入であった。1992年の鄧小平氏の南巡講話により「経済技術開発区」の設置が加速し，2010年までに労働集約型の製造業の産業集積がほぼ全土に完成した。

　経済技術開発区は，「自由貿易試験区」につながる。「上海自由貿易試験区」

第 10-1 表　中国の産業政策の推移

	第 1 期	第 2 期	第 3 期	第 4 期
時期区分	1978-1984 年 市場経済の導入	1984-1992 年 市場経済の形成	1992-1997 年 市場経済と産業政策	1997 年-2004 年 国際競争重視
基本理念	供給不足の解消 産業構造調整	統一市場の形成	企業の国際競争の重視 産業構造合理化	グローバル化 多国籍企業との競争
政策	「③ 経済特区」1980 年	③ 経済技術開発区 1984 大連，上海，広州など 14 都市	③ 外資導入政策 ② 国内産業育成政策	③ 外資導入政策 ③ 「WTO 加盟」2001
産業	軽工業「郷鎮企業」 農業改革	基礎産業	「② 支柱産業」	国際競争力のある産業育成
	繊維 農業	インフラストラクチャー エネルギー産業 鉄鋼等の素材産業	4 大産業政策「自動車，機械・電子，石油化学，建築」	情報通信産業 新素材，バイオ
地域政策	深圳，珠海， 仙頭，アモイ 1980	華南（珠江）経済圏	長江経済圏	京津冀経済圏 西部大開発 2000
手段	数量，価格の直接コントロール 資本・外貨割り当て 製品の配給キップ制	外資の導入 企業の合併と再編	企業集団化（産業政策） 外資の導入	外資との合弁・技術提携
特記事項	産業集積政策 1980 「経済特区」の設置 「生産責任制」	② 産業政策（司）部設置 1988 「産業政策」の重点産業リストの発表 1989	鄧小平「南巡講話」1992 年外資導入 「② 自動車産業政策」1994 外資の重点産業リストの発表 1997 「産業政策要綱」1994 アジア通貨危機 1997	朱鎔基「3 大経済改革」1998

	第 5 期	第 6 期	第 7 期
時期区分	2004 年-2010 年 調和のとれた社会	2010 年-2013 年 経済発展パターン転換	2013 年-新時代の中国の特色のある社会主義
基本理念	胡錦涛・科学的発展観	経済発展パターンの転換 新常態 2014	三位一体融合政策 2035 年目標
政策	都市農村格差是正 環境保全 産業構造の高度化	① 一帯一路建設 ② 中国製造 2025 ③ 上海自由貿易試験区	① 一帯一路共同建設 2020 ② 八大戦略的新興産業 ③ 21 自由貿易試験区
産業	② 新しい成長点 ハイテク産業 バイオ医薬 ハイテク情報化	② 戦略的新興産業 環境保護，情報通信 新エネルギー 新エネルギー自動車	金融業を含む現代サービス業 コロナ後：中国製造 2025 から変化 デジタル経済：次世代情報通信 グリーン経済
地域	西部大開発	東北地域振興	北京自由貿易試験区
手段	中小企業の育成 ③ 自主技術の創出	新農村建設	2 大国内・国際循環 新型インフラ建設
特記事項	最低賃金の上昇 三農問題	「発展パターン転換」 腐敗削減 「グリーン産業重視」	環境・格差 2020 新型コロナ：2021 年
	リーマン・ショック 2008	中国 GDP 世界第 2 位 2010 年	世界 500 大企業 1 位： 中国 124 社

（資料）著者作成。

は，鄧小平理論を継承し，2013年に「現代サービス業」への適用として成立した（国務院2013-38）。さらに，国務院2015年21号により試験区と国家自主イノベーションモデル区の政策の相乗効果を目指した。国務院2019年15号で上海臨港エリア総合開発を開始し，上海市政府は，2020年8月に集積回路，スマート自動車，ハイエンド装備，生物医薬などの戦略的新興産業にもつながる「産業集積」の形成を目指した（ジェトロビジネス短信，呉秀媛）。

　自由貿易試験区は，その後21カ所まで増え，2020年に「北京自由貿易試験区」が成立した（Kuchiki（2021）でその根拠について分析）。国内の産業集積は，これらの自由貿易試験区において2035年に向けて形成される。

2.　国内産業育成の戦略的新興産業と新型インフラ建設

　一方で，動学的な市場の失敗という幼稚産業保護論による国内産業育成政策も継続されてきた。日本を参考にしたともいわれる産業政策司（部）が1988年に成立した。中国の国内産業育成政策に関して，4大「支柱産業」育成として1994年に産業政策要綱と自動車産業政策が実施された。この政策は，「新しい成長点」と呼ばれたこともあり，「戦略的新興産業」に集約される。

　1997年のアジア通貨危機後に産業育成政策に疑問が出て，2001年に国際競争重視により中国はWTO加盟し，中国への外資導入が加速した。しかし，国内産業育成も継続した。戦略的新興産業は，2011年からの第12次5カ年計画の戦略的新興産業7分野に始まる（新次世代情報技術，新エネルギー，ハイエンド製造業，省エネ・環境保護，バイオ，新素材，新エネルギー自動車）。これは，第13次5カ年計画（2016〜2020）では中国製造2025と形を変え，2021年に戦略的新興産業となる。その産業は，次世代情報技術産業（デジタル経済を含む），バイオ産業，ハイエンド装置製造産業，新素材産業，新エネルギー産業（2つに分かれた），インテリジェント・新エネルギー自動車産業，省エネ・環境保護産業，デジタル・クリエイティブ産業などからなる。

　そして，2020年に戦略的新興産業の集積（クラスター）形成は，自由貿易試験区の主な目的の1つになった。集積の構築は，「新型インフラ建設」により進められる。第10-2表に示すように，新型インフラとは，情報インフラ，統合インフラ，革新インフラの3分類とされる。情報インフラには，第5

第 10 - 2 表　新型インフラ建設の内容

1. 情報インフラ	次世代情報技術の進化を基に生まれるインフラ	
	(1) 新しい技術インフラ	
	① 5G	⑤ 産業用モノのインターネット (IIoT)
	② モノのインターネット (IoT)	⑥ 衛星インターネットに代表される通信網インフラ
	③ 人工知能 (AI)	⑦ ブロックチェーン
	④ クラウドコンピューティング	
	(2)コンピューティング・インフラ	
	① データセンター	② インテリジェント・コンピューティングセンター
2. 統合 (ユニファイド) インフラ	インターネット，ビッグデータ，AI などの技術を利活用し，従来型インフラのモデルチェンジ，グレードアップ	
	① 高度道路交通システム (ITS) インフラ	② スマートエネルギーインフラ
3. 革新 (イノベーション) インフラ	(3) 公益性のある科学研究，技術開発，製品開発をサポート	
		① 科学技術インフラ
		② 科学教育インフラ
		③ 産業技術革新インフラ

(出所) 国家発展・改革委員会革新・ハイテク発展司〈局〉の伍浩・司長は 2020 年 4 月 20 日を基に著者作成。

世代情報通信 (5G)，クラウドコンピューティング，ビッグデータ，人工知能 (AI) などがある。統合インフラには高度道路交通システムなどがある。また，革新インフラには，科学技術，科学教育，科学技術革新がある。中国信息通信研究院によれば，2021～25 年の新型インフラへの投資額は，約 170 兆円となり，中国の社会インフラ投資の約 10％と占める（日経新聞，2021 年 1 月 21 日）。

第 2 節　自由貿易試験区

1.「上海自由貿易試験区」から 21 カ所の試験区へ

自由貿易試験区の発展は 3 段階がある。第 1 段階は「現代サービス業」集積

を中心とする。第2段階は「ハイエンド製造業」の集積，第3段階は戦略的新
興産業の集積を目指す。

　2013年に「上海自由貿易試験区」が初めての自由貿易試験区として設置さ
れた。2019年までに18カ所の試験区が設置され，2020年に北京を含む3カ所
が新たに設置され，合計で21カ所となった。

　上海自由貿易試験区の特徴は，「現代サービス業」を対象とした対外開放の
実験であった。現代サービス業とは，金融業，航空・運輸サービス業，商業・
貿易サービス，専門サービス，文化・コンテンツ，社会サービスである。

　「上海」に続いて2015年に天津，広東，福建，2017年4月に遼寧，浙江，
河南，湖北，四川，陝西の各省，重慶市の7つ追加された。2018年に海南で，
全体で12試験区となった。2019年8月に，6試験区が追加され，18試験区と
なった。2020年に3カ所の自由貿易試験区が新設され，合計21カ所となった。

2. 北京自由貿易試験区・「亦庄新市街計画」（2017～35年）の意義

　北京自由貿易試験区は，「北京市のサービス業開放拡大新ラウンド総合試行
を深め，国家サービス業開放拡大総合実証区を建設する作業プラン」である
（北京市の楊晋柏副市長，北京2020年9月24日発新華社）。

　国務院は，2020年8月30日に北京自由貿易試験区に関して通知した[1]。そ
れによれば，北京自由貿易試験区の役割は，2013年の上海自由貿易試験区の
通知の内容と変わった。3つの機能は，科学技術革新，国際ビジネス，国際ハ
イエンドに分かれる。貿易自由化について北京首都国際空港と北京大興国際空
港がダブルウインドーの役割を果たし，保税機能を持つ。北京自由貿易試験区
の目的は，（1）金融センターの開放や革新，（2）R&Dセンターの設立などの
イノベーション促進，（3）国際情報産業やデジタル貿易港の建設などによるデ
ジタル経済の開発環境の革新がある。そして，北京―天津―河北省の一体化発
展を目指す。

　以下で，北京自由貿易試験区の「大興国際空港」を起点としてハイエンド産
業エリアに立地する北京経済技術開発区の「亦庄新市街計画」（2017～35年）
を一例として取り上げる。この計画は，「戦略的新興産業」と「ハイエンド製
造業」集積を目指す[1,2]。

　第 10 - 3 表に示すように，北京自由貿易試験区は，A．科学技術革新エリア，B．国際ビジネスサービスエリア，C．ハイエンド産業エリアからなり，北京市全体を覆う。A．科学技術革新エリアは，1．中関村科技城と2．中関村国

第 10 - 3 表　北京自由貿易試験区（ハイエンド産業集積クラスター，革新エコなど）(2020 年 8 月)（ゾーンの特定，人材招致）

A．科学技術革新エリア		
	1．中関村科技城	
	2．中関村国家自主革新モデル区・北京生命科学園の周辺	
B．国際ビジネスサービスエリア		
	1．天笠総合保税区・臨空経済革新区など首都国際空港の周辺	
C．ハイエンド産業エリア（戦略的新興産業クラスター）		
C．ハイエンド産業エリア	大興国際空港から**北京ー天津ー河北協調開発**	
	1．大興国際空港臨空経済区：国際消費ハブ 2019〜2035 年	
(2+4+6)	2 複合施設	(1) 国際コンベンション PJ・国際消費ハブ
	4 区	(2) 物流区，総合保税区，国際航空コミュニティ・国際生命健康コミュニティ
	6 特色専業産業パーク	(3) 国際航空本部園，バイオ医療インキュベータ，国際ビジネス複合施設，幹細胞産業園，自由貿易区
	「集積」形成	国際ビジネス，科学技術研究開発，文化交流，国際人材誘致
	2．**北京経済技術開発区**（1994 年〜）(2012 年 4,800 社以上ノキア，BOE，ベンツ，SMC，GE などのクラスター)	
	「集積」形成	**亦庄新市街計画 2017〜2035 年**
		(1) 亦庄新市（中核都市，河西地区など）
		(2) 大興新市（青雲店，長子営の北など）
		(3) 新漢市（通州区の一部（光電機，大興湖，金橋など）)
目的		**「戦略的新興産業」**クラスターと**「ハイエンド製造業」**クラスター
	3．中日国際協力産業園（第 14 次 5 カ年計画 2021〜25 年重点プロジェクト）	
		(1) 中科電商谷：越境 EC 産業区
		(2) 医療機器産業区
		(3) 大興国際水素エネルギーモデル区
	3 コア	ア．生物工学，現代工法，AI
	5 チェーン	イ．中小企業本部，臨空ハイエンド産業，生物化学及びワンヘルス，ロボット製造，新エネ車のパーク
	1 サポート	ウ．現代サービス業
目的		国際的な科学技術共同**イノベーション**と産業協力の発展のモデル区
	生命と健康，先端スマート製造，未来モビリティーのリード役	

出所：著者作成。

家自主革新モデル区・北京生命科学園の周辺からなる。B．国際ビジネスサービスエリアは，1．天笠総合保税区・臨空経済革新区など「首都国際空港」の周辺，C．ハイエンド産業エリアからなる。

　特に，この3つの中のC．ハイエンド産業エリアに注目してみよう。このエリアは，(ⅰ)大興国際空港臨空経済区，(ⅱ)北京経済技術開発区（1994年〜），(ⅲ)中日国際協力産業園（第14次5カ年計画2021〜25年）などからなる。(ⅱ)北京経済技術開発区が明確に「戦略的新興産業」と「ハイエンド製造業」クラスターの形成を目指す。以下で第10-3表により説明する。

　(ⅰ)大興国際空港臨空経済区は，国際消費ハブの形成を2019〜2035年に目指す。プラットフォーム形成により国際ビジネス，科学技術研究開発，文化交流，国際人材誘致を目的とする。この区は，2+4+6を形成する[3,4]。2複合施設は，(1)国際コンベンション・プロジェクトと国際消費ハブである。4区は，(2)物流区，総合保税区，国際航空コミュニティ・国際生命健康コミュニティである。6特色専業産業パークは，(3)国際航空本部園，バイオ医療インキュベータ，国際ビジネス複合施設，幹細胞産業園，自由貿易区である。

　(ⅱ)北京経済技術開発区（1994年〜）は，2012年に4,800社以上の企業集積によりノキア，BOE，ベンツ，SMC，GEなどのクラスターが存在した。「亦庄新市街計画」は，2017〜2035年の計画で目的として「戦略的新興産業」クラスターと「ハイエンド製造業」クラスターの形成である。地域として，亦庄新市（中核都市，河西地区など），大興新市（青雲店，長子営の北など），新漢市（通州区の一部（光電機，大興湖，金橋など））からなる。

　(ⅲ)中日国際協力産業園は，第14次5カ年計画2021〜25年である[5]。その目的は，国際的な科学技術共同イノベーションと産業協力の発展のモデル区の形成であり，生命と健康，先端スマート製造，未来モビリティーのリード役となることを目指す。具体的には，(1)中科電商谷，(2)医療機器産業区，(3)大興国際水素エネルギーモデル区がある[6]。3コアとして，ア．生物工学，現代工法，AIがあり，5チェーンとしてイ．中小企業本部，臨空ハイエンド産業，生物化学及びワンヘルス，ロボット製造，新エネ車のパークがある。1サポートは現代サービス業である。

3.　北京集積セグメントの構築の順序

　北京自由貿易試験区の大興国際空港を軸とする「ハイエンド産業エリア」における北京経済技術開発区に属する「亦庄新市街計画」（2017～35 年）の産業集積のセグメント構築プロセスを以下で第 10‐1 図に沿って説明する。

　集積の形成に関して，「人材招致」の集積セグメントを構築する。2008 年には，中国共産党中央組織部・中央人材工作協調チームは，海外ハイレベル人材招致のため「千人計画」を開始した。国家重点イノベーションプロジェクト，ハイテク産業開発区を中心とする各種サイエンス・パークのための人材招致である。5～10 年間で 2 千人のイノベーション人材を招致するという計画であり，窓口は中国科学技術部である。

　そして，2020 年以降の集積セグメント「人材」の構築として，自由貿易試験区を活用し，国家イノベーションシステムを整備するために，この「千人計画」強化する（中国電子情報産業発展研究院の王鵬・副院長北京 2020 年 10 月29 日発新華社電）。

　ハイエンド産業エリアの出発点となる集積セグメントは，2019 年に開港した①「北京大興国際空港」である。この建設が，空港と都心とを結ぶ地下鉄の整備とともに「輸送費の削減」をもたらす。この条件は，集積が立地するための必要条件である（Kuchiki（2021）参照）。第 2 に，2020 年の②「自由貿易試験区」の設置である。これは，規制緩和と税の減免などを含む優遇制度である。第 3 に，2020 年からの③「人材招致」のための千人計画の強化がある。次世代情報通信などのデジタル化において人材が存在することが前提条件となる。第 4 に，集積の形成にとってインフラの建設は有効であり，2021 年から2025 年までの④「新型インフラ」の建設の予算措置がある。2035 年に向けてこれらのセグメント構築により亦庄新市街計画において国内産業育成と外資導入を融合した「戦略的新興産業クラスター（集積）」を形成する。

4.　21 カ所の自由貿易試験区での戦略的新興産業クラスターの形成

　国務院は，2020 年 8 月 30 日に北京，湖南，安徽省，浙江省の自由貿易試験区に関して通知した[7]。湖南自由貿易試験は，長沙黄華，岳陽成陵寺，郴州の3 つの総合保税からなり，ハイエンド機器製造，次世代情報技術などの開発に

焦点を当てる。長江デルタと広東—香港—マカオ大湾エリアと連結する。中国とアフリカの経済協力のメカニズムを形成する。また，企業が一帯一路建設へ参加することを支援する。

　安徽自由貿易試験区は，合肥エリア（合肥経済技術開発区包括的結合区）でハイエンド製造，集積回路，AIなどに焦点を当て，ハイエンド製造業投資基金を設置する。武湖エリアで「戦略的新興産業」での集積の形成とハイエンド産業クラスターの形成を目指す。この際に，産官学連携の地域イノベーションシステムの下で「研究基金」が設定される。長江デルタ経済と一体開発する。そして，合肥が中国とヨーロッパを連結する「一帯一路建設」の役割を持つ。

　浙江自由貿易試験区は，寧波，杭州，金義の3エリアからなる。2035年までにデジタル経済の「戦略的新興産業」クラスターのモデル区を開発する。高度な産業クラスターを形成し，クラスター間のサプライチェーンにつなげる。国際貿易センターの建設では，義烏などが「一帯一路建設」に沿ったグローバル・サプライチェーンを建設する。

第3節　新型コロナ発生後の「一帯一路共同建設」の進展

　中国の一帯一路建設は，新型コロナ感染下で着々と進められている。それは，第1に「中欧班列」の輸送量の増加，第2に「中EU投資協定」の大筋合意に象徴される。

1.　新型コロナ発生後の一帯一路共同建設

　第10-4表に示すように，2020年4-6月の2カ月間に習近平主席・李克強首相・王毅外務大臣による電話会議が，欧州，アジア，南米，アフリカという世界全体と実施された。第1に，サプライチェーンは「欧州—中国」を軸に構築されている。第2に，「一帯一路」は共同建設される。全面的戦略パートナーシップが戦略的協力パートナーシップとともに多くの国で確認された。新型コロナ発生後に，「一帯一路の国際協力を強化し，手を携えて新型コロナウイルスに対抗する」会議に24カ国から外相らが出席したほか，世界保健機関

第 10 - 4 表　中国の一帯一路共同建設・サプライチェーン構築『2020 年 4〜6 月分』

国	月日	中国側	対象国側	内容	内容
欧州					
アイルランド	3 月 31 日	李克強	首相		
ベルギー	4 月 2 日	習近平	国王		
スイス	4 月 8 日	王毅	外相	中国スイス国交樹立 70 周年	
トルコ	4 月 8 日	習近平	大統領		
ポーランド	4 月 16 日	李克強	首相		
フランス	4 月 22 日	王毅	外相		
トルコ	4 月 22 日	王毅	外相		
チェコ	4 月 30 日	習近平	大統領	戦略的協力パートナーシップ	
ポルトガル	5 月 7 日	習近平	大統領	全面的戦略パートナーシップ	「一帯一路」共同建設
ハンガリー	5 月 15 日	習近平	首相	全面的戦略パートナーシップ	「デジタル」経済，人工知能
仏	5 月 27 日	大統領外交顧問	大統領外交顧問	「後発途上国債務返済猶予イニシアチブ」を実行	
独	6 月 3 日	習近平	首相		サプライチェーン構築
仏	6 月 5 日	習近平	大統領	中仏高いレベルの戦略協調	
欧州連合	6 月 9 日	王毅	外交上級代表	第 10 回中国 EU ハイレベル戦略対話をビデオ会談	
独	6 月 11 日	李克強	首相	ビデオ会談	サプライチェーン構築
				2 国間協力文書の「クラウド契約調印」式	
				「デジタル」経済の健全な発展	
					「一帯一路」建設のための「意見」
				上海自由貿易試験区臨港新片区建設のための「意見」	
欧州連合	6 月 22 日	李克強	欧州理事会議長	全面的戦略パートナーシップ	
			欧州委委員長		サプライチェーン構築
欧州連合	6 月 22 日	習近平	欧州理事会議長	EU の「グリーン」と「デジタル」の分野協力	
			欧州委委員長	アフリカでの三者協力を強化	
				EU と中国は世界の二大経済体	
				「グリーン」低炭素，「デジタル」経済	
ロシア	4 月 16 日	習近平	大統領		
ロシア	5 月 8 日	習近平	大統領		BRICS 5 カ国や上海協力機構
中央アジア					
ウズベキスタン	5 月 7 日	習近平	大統領		「一帯一路」共同建設

国	月日	中国側	対象国側	内容	内容
キルギス	5月27日	王毅	外相		「一帯一路」の重大事業
ベラルーシ	6月11日	習近平	大統領		「一帯一路」共同建設
タジク	6月16日	習近平	大統領	全面的戦略パートナーシップ	「一帯一路」共同建設
アジア					
インドネシア	4月2日	習近平	大統領	全面的戦略パートナーシップ	
ベトナム	4月2日	李克強	首相		ASEANと中国の関係発展
ラオス	4月3日	習近平	国家主席	中国ラオス人類運命共同体構築共同行動	
パキスタン	4月16日	王毅	外相	全面的戦略協力パートナーシップ	
日本	4月22日	王毅	外相		ASEAN・中日韓首脳特別会議
スリランカ	5月13日	習近平	大統領		「一帯一路」共同建設
韓国	5月13日	習近平	大統領		サプライチェーン構築
ネパール	4月27日	習近平	大統領	全面的戦略パートナーシップ	「一帯一路」共同建設
ミャンマー	5月20日	習近平	大統領	全面的戦略協力パートナーシップ	
バングラ	5月20日	習近平	首相	戦略的協力パートナーシップ	サプライチェーン構築
					「一帯一路」共同建設
カンボジア	6月16日	王毅	副首相	ファストレーンと貨物の「グリーン」通路の設置	（ビデオ方式）
イラン	4月16日	王毅	外相	全面的戦略パートナーシップ	
イラン	4月27日	習近平	大統領	全面的戦略パートナーシップ	
南米					
メキシコ	4月10日	習近平	大統領	人類運命共同体の構築	
ベネズエラ	4月10日	習近平	大統領		
アルゼンチン	4月10日	習近平	大統領	両国民の友好互恵関係	
メキシコ	4月16日	王毅	外相	戦略的協力パートナーシップ	
ペルー	4月30日	習近平	大統領	全面的戦略パートナーシップ	
カリブ国交9カ国	5月12日	外務次官	外務次官級	新型肺炎対策次官級会議	
コスタリカ	6月5日	習近平	大統領	戦略協力パートナーシップ	「一帯一路」共同建設
エクアドル	6月16日	習近平	大統領	全面的戦略パートナーシップ	
アフリカ					
アルジェリア	3月31日	李克強	首相	全面的戦略パートナーシップ	
ナミビア	4月3日	習近平	大統領	全面的戦略パートナーシップ	アフリカ連合（AU）
南ア	4月8日	習近平	大統領		BRICS5カ国やG20
スーダン	4月16日	李克強	首相		
南ア	5月15日	習近平	大統領		アフリカ連合〈AU〉
エジプト	6月5日	王毅	外相	運命共同体構築	

（出所）日刊中国通信より著者作成。

（WHO）のテドロス事務局長も出席した（2020 年 6 月 18 日，外交部，国家発展改革委員会，商務部，国家衛生健康委員会）。

参加国は，ASEAN のカンボジアなど 7 カ国，中央アジアのベラルーシなど 5 カ国，ほかに世界全体の 12 カ国である（2020 年 6 月 25 日小宮昇平『ジェトロビジネス短信』）。

中国は，パートナー国と交通部門の大臣会合を開催し，国際的な産業チェーン，サプライチェーン，物流システムを共同で円滑かつ安全なものに維持する。習近平国家主席が公表した 20 億ドルの国際援助を活用した，新型コロナウイルスの影響を受けたパートナー国に対する経済支援を表明した。パートナー国とのイノベーション協力を強化し，「EC シルクロード」やスマートシティ建設，環境にやさしい発展における協力の推進などの 5 分野を示した。

2.　物的連結性の強化

EU と中国を結ぶ鉄道貨物便が，「中欧班列」である。それが，「一帯一路」の物的な連結性の強化につながり，「一帯一路」（シルクロード経済ベルトと 21 世紀海上シルクロード）イニシアチブである（商務省国際貿易経済協力研究院ユーラシア研究所の劉華芹所長，北京 2020 年 11 月 10 日発新華社）。

2020 年 11 月 5 日時点での「中欧班列」は，1 万 180 本が運行し，過去 6 年分を超えた。輸送されたコンテナは 92 万 7000TEU で，前年同期比 54％の増加であった。貨物を積んだコンテナが往復する割合は 98.3％に達し，欧州の 21 の国と 92 の都市とつながった。2020 年 1〜9 月，ロシアの対中肉類輸出量は前年同期比で 3 倍近く増加した（中国国際輸入博覧会，ロシアやカザフスタンなどユーラシア諸国からの食品および農産物）[8]。

おわりに

2035 年長期目標策定に関する党中央への習近平氏の提案として，第 1 に，「自由貿易試験区」の配置をより完全にすると述べ，「戦略的新興産業」と「先進的製造業」クラスターの発展を図る[9]。第 2 に，北京自由貿易試験区は，「デ

ジタル経済」を主要な特徴とし，京津冀（北京・天津・河北）「一体化」発展
の拠点となり，長江経済ベルト発展，広東・香港・マカオ大ベイエリア建設と
のネットワーク化を推進する[10]。第3に，経済ベルトの発展と「一帯一路」
共同建設の融合を図り，経済ベルトにおける「一帯一路」の戦略的支点づくり
を急ぐ[11]。

　これを第10-2図で説明すると，戦略的新興産業のデジタル経済などが北京
自由貿易試験区の交わった部分で産業集積を形成する。21 カ所の自由貿易試
験区が同様に産業集積を形成する。ここで，国内産業育成政策の戦略的新興産
業と外資導入政策の自由貿易試験区が融合する。そして，形成された産業集積
が集積間のネットワークを形成し，国内循環が完成する。2035 年に向けて完
成した産業集積が一帯一路共同建設により国際循環の形成を目指す。つまり，
国内循環が一帯一路共同建設とつながり，国際循環を形成し，双循環となり，
グローバル・サプライチェーンを形成する。

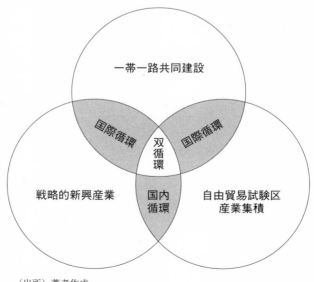

第 10-2 図　国内循環・国際循環の双循環

（出所）著者作成。

[注]

1　国務院，000014349/2020-00089，「北京，湖南，安徽パイロット自由貿易地域の全体計画と浙江パイロット自由貿易地域の地域拡大計画の発行に関する国家評議会の通知」2020 年 8 月 30 日。

2　中国網日本語版（チャイナネット），http://japanese.china.org.cn/business/txt/2020-01/11/content_75597197.htm（2020 年 1 月 11 日）（2021 年 2 月 21 日アクセス）

3　北京日報，2021 年 1 月 22 日，http://japanese.beijing.gov.cn/investinginbeijing/investmentnews/2021101/t20210122_2229532.html（2021 年 2 月 21 日アクセス。）

4　Baidu 百 科，https://baike.baidu.com/item/%E5%8C%97%E4%BA%AC%E7%BB%8F%E6%B5%8E%E6%8A%80%E6%9C%AF%E5%BC%80%E5%8F%91%E5%8C%BA（2021 年 2 月 21 日アクセス）

5　人民網，2020 年 12 月 15 日，http://j.people.com.cn/n3/2020/1215/c94476-9799514.html（2021年 2 月 21 日アクセス）

6　ジェトロビジネス短信，2019 年 12 月 26 日 https://www.jetro.go.jp/biznews/2019/12/336e0145978aef09.html（2021 年 2 月 21 日アクセス）

7　注 1 と同じ。

8　以下，2020 年の新華社の報道より。
・「中欧班列」の路線は再開，新路線を含めて活発化している。新型コロナウイルスの影響で 2020 年 2 月 3 日から運行を停止したが，13 日に運航を再開した。遼寧省・瀋陽東駅から合計 14 便は，600TEU（1TEU は 20 フィートコンテナ一個分）である（3 月 7 日）。
・山東省済南市で中欧班列に防護手袋 2,100 万枚が積まれ，ハンガリー・ブダペストに輸送された（4 月 27 日）。
・中欧班列が，2020 年 4 月 16 日に湖北省武漢市からドイツ西部ノルトライン・ウエストファーレン州のデュースブルク港へ到着した（4 月 16 日）。
・陝西省・西安はカザフスタン，ベルギー，ドイツ，ポーランドなど鉄道路線 13 路線を開業させた。西安からカザフスタン，ベラルーシ，ロシアを経由し，ドイツ・ロストック港に到着する。そこからイタリア・ベローナ，スウェーデン・ヨーテボリ，ストックホルムへ運ばれる（2 月 7 日）。
・カタールから並行輸入車 430 台を載せた船舶が海南省自由貿易試験区の海口秀英港へ初めて接岸した（3 月 31 日）。
・浙江省寧波市の舟山港へ 5 月 1 日に積載能力世界最大クラスの 23,964TEU の韓国コンテナ船が入港した。同港で 5,800TEU 余りの貨物の積み下ろしの後に「21 世紀海上シルクロード」を通り，欧州の港へ向かった。舟山港は，貨物の年間取扱量が 11 億トンを超え，世界第 3 位である（5 月 2 日）。
・「韓国・中国・モンゴル」海運・鉄道コンテナの国際複合輸送専用ルートの運航が 4 月 26 日に再開した。韓国・インチョン港から中国・河北省・秦皇島港へ定期貨物船が 54TEU の貨物を陸揚げし，列車でモンゴルへ輸送された（4 月 26 日）。

9　北京 2020 年 11 月 3 日発新華社。

10　北京 2020 年 9 月 4 日発新華社，習主席，北京で開幕した 2020 年中国国際サービス貿易交易会のグローバル・サービス貿易サミット。

11　南京 2020 年 11 月 15 日発新華社。

[引用文献]

Kuchiki, A. (2021), "'Sequencing Economics' on the ICT Industry Agglomeration for Economic Integration," *Economies* 9 (2). https://doi.org/10.3390/ economies9010002.

Kuchiki, A. (2020), "A Flowchart Approach to Industrial Hubs and Industrialization," (Chapter 19, A.

Oqubay and J. Lin eds.) *The Oxford Handbook of Industrial Hubs and Economic Development*, Oxford University Press.

朽木昭文（2020），「中国の「一帯一路建設」，「環境配慮」の産業クラスター網によるサプライチェーン形成，『日中経協ジャーナル』，9月号。

藤田昌久（2003），「空間経済学から視点から見た産業クラスター政策の意義と課題」，『日本の産業クラスター戦略』（石倉洋子，藤田昌久，前田昇，金井一，山崎朗編），有斐閣。

（朽木昭文）

第11章

医療物資貿易の現状と国際協調の必要性

はじめに

　2020年1月以降，各国で新型コロナウイルスへの感染事例が相次いで報告され，その深刻さが徐々に顕在化すると，医療物資を生産する複数の国が次々と輸出を制限する措置を発動した。製品の国外流出を防止し，国内市場向けの出荷を優先させるためである。その結果，日本でもマスクや消毒液など重要な医療物資の品不足と価格高騰が深刻化し，各地で買い占め騒ぎが起きたほか，医療現場でも大きな混乱が生じた。こうした混乱は世界的な現象となり，それまで長い年月をかけて積み上げられてきたグローバル・サプライチェーンに対する信頼性は一気に疑念へと変わり，「経済効率性の追求」と「供給途絶リスクへの対応」との間のバランスを再検討すべき，との声がいたる所で聞かれるようになった。消費者の買い占め行動に対して各国の政府が有効な解決策を示せなかったのと同様，WTOもまた，少なからぬ加盟国が競うように発動した医療物資の輸出制限措置を規制し，貿易投資を正常化させるうえで即効性のある解決策を提示することができなかった。

　本章の目的は，医療物資の貿易構造の現状を踏まえたうえで，パンデミック発生後に各国が採用した貿易措置の概要，その経済的な影響，および法的な妥当性について整理を行い，医療物資の国際的な安定供給の実現に向けた課題と解決策について考察する。なお本章では，医療物資のなかでもワクチンを含む医薬品ではなく，いわゆる医療材料と医療機器に焦点をあてて分析している。

　本章の構成は以下のとおりである。第1節では，パンデミック発生以前の医療物資の貿易構造を概観し，新型コロナウイルスとの闘いにとって不可欠な物

資の国際供給拠点として東アジアが重要な役割を負っていること，および日本を含む多くの国が，重要医療物資の輸入に関して中国に大きく依存していたことを指摘する[1]。第2節では，2020年に東アジア諸国がとった医療物資の「輸出制限措置」および「輸入自由化・円滑化措置」について整理し，第3節では特に輸出制限措置が貿易相手国と自国におよぼす経済的影響について考察する。つづく第4節では，医療物資の輸出制限措置と現行WTOルールとの整合性について考察し，こうした措置の発動はWTO協定上も認められた権利であることを指摘する。最後に第5節では，医療物資の安定供給に向けた今後の国際協調のあり方について検討を行う。

第1節　医療物資の貿易構造

1. 医療物資の国際供給拠点としての東アジア

　東アジアは新型コロナウイルスとの闘いに不可欠な医療物資の国際的な供給拠点である。第11-1図が示すとおり，新型コロナウイルスの世界的感染拡大（パンデミック）直前の3年間の平均値をみると，例えば医療用手袋は世界全体の輸出の約9割を，医療用ヘアネット，医療用防護服，マスク，ゴーグル，および人工呼吸器・体外式膜型人工肺（Extracorporeal membrane oxygenation：ECMO）についても世界の輸出の半分以上を東アジア諸国が供給していた。

　各品目の国別輸出シェアをみると，医療用手袋はゴムの産地でもあるマレーシアとタイが，人工呼吸器などはシンガポールや豪州などが東アジア全体の輸出を牽引しているものの，その他の品目については概ね中国が主たる輸出拠点となっている。近年の賃金上昇にもかかわらず，中国は労働集約的な医療物資の「世界の工場」としての地位を守っていたのである。特にマスク，医療用ヘアネット，ゴーグル，医療用防護服はいずれも中国一カ国で世界の総輸出の半分以上を占めている。これら4品目はいずれも医療現場において医療従事者が感染を防止し，自らの命を守るうえで不可欠な「個人用防護具」（Personal Protective Equipment：PPE）と呼ばれる物資である。

第 11-1 図 東アジア諸国の輸出シェア（主要医療物資，金額ベース）

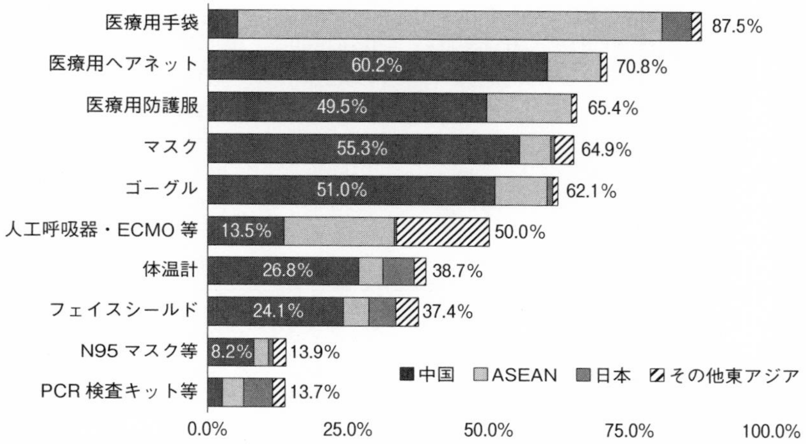

（注）各品目の輸出額は 2017 年，2018 年，および 2019 年の平均値。対応する HS コードは第
11-1 表の表内を参照のこと。
（資料）World Bank（2020）から筆者作成。

2. 東アジア各国の対中輸入依存率

　パンデミック発生前，中国は個人用防護具の「世界の工場」であったと同時
に，日本を含む東アジア各国に対する一大供給拠点でもあった。例えば対中輸
入依存率を品目別に確認すると，医療用ヘアネット，医療用防護服，マスク，
およびゴーグルなど個人用防護具の依存率は東アジアの多くの国で 5 割を超え
ている（第 11-1 表）。日本の対中輸入依存率もマスク（79.1％），ゴーグル
（66.0％），体温計（55.1％），フェイスシールド（51.8％），および医療用防護
服（48.3％）と軒並み高い水準である。参考までに米国の値も確認しておくと，
米中貿易摩擦の高まりにもかかわらず，マスク（73.6％），医療用ヘアネット
（60.5％），医療用防護服（59.3％），およびゴーグル（55.7％）の輸入の半分以
上を中国に依存していた。

　このようにパンデミック発生以前は東アジアの多くの国が主要医療物資，と
りわけ個人用防護具の調達先を中国一カ国に集中させていた。こうした一極集
中は，各国に各種のスケールメリットをもたらしてきた一方，中国からの医療
物資が仮に途絶えた場合，東アジア全体に経済および公衆衛生上の混乱をもた

第11-1表　東アジア各国の対中輸入依存率（主要医療物資）

	医療用手袋 HS 401511	医療用ヘアネット HS 650500	医療用防護服 HS 621010	マスク HS 630790	ゴーグル HS 900490
日本	21.4%	67.9%	48.3%	79.1%	66.0%
韓国	16.2%	56.5%	52.5%	68.1%	44.4%
豪州	1.9%	80.0%	65.5%	66.4%	70.8%
ニュージーランド	4.3%	82.9%	56.9%	54.4%	70.0%
インド	1.4%	58.7%	38.7%	50.0%	68.1%
ASEAN10（平均）	6.5%	56.4%	55.9%	42.2%	49.0%
（米国）	0.2%	60.5%	59.3%	73.6%	55.7%

	人工呼吸器等 HS 901920	体温計 HS 902519	フェイスシールド HS 392690	N95マスク等 HS 902000	PCR検査キット等 HS 382200
日本	10.3%	55.1%	51.8%	2.2%	5.3%
韓国	13.4%	22.9%	32.6%	5.8%	2.8%
豪州	21.9%	41.9%	46.5%	2.1%	1.9%
ニュージーランド	8.0%	31.8%	35.2%	4.3%	1.7%
インド	18.0%	28.8%	33.0%	12.4%	5.3%
ASEAN10（平均）	21.4%	29.4%	29.4%	9.1%	4.6%
（米国）	18.1%	41.9%	41.1%	4.0%	5.2%

（資料）World Bank（2020）から筆者作成。
（注）各品目の輸入額は2017年，2018年，および2019年の平均値。

らし得る時限爆弾装置となっていたのである。

第2節　パンデミック後に実施された貿易上の措置

1．医療物資をめぐる輸出制限措置の連鎖

　2020年1月14日，中国当局からの情報を受けた世界保健機関（World Health Organization：WHO）は新型コロナウイルスの検出を確認したことを世界に向けて発表した。翌1月15日には日本で，19日には韓国で，そして21日には米国と台湾でも初の感染が確認された。こうしたなか1月24日，台湾はマスクなどの医療物資の輸出を他国に先駆けて制限した[2]。無論，措置の目的は医療物資を国内向けに優先的に出荷させることで感染拡大を早期に封じ込

めることであった。それから約 1 週間後の 1 月 30 日，WHO のテドロス・アダノム事務局長が新型コロナウイルス感染拡大に関する「世界的な緊急事態」を宣言すると，それまで医療物資を海外に供給していた複数の国が次々と一部物資の輸出を制限しはじめた（第 11 - 2 表）。ここでいう「輸出制限措置」とは，主として特定製品の輸出禁止，輸出許可制度，輸出数量割当，およびそれらの組み合わせのことである。

　こうしたなか，世界最大の医療物資供給国であり，世界のマスクの約半分を製造していた中国も，国内における感染封じ込めを優先させるためにマスクやその原材料などを「国家応急備蓄物資」として認定，品質管理という名目で生産・分配・輸出入に対する国家の統制を強めた[3]。中国政府は「マスクやその原材料の輸出についていかなる規制措置も行っていない」と表明したが，医療

第 11 - 2 表　東アジア各国における輸出制限措置の導入状況

	輸出規制初回施行日 (2020 年)	医療材料			医療機器			医薬品			ワクチン		
		禁止	許可	割当	禁止	許可	割当	禁止	許可	割当	禁止	許可	割当
台湾	1 月 24 日	○	◎			○							
インド	1 月 31 日	○	◎		○	◎	◎	○		◎		◎	
中国	2 月 3 日		◎							◎		◎	
タイ	2 月 5 日	○											
韓国	2 月 26 日	○		○									
ベトナム	2 月 28 日	○						○					
カンボジア	3 月 3 日	◎			◎								
インドネシア	3 月 5 日	○						○					
マレーシア	3 月 20 日		◎										
フィリピン	3 月 28 日			◎			◎			◎			◎
（EU）	3 月 15 日	○											
（米国）	4 月 2 日	○				◎							

（資料）Global Trade Alert（2020）から筆者作成。

（注）「輸出規制初回施行日」は 2020 年以降に各国が最初に医療物資に関連する輸出規制を施行した日付である。「○」は 2021 年 1 月 21 日現在すでに解除されている規制，◎は同日時点で継続している規制を表す。なお，特定医療物資の列に「○」または「◎」が記載されていたとしても，当該物資の「全品目」が規制対象となったとは限らず，一部品目に限定されている場合もある。表に掲載されていない東アジアの国（含む日本）は 2020 年に医療物資関連の輸出規制を行っていない。

物資の諸外国への輸出は事実上制限され[4]，日本でも2020年2月以降，中国からのマスクの輸入は激減した。その後もタイ，韓国，ベトナム，カンボジア，インドネシア，EU，マレーシア，フィリピン，そして米国と，東アジアおよび欧米各国が次々と医療物資の輸出制限措置を導入，その一部は2021年1月末現在も存続している。

2. 医療物資の輸入自由化の動き

　パンデミック発生以前，東アジアでは主要医療物資に対して輸入関税を賦課していた国が数多く存在していた。例えばマスクに着目すると，WTO加盟国に対して適用される最恵国待遇（MFN）実行税率はインドネシアで18.6%，ベトナムで15.7%，中国でも14%，韓国，マレーシア，およびタイではいずれも10%と比較的高い税率が課されていた（第11-3表の右の列）。防護服についてもインドネシアとタイで23.3%，中国では16.4%，フィリピンでも15%と高い税率が課されていた。無論，CPTPPやASEAN物品貿易協定（ATIGA）など，東アジア域内で締結された自由貿易協定（FTA）の加盟国間ではMFN税率よりも低い特恵税率が約束・適用されているが，それでも国内の輸入競合産業を保護するために関税が残されている品目も存在する。こうした医療物資に対する輸入関税は，命を救う産品に対する「課税」にほかならない。医療品を安く輸入できなければ，コロナウイルス対策という公衆衛生上の観点からも悪影響をもたらす可能性もある。

　前述のとおりパンデミックの発生後，東アジアの国々がドミノ倒し的に次々と医療物資の輸出制限措置を導入した一方，いくつかの国では医療物資の輸入障壁を自主的に自由化・円滑化させる動きもみられた。東アジアで最初に輸入自由化に踏み切った国は豪州であった。WTOが緊急事態宣言を発出した2日後の2月1日，同国はコロナウイルスとの闘いに必要な医療物資を「免税扱い」にするための通達を出した[5]。その後は日本，カンボジア，ミャンマー，およびインドを除くすべての東アジア諸国が医療物資に関する何らかの「輸入自由化」，あるいは通関時間の短縮化や通関手続きの一部簡素化などの「貿易円滑化」を実施した。外国で生産された医療物資を可能な限り安く，速く国民に提供するための取り組みという意味において，こうした自由化・円滑化を自

第 11-3 表　東アジア各国における輸入自由化の状況

	関税引下げ初回実施日 (2020 年)	関税引下げ対象				MFN 税率（例）	
		医療材料	医療機器	医薬品	ワクチン	マスク	防護服
豪州	2 月 1 日	○				5.0%	5.0%
ベトナム	2 月 7 日	○				15.7%	20.0%
中国	2 月 14 日	○	○	○		14.0%	16.4%
インドネシア	2 月 20 日	○	○	○	○	18.6%	23.3%
韓国	3 月 18 日	○				10.0%	13.0%
マレーシア	3 月 23 日	○				10.0%	0.0%
タイ	3 月 24 日	○	○	○		10.0%	23.3%
NZ	3 月 25 日	○	○			2.0%	10.0%
ラオス	3 月 29 日	○				10.0%	10.0%
フィリピン	3 月 30 日	○	○			9.3%	15.0%
ブルネイ	4 月 1 日	○				0.0%	0.0%
シンガポール	4 月 15 日	○				0.0%	0.0%
(EU)	1 月 31 日		○			7.3%	12.0%
(米国)	5 月 10 日	○				3.7%	6.8%

（資料）Global Trade Alert（2020）および World Bank（2020）から筆者作成。
（注）特定医療物資の列に「○」が記載されているとしても，当該物資の全品目の関税が削減
　　対象となったとは限らず，一部品目に限定されている場合もある。例示されている MFN
　　実行関税率は 2018 年（またはそれ以前の入手可能な直近の年）当時のものである。表に掲
　　載されていない東アジアの国（含む日本）は 2020 年に医療物資関連の MFN 実行関税引下
　　げを行っていない。

主的かつ迅速に実施したことは評価に値しよう。

第 3 節　輸出制限措置がもたらす経済的影響

　次節で述べるとおり，各国が採用した輸出制限措置は WTO 協定においても
一定の条件のもと認められている一方，これが長期化した場合，経済および公
衆衛生の面で大きな副作用が生ずる。とりわけパンデミックの初期段階におい
ては，医療物資に対する需要が世界的に急激に拡大していた。こうした状況下
で医療物資の輸出を制限する措置が連鎖的に導入された場合，世界市場におけ

る需給ギャップはさらに拡大し，以下に示すような各種の混乱をもたらすことになる。

1.　輸入国に与える経済的影響

　医療物資の輸入国市場では，輸入の減少と需要の拡大によって物資の深刻な不足と価格高騰が生ずる。日本でも 2020 年 2 月以降，医療物資の輸入が正常化する見通しが立たないなか，「新型コロナとの闘いが長期化するのでは」との疑念が次第に確信へと変わっていった。不足と価格上昇という二重苦に直面した一部の消費者は，「買えるうちに買えるだけ買おう」との心理状況から「買い占め行動」に走り，これがさらなる不足と価格高騰を招いた。例えば手指用アルコール消毒液の販売額は 2020 年 3 月に前年比 900％を超え，ドラッグストアでもしばらく品切れ状態が続いた[6]。国産比率が 25％程度[7]であったマスクは 2020 年 4 月時点で仕入れ値が従来の 7 倍近く上昇[8]，医療現場でもマスク不足が深刻化し，古いマスクを使い回しせざるを得ないような状況に陥った。国産比率がほぼゼロであった医療用の防護服も不足，一部の医療従事者は代わりにポリ袋を利用して職務にあたった[9]。

　経済活動の停滞と輸出規制により，こうした経済および公衆衛生上の混乱は日本のみならず世界的な現象となった。一般論として，深刻な物不足が生ずると，売り手は「一番高い支払い意思を持つ相手にできるだけ高値で売ろう」とする。したがって，医療物資の供給不足が世界的に深刻化した場合，売り手は購買力の高い先進国向けの輸出を優先し，開発途上国向けの輸出は後回しとなる可能性が高い。ただでさえ医療従事者や医療インフラが量的に不足している途上国にとって，医療現場での感染を防止するうえで不可欠な個人防護具の不足と高騰は先進国以上に大きなダメージとなる。

2.　輸出制限措置が輸出国自身に与える経済的影響

　医療物資の輸出が制限された場合，制限した輸出国自身も，多様な経済的影響に直面する。医療物資に対する需要の急増により，当初は輸出国でも物資の不足と価格高騰が生ずるかもしれない。大規模な投資や高度な技術を必要としない労働集約的な製品の場合，こうした価格の高騰は多くの新規参入企業を市

場に呼び込み，生産量も急激に拡大するであろう。しかしながら生産が回復した後も輸出制限措置が続いた場合，行き場を失った物資の在庫は急増し，輸出国内における相場は暴落する。国内の相場が下がってもなお輸出が自由化されなければ，企業の利益は圧迫され，生産性の低い企業から減産や廃業を余儀なくされる。実際に早期に新型コロナウイルスを封じ込めた中国では，2020 年 7 月の時点でマスクの国内価格は下落していた一方，輸出許可の取得が依然として困難な状態が続いたため，経営破綻する業者が多数いたとの報道もなされている [10]。このように，輸出規制が必要以上に長期化すると，医療物資の供給量が結果として減少してしまう可能性もある。

　第 2 に，輸出制限措置によって輸出国と輸入国との間で市場が分断され，医療物資の価格差が拡大すると，輸出国内の物資の一部を相手国に密輸しようとするインセンティブが生ずる可能性がある。実際にマスク市場においても，パンデミックの最中に粗悪な品質のマスクを密輸する業者が大きな利益を得ていたとの報道もなされている [11]。

　第 3 に，ある国が医療物資の輸出を制限した結果として貿易相手国でも品薄状態が生ずると，医療物資を少しでも確保するために，あるいは輸出規制に対する報復のために，当該相手国も輸出規制を導入する可能性がある。実際に前項で指摘したとおり，世界最大の医療物資輸出国である中国が輸出を規制すると，その他の東アジア諸国や欧米諸国も次々と輸出制限措置を導入，「輸出制限の世界的な連鎖」と「さらなる不足と高騰」を招いた。一国の政策担当者の視点で言えば，国内の医療物資やその原材料の国外流出を防止するために輸出規制措置をとることは合理的かもしれない。しかしながら今回のケースのように，輸出規制が世界的に連鎖した場合，物資や原材料の不足問題は解決するどころか深刻化する。多くの途上国は医療物資を生産する設備や技術を有していないことに加え，先進国でさえも，すべての種類の物資とその原材料を自給自足することは容易でないためである。こうした輸出規制の連鎖は，まさに互いの信頼関係・協力関係が存在しない結果としてすべての国の利得が低下してしまう「囚人のジレンマ」的な状況と言っても過言ではない。

　最後に，これが輸出を制限した国が被る最大の損失かもしれないが，輸出国内で生産活動を行っていた外資系企業は，こうした突然の輸出停止命令が将来

再発するリスクをきらい，本国あるいは第三国に生産拠点を移す可能性がある。日本の経済産業省が行ったように，生産拠点の移転に対して本国政府が資金支援を行う場合もある。戦略的物資の輸出制限措置は「使ったら最後」，その国は生産拠点・輸出拠点としての国際的な信頼性を失い，市場，雇用，税収，および技術を吸収する機会など多くのものを失う可能性がある。

第4節　医療物資の輸出制限措置とWTOルール

　前節では，2020年1月以降に各国が連鎖的に発動した輸出制限措置の経済的影響について指摘を行った。本節では，こうした輸出制限措置と現行のWTOルールとの関係性について整理を行う[12]。

　自由で無差別な国際貿易体制の実現をめざすGATT/WTOルールは，輸出であるか輸入であるかに関わらず，加盟国が貿易の「数量」を制限することを原則として禁止している。2020年に各国が採用したのは輸出を制限する措置であったが，これはGATT第11条（数量制限の一般的廃止）第1項の，他の加盟国向けの輸出に関して「関税その他の課徴金以外のいかなる禁止または制限も新設し，又は維持してはならない」との規定に該当する。ただし，この原則に対してはいくつかの例外規定が設けられている。今回の措置との関連では，輸出国にとって「不可欠な産品の危機的な不足を防止し，又は緩和するために一時的に課す」措置については第1項の適用を受けないという同条第2項（a）の例外規定が適用されるか否かが焦点となる。輸出制限措置を発動したすべての国の措置が「一時的」であったか否かについては議論の余地はあるものの，一般論としては，2020年にとられた医療物資の輸出制限措置はこの例外規定の適用対象となる可能性が高い[13]。

　このほかGATT第20条の一般的例外規定では，公衆衛生上の問題に対処するために加盟国がGATT/WTO上の約束から逸脱する一般的な権利を認めている。具体的には，GATT第20条（b）において，加盟国には「人（中略）の生命又は健康の保護のために必要な措置」を実施する権利が与えられている。今回問題となった医療物資の輸出制限措置が人の生命又は健康の保護のた

めに必要な措置であったならば，一般論として，GATT 第 20 条（b）の例外
規定の適用対象となる可能性も高い。ただし GATT 第 20 条は，こうした措置
を実施する際に「正当と認められない差別待遇の手段となるような方法で，又
は国際貿易の偽装された制限となるような方法で」適用してはならないと規定
している。例えば合理的な理由なしに，特定の国への輸出のみを差別的に制限
するような措置を実施した場合，これは GATT 第 20 条違反に問われる可能性
がある。

　また GATT 第 20 条（j）では，措置の目的を「人の生命又は健康の保護」
に限定しないかたちで，「一般的に又は地方的に供給が不足している産品の獲
得又は分配のために不可欠な措置」の実施を加盟国に認めている。ただし，こ
の j 項の規定に基づく措置が正当化されるためには，全加盟国が「当該産品の
国際的供給について衡平な取分を受ける権利を有するという原則に合致するも
の」でなければならない，との追加的な条件が課されている。2020 年にとら
れた輸出制限措置がこの例外規定の適用対象となるか否かは定かではないが，
いずれにせよ，GATT 第 11 条第 2 項（a）および／または GATT 第 20 条（b）
の例外規定の対象となる可能性は高いと考えられる。

　本節では，現行の WTO ルールにおいては加盟国が医療物資の輸出制限措置
を実施する権利を認める規定が複数存在することを指摘した。つまり「輸出制
限措置の発動」は，医療物資の流出を防止したい国にとって魅力的・合理的な
選択肢であったのみならず，一定の条件のもと法的にも認められたものであっ
た。他方，前述のとおり，輸出制限措置は各国にとって最適解であっても，措
置が世界的に波及し，サプライチェーンの断絶が生じた場合，経済および公衆
衛生上の混乱を拡大させる恐れもある。こうした「合成の誤謬」の再発を防止
し，医療物資の安定供給を実現するうえで，今後日本を含む各国はいかなる協
力体制を構築すべきなのか，次節で検討を行う。

第 5 節　医療物資の安定供給にむけた国際協調の可能性

　戦後締結された GATT の起草者たちは，経済的な相互依存の深化こそ平和

の実現に貢献すると信じ，自由で無差別な通商ルールの構築と普及を目指した。一方，日本に対するレアアース輸出規制，あるいは韓国や台湾に対する観光客の渡航制限措置に代表されるように，特に 2010 年代以降，中国が経済的な依存関係を武器に諸外国に対して外交上の譲歩を迫るようになると，各国政府は「相互依存が平和をもたらす」のではなく，「平和な状態が相互依存を可能にしていたに過ぎない」と認識を改めざるを得なくなった。2020 年に起きた医療物資不足の混乱は，こうしたパラダイム・シフトが進展する過程で発生したものであった。結果として，米国，EU，ASEAN 諸国など多くの国や地域が輸出制限措置に踏み切ったにもかかわらず，「中国経済への依存」や「行き過ぎたグローバリゼーション」の問題がショーアップされ，それに対する懸念や反発が増幅した。

　日本でも医療物資を中国に依存することへの危機感が有識者やマスコミの間で急速に広がると，日本政府のスタンスにも大きな変化が見られるようになった。経済産業省の産業構造審議会では，「集中生産による経済性・効率性」と「供給途絶リスクへの対応力」との間のバランスを見直すべきとの議論がなされ [14]，「通商白書 2020」では，これまで集中していた重要物資の調達先を多様化させるとともに，こうした分野では「信頼をベースとした有志国間」で連携すべきであるとの見解が示された [15]。これらの検討・分析結果を受け，経済産業省は 2020 年度，海外の生産拠点を国内に呼び戻すための「サプライチェーン対策のための国内投資促進事業費補助金（予算規模 2,200 億円）」，および ASEAN 諸国などへの投資を促進するための「海外サプライチェーン多元化支援事業（予算規模 235 億円）」の予算を計上，中国経済からのデカップリングを政策的に推進し始めている。同様の取り組みは，米国や EU においても今後本格化すると思われる。

　こうした時代の潮流を前提とした場合，医療物資の安定供給の実現にむけて各国はいかなる協力体制を構築すべきなのであろうか。国際公共財として各国の経済成長を支えてきた GATT/WTO レジームがこの分野で貢献する余地は残されていないのであろうか。一つの選択肢として，スイス・ザンクトガレン大学のサイモン・エヴェネット教授が提案した「医療物資の輸出国と輸入国が互恵的な自由化にコミットするための枠組み」を検討することも有益であろ

う[16]。この提案は，医療物資の輸出国は輸出を制限する権利の「一部」を「一定期間」（例えば5年）にわたり放棄することを約束する代わりに，医療物資の輸入国も同じ期間だけ関税を撤廃することを約束する，という取り極めである。すなわち，この枠組みに賛同する輸出国は，仮に緊急事態が生じたとしても，「各貿易相手国に対する過去2年間の平均輸出額の50％以上は輸出を制限しない」，という約束を行う。この枠組みへの参加は任意であるが，枠組みに参加した輸出国は，将来の輸出制限措置リスクをきらう輸入国企業から新規の受注を取り付けやすくなることが期待される。また輸出制限措置を発動する場合は，発動日までに政府のウェブサイト上で措置の導入理由などに関する情報を公開し，透明性を高める義務を負うほか，発動期間は原則として6カ月，合理的な理由がある場合は最長でも1年に限定される。さらに輸出制限の「程度」や「対象品目」は国内で必要とされる公衆衛生上の目的を達成するうえで必要な範囲内でなければならない。

　この枠組みのもとでは，輸入国による関税撤廃を通じて輸出国側に貿易コストの削減と追加的な輸出機会をもたらす一方，輸入国に対しては医療物資の輸入をめぐる将来の不確実性低下をもたらす。WTOにおいて交渉・導入することが困難である場合は，CPTPP，RCEP，日EU・EPA，あるいは日米貿易協定といった既存のFTA，もしくはインド太平洋における枠組みを用いて同種の規律を導入することも検討に値しよう。なお，輸出制限の権利を一部限定する既存の試みとしてはCPTPPの例があげられる。CPTPP第2.24条第5項は，締約国が食糧の輸出を制限する場合の期間を6カ月，最長でも1年に限定しているほか，同条第2項では措置発動の際の通報義務を詳細に定めている。また，新型コロナウイルスに対するワクチンへの公平なアクセスの実現を目的とした国際枠組みであるCOVAX（COVID-19 Vaccines Global Access）のように，WHOが関与するかたちで，途上国を含む多くの国が（ワクチン以外の）医療物資にもアクセスできるよう，新たな枠組みを構築することも有益であろう。

　言うまでもなく，供給途絶リスクに対する備えと経済性・効率性は二者択一の関係ではなく，可能な限り両立させるべきものである。国際公共財としての通商ルールの存在意義を改めて認識し，各国の英知を結集しながら経済的，政

治的，そして公衆衛生的にバランスの取れた枠組みを模索することが望まれる。

［注］

1　本章で扱う「東アジア」の定義は ASEAN プラス 6 の国々，すなわち日本，中国，韓国，豪州，ニュージーランド，インド，および ASEAN10 カ国を対象としている。ただし，必要に応じて台湾のデータも参照している。

2　Global Trade Alert（2020）．

3　毎日新聞「新型コロナ マスク，なぜ不足？中国が輸出規制か 太田の販売会社「委託工場に山積み」2020 年 3 月 21 日，地方版。（https://mainichi.jp/articles/20200321/ddl/k10/040/030000c）

4　New York Times "The World Needs Masks. China Makes Them, but Has Been Hoarding Them," March 13, 2020. (https://www.nytimes.com/2020/03/13/business/masks-china-coronavirus.html)

5　Australian Border Force (2020) "Australian Customs Notice: No. 2020/20, New Concessional Item 57 and By-law No. 2019608 to Schedule 4 of the Customs Tariff Act 1995." (https://www.abf.gov.au/help-and-support-subsite/CustomsNotices/2020-20.pdf)

6　朝日新聞「アルコール消毒，長引く品薄　足らぬ，液も容器も人手も」2020 年 4 月 10 日。（https://www.asahi.com/articles/ASN4B2DTCN49ULFA01C.html）

7　日本経済新聞「防護具，国産マスク 45％ に上昇 高機能品はまだ不足」2020 年 10 月 16 日。（https://www.nikkei.com/article/DGKKZO65057480V11C20A0M11100/）

8　朝日新聞「マスク仕入れ値 7 倍に　消費者庁，適正価格での販売要請」2020 年 4 月 22 日。（https://www.asahi.com/articles/ASN4Q61G7N4QUTFL00M.html）

9　時事通信「ポリ袋で医療用ガウン作製　市職員，目標 2 万着―大阪・豊中」2020 年 4 月 27 日。（https://www.jiji.com/jc/article?k=2020042600112&g=soc）

10　日刊工業新聞「中国のマスク業者，年内で 95％が破綻　供給過多・価格急落…」2020 年 7 月 16 日。（https://www.nikkan.co.jp/articles/view/00564752）

11　Reuters「コラム：コロナ禍のマスクブーム，「副作用」はないのか」2020 年 10 月 7 日。（https://jp.reuters.com/article/covid-mask-breakingviews-idJPKBN26Q0SF）

12　本節は Sykes（2020）の議論に基づく。

13　同上，653 ページ。

14　経済産業省「新型コロナウイルスの影響を踏まえた経済産業政策の在り方について」2020 年 6 月 17 日，66 ページ。（https://www.meti.go.jp/shingikai/sankoshin/sokai/pdf/026_02_00.pdf）

15　経済産業省「通商白書 2020」2020 年 7 月，306 ページ。（https://www.meti.go.jp/report/tsuhaku2020/pdf/2020_zentai.pdf）

16　Evenett and Winters（2020）．

［参考文献］

Evenett, Simon J., & L. Alan Winters (2020), "Preparing for a Second Wave of COVID-19: a Trade Bargain to Secure Supplies of Medical Goods," Briefing Paper 40 (April 2020) (https://blogs.sussex.ac.uk/uktpo/files/2020/04/BP40.pdf)

Global Trade Alert (2020), "21st Century Tracking of Pandemic-Era Trade Policies in Food and Medical Products," (https://www.globaltradealert.org/reports/54)

Sykes, Alan O. (2020), "Short Supply Conditions and the Law of International Trade: Economic

Lessons from the Pandemic," *American Journal of International Law*, Vol. 114. No. 4. pp. 647-656.

World Bank (2020) "Database on COVID-19 Trade Flows and Policies," (https://www.worldbank.org/en/data/interactive/2020/04/02/database-on-coronavirus-covid-19-trade-flows-and-policies)

（久野　新）

第 12 章

新型コロナ危機で問われた真の ASEAN 統合

はじめに

　世界保健機関（WHO）は 2020 年 3 月，新型コロナウイルスのパンデミックを宣言した。パンデミックとしては過去に，1918 年のスペイン風邪，1957 年のアジアインフルエンザ，そして 1968 年の香港インフルエンザ，2009 年の新型インフルエンザ（H1N1 型）が発生している。ASEAN 加盟各国は感染状況に応じて，店舗の営業制限，移動制限や国境封鎖，そしてロックダウンなど独自に感染拡大抑制策を講じた。

　また，世界各国では食糧，医療用品などを中心に，自国供給を優先すべく，輸出の制限や禁止などの貿易制限措置を採る動きが出た。これらは国内措置として導入が比較的容易な非関税措置（NTM）／非関税障壁（NTB）として採られた。その動きは ASEAN 各国でも散見された。2010 年代半ば以降，世界各国でみられる所得格差拡大は，自由貿易などのグローバル化によるものと批判され，世界では地域統合やグローバル化に逆風が吹いていた。その状況下でのコロナ禍による貿易制限措置導入機運の高まりで，自由主義や自由貿易体制は大きな岐路に立たされた。

　ASEAN にとって，コロナ禍ではあるが，貿易制限措置の導入は，経済共同体（AEC）を核に，これまで四半世紀以上にも亘って物品・サービス・熟練労働者などの移動の自由化を目指してきた立場と相容れず，逆行する動きである。地域協力機構としての ASEAN は，この新型コロナ危機に際して，新型コロナ自体に対して，また加盟各国での保護主義措置導入圧力の高まりに対して，どのように対応したのか，その動向と課題を検討する。

第 1 節　ASEAN の新型コロナウイルス抑制に向けた対応

1. 社会文化共同体（ASCC）の下での対応

　ASEAN の 3 つの共同体，いわゆる経済共同体（AEC），政治安全保障共同体（APSC），社会文化共同体（ASCC）において，健康・保健分野は ASCC が管轄する。同共同体の下での新たな感染症に対する枠組みは，「ポスト 2015 健康開発アジェンダ」（APHDA）に明記されている。APHDA には 4 つの ASEAN 健康クラスター（AHC）があり，新型コロナ対応は AHC2（すべての危険と新たな脅威への対応）に関連する。ここでは，a）伝染病，新興感染症，顧みられない熱帯病に対応する回復力のある保健システムの推進，b）環境衛生の脅威，危険，災害に対応すべく，地域の災害健康管理に向け効果的に準備すること，が目標として掲げられており，優先事項として，疾病予防・監視，実験室の能力強化，抗菌薬耐性との闘い，環境衛生および健康影響評価（HIA），災害健康管理などの地域協力強化があげられている。

　ASEAN の新型コロナウイルスへの対応は，WHO が「国際的に懸念される公衆衛生上の緊急事態」（PHEIC）宣言を行った 20 年 1 月 30 日に始まっていた。PHEIC は疾病の国際的拡大により，他国に公衆の保健上の危険をもたらすと認められる事態や緊急に国際的対策の調整が必要な事態が発生した際に宣言されるものである。過去には，新型インフルエンザ（2009 年 4 月）やリオ・オリンピックを前にブラジルなどで発生したジカ熱（2016 年 2 月）などで宣言された。同日，ASEAN の保健当局と専門家との間で協力行動について話し合われた。2020 年 2 月 14 日には ASEAN 議長声明を発出，「結束し対応する ASEAN」の精神に基づき，新型コロナへの集団的対応に関する ASEAN の最高レベルのコミットメントを示した。ここでは感染拡大抑止に向けて，ASEAN の組織的な対応と集団行動の重要性について言及されている。

　ASEAN 加盟国のうち，自らが担当する地域メカニズムを持つ国は，同メカニズムを利用し，早期の段階に対応を開始した。これらメカニズムの下，ASEAN は加盟国の対策を支援し，情報等の格差を埋めるべく，関連知識と情報の即時交換を開始した。

　マレーシアが主導する「公衆衛生上の緊急事態のための ASEAN 緊急オペレーションセンター（EOC）ネットワーク」は，20 年 1 月 30 日から，同ネットワークおよび ASEAN＋3（APT）実地疫学訓練ネットワーク（APT FETN）から APT に日々の最新情報，新型コロナに関する予防，検出，対応措置に関する情報，ベストプラクティスを提供してきた。

　フィリピンが主導し，ビッグデータの分析と視覚化を行う「ASEAN バイオディアスポラ・バーチャル・センター」（ABVC）は，加盟国のリスク評価，準備・対応計画の取り組みを補完し，ウイルスのリスク評価レポートと飛行データに基づくウイルスの潜在的な拡散リスクに関するプロファイル等を提供してきた。

　タイが主導する「地域公衆衛生研究所ネットワーク」は，新型コロナに対する研究所の準備と対応措置を評価するとともに，世界健康安全保障アジェンダ（GHSA）[1] の下，技術的または物質的な支援を必要とする加盟国研究所へのサポートを提供している。

　マレーシアが主導する「ASEAN リスク評価およびリスクコミュニケーションセンター」（ARARC）では，新型コロナに関する感染予防および管理措置を域内での情報普及を図ることを目的とするが，SNS やウェブサイト等で流布している虚偽のニュースや誤った情報への警告・対抗も行っている。

　これら ASEAN 加盟国が連携して進める保健メカニズムを支援し，可視化するため，ASEAN 事務局は同事務局ウェブサイト上に，新型コロナウイルスの予防，検出，および対応の取り組みに関して，情報のハブとなる専用ページを設置した [2]。

2.　新型コロナ危機下の域内協力の課題と ASEAN＋3 による協力

　ASEAN の新型コロナに関する域内協力は，主に情報提供・共有などソフト面が主である。域内で協調した防疫政策などを打ち出すことはなく，また医療水準やシステムの相違もあるが，感染抑制国から感染拡大国への医療チームの派遣なども行われていない。マスクや検査キットなど緊急必要物資の融通システムもなかった。ASEAN では公衆衛生も含め，あくまでも主権は各国が有していることと無関係ではない。米国の戦略・国際問題研究所（CSIS）は「東

南アジア Covid-19 トラッカー（追跡）」ウェブサイト内で，ASEAN について
「集団的な行動はほとんどなかった」と酷評している。また ISEAS ユソフ・イ
サーク研究所のシャロン・シー・リリアン（Sharon Seah Li-Lian）調整官は，
ASEAN は地域協力機構として「対応が遅い」と強く批判されているとした[3]。
情報協力以外の域内協力は，加盟国が独自に二国間ベースで医療品等物品支援
等を行っているにとどまっていた（第 12 - 1 表）。

第 12 - 1 表　ASEAN 加盟国の域内加盟国支援

支援国	被支援国	品目	支援日	備考
シンガポール	マレーシア	検査キット（3000 個）	2020年 4 月 1 日	
	フィリピン，ブルネイ	各国毎に検査キット（3000個），PCR 機器	2020年 3 月25日	別途テマセク財団が検査キット 4 万，人工呼吸器 2 台寄贈。
	ベトナム	人工呼吸器 10 台	2020年 3 月30日	テマセク財団
	インドネシア	検査キット 3 万，PCR 機器 5 台，個人用防護具（PPE）他医療品 1000 セット以上。	2020年 4 月 2 日	近接のバタム市に別途提供。
	ミャンマー	各国毎に検査キット（3000個），PCR 機器 2 台	2020年 3 月 4 日	
		検査キット（2.5 万セット），手術用マスク（100 万枚），手指消毒剤（20 万本）	2020年10月 2 日	外相からアウンサンスーチー国家顧問に通知。
ベトナム	ラオス	検査キット，マスク（34万枚），PPE など 30 万ドル分以上。	2020年 4 月 3 日	
	カンボジア	マスク（39 万枚）	2020年 4 月 3 日	別途ベトナム軍がカンボジア軍部隊に，マスク（5 万枚），PPE（1,000 個），手指消毒剤（260 ガロン）を提供。
	ミャンマー	5 万ドル供与	2020年 4 月10日	
タイ	カンボジア，ラオス，マレーシア，ミャンマー	各国に移動式隔離室（20 室）	2020年10月23日	国防省
	シンガポール	検査キット（1 万セット）	2020年11月27日	
カンボジア	ラオス，ミャンマー	マスク（200 万枚），その他の医薬品	2020年11月14日 2020年11月24日	フンセン首相が発表
マレーシア	カンボジア	PPE，マスク，手袋等 10 万ドル相当	2021年 3 月26日	

（資料）米国戦略・国際問題研究所（CSIS）より作成。

　ASEAN は今般の危機において，域内での対応には限界があることから，域外国，特に ASEAN＋3（APT）と連携した対応を進めてきた。20 年 4 月 14 日に開催された新型コロナウイルス感染症に関する APT 特別首脳会議では，1）APT による必須医療物資備蓄立ち上げの検討，2）新型コロナ ASEAN 対応基金の設立，に合意した。また日本は経済協力の一環で，3）ASEAN 感染症対策センターを設立した。

　APT では，現在および将来の公衆衛生緊急事態に対応するため，医療用品と医薬品の地域備蓄制度「公衆衛生緊急事態のための ASEAN 医療用品地域備蓄」（RRMS）を構築した。ここでは公衆衛生上の緊急事態とパンデミックに対し，ASEAN の準備，予防，検出および適時対応を強化するため，(1) 不可欠な医療用品と医薬品の地域備蓄について，指定用品，またはアクセス可能で直ぐに利用可能な備蓄の迅速な流通と配布，(2) 容易に利用可能な備蓄または地域備蓄を用いた発生の迅速な封じ込め，(3) これらに資する緊急稼働メカニズムの開発，を目的にするものである。この備蓄対象として，防護服，フェイスシールド，ゴーグル，医療用マスク，N95 マスク，手術用手袋（滅菌済み），または感染から防護するよう設計されたその他の衣服や機器，緊急医療キットなどが含まれる。ASEAN 高級事務レベル会合が，WHO と協力し，感染発生の封じ込めと公衆衛生上の緊急事態への対応のため，各 ASEAN 加盟国が自主的に提供する医薬品の基準，最小量，および対象品を決定する。

　次いで，新型コロナ ASEAN 対応基金（CARF）は，検査キットや診断道具，医療用具や機器の購入および治療・ワクチン開発研究の補助，ワクチンの購入などを用途とする。最初に，ASEAN 開発基金から 10％の初期拠出を受けて設立され，APT や＋1 の協力基金からの拠出を受ける。以降，ASEAN 加盟国，対話国，分野別対話国，開発パートナー，および国際機関ならびに公的および民間セクターを含む外部パートナーからの寄付を募る。寄付の義務規定はなく，あくまで自発的寄付のため基金の規模は限られる。CARF は ASEAN 開発基金（ADF）と APT 協力基金から 10％分（各々約 130 万ドル，30 万ドル），対話国である日中韓豪 NZ インドから各々 100 万ドルの提供を受けた。また開発パートナーのドイツは 500 万ユーロの寄付を申し出ている。ASEAN では一部加盟国，具体的にはシンガポール，ベトナム，フィリピン，

第 12-2 表　新型コロナ ASEAN 対応基金への拠出状況

国名	国名	金額	備考
設立	ASEAN	130 万ドル	推計。開発基金から 10％拠出。
加盟国	シンガポール	10 万ドル	ASEAN 首脳会議で表明
	ベトナム	10 万ドル	ASEAN 首脳会議で表明
	フィリピン	10 万ドル	外務長官発言
	タイ	10 万ドル	ASEAN 首脳会議で表明
	ブルネイ	10 万ドル	ASEAN 特別首脳会議で拠出を歓迎（2021 年 4 月）
対話国	日本	100 万ドル	ASEAN＋3 外相会議で表明。
	中国	100 万ドル	ASEAN 韓国首脳会議
	韓国	100 万ドル	
	APT 協力基金	30 万ドル	基金から 10％拠出。
	インド	100 万ドル	ASEAN インド首脳会議
	豪州	100 万ドル	豪 ASEAN 隔年首脳会議
	NZ	100 万ドル	
	カナダ	280 万ドル	5 年間で 350 万カナダドル（2021 年 5 月）
開発パートナー	ドイツ	610 万ドル	4 回 ASEAN ドイツ開発委員会。500 万ユーロ

（注）言及がない限り 2020 年。
（資料）ISEAS ユソフ・イサーク研究所研究所ホアン・ティ・ハ研究員，ASEAN 事務局他各種資料を用い作成。

タイ，ブルネイが各々 10 万ドルを拠出したに過ぎない。

　また日本は「日 ASEAN 統合基金」に 5 千万ドルを拠出する形で ASEAN 感染症対策センター（ACPHEED）をタイに設立した。同センターは「日本の対 ASEAN 協力の旗艦プロジェクト」（ASEAN 日本政府代表部）としており，国際協力機構（JICA）が専門家を派遣し，ASEAN の感染症対応能力を強化する技術協力プロジェクトである。同センターは感染症対策における ASEAN 地域のハブとして機能することが期待されている。

　APT が主導した必須医療物資備蓄制度，および新型コロナ ASEAN 対応基金について，これらの運用に不可欠な委託事項（TOR）が 20 年 11 月 10 日に開かれた第 28 回 ASEAN 調整評議会（ACC）で合意された。WHO のパンデミック宣言から 8 カ月，漸く運営枠組みが整えられた。ただし，いずれも自主的な取り組みであり，今後，実効性やその機能に疑問符が付けば，ASEAN に対する信頼性低下は避けられない。

第2節　新型コロナ危機下における保護主義的措置の導入

1.　新型コロナ禍による保護主義的措置導入の動きと ASEAN

　2020 年 3 月に発出された WHO のパンデミック宣言により，農業を含めた主要産業の事業継続と商品の安定供給への影響が懸念された。具体的には，国境封鎖や検疫強化による輸入の一時的な混乱・停滞，移動制限に伴う労働者不足による食糧生産の停滞などが予想された。一部の国は食料や医薬品，マスク，防護服，消毒剤等必需品の確保・備蓄に乗り出した。

　食料安全保障に関するナショナリズムが台頭した結果，農林水産省によれば，2020 年 3〜11 月の間において，農産物・食品の輸出規制実施国は 19 カ国にのぼった[4]。この 19 カ国の中には ASEAN 4 カ国（ベトナム，ミャンマー，タイ，カンボジア）が含まれる。

　新型コロナ禍初期では，医療用品や食料などの生産国を中心に，国内への優先供給を念頭に，輸出規制の動きが生じた。それら食糧や医療用品にかかる安全保障ナショナリズムの台頭を懸念し，世界の食料や医療用品の円滑な供給を維持すべく，国際機関や主要国らが共同行動を採った。まず 20 年 3 月末に食糧農業機関（FAO）・世界保健機関（WHO）・世界貿易機関（WTO）は「新型コロナウイルスのパンデミック封じ込めのための各国の行動が，世界貿易と食料安全保障に意図せざる影響をもたらさないよう，輸出制限の回避に各国が協調しなければならない」とした内容の共同声明を発出した。これを皮切りに，国際機関や多国間会合の場において，特に食料や医療用品を念頭に，不必要な輸出規制を行わないよう呼びかけが行われた（第 12-3 表）。

　新型コロナ禍において，世界各国はどのような貿易関連措置を採ってきたのであろうか。FAO・WHO とともに，共同声明を発出した WTO は，ウェブサイト上に新型コロナウイルスに関する特集ページを設置している[5]。新型コロナに関連した最初の通報はロシアで，20 年 2 月 3 日に中国から生き物の輸入を一時的に制限した。WHO のパンデミック宣言により一気に各国の危機感が高まった結果，通報が急増，特に 2020 年 4 月の通報件数は 86 件に達した。パンデミック宣言からの累計通報件数は 373 件（2021 年 5 月 28 日現在）にの

第 12 - 3 表　新型コロナウイルスの発生に関する農産物・食品輸出入規制等への国際的な対応

月日	項目	概要
3 月 31 日	FAO・WHO・WTO 共同声明	・正当でない理由による輸出規制等はサプライチェーンの混乱を招く。 ・食料の生産，加工，小売業者はサプライチェーン維持のため守られる必要がある。
4 月 16 日	NZ・シンガポール共同宣言（WTO）	・医薬品・医療用品及び一部の食料につき，関税・輸出規制の撤廃等を一方的に約束。他国にも参加を呼びかけ。
4 月 21 日	G20 農相臨時会合 共同声明	① 生産資材の供給を含む，フード・サプライチェーンの機能維持 ② 不当な貿易制限の回避と，WTO ルールの遵守 ③ 世界の食料市場や政策に関する情報提供 ④ 食品ロスの削減や，将来の動物疾病への備え ⑤ 農村地域，農業者・農業労働者及び食品事業者への支援
4 月 21 日	FAO・世銀等共同声明	・G20 農相臨時会合と同様の内容に加え，貧困層や所得に影響のあった者への重点的支援を提言。
4 月 22 日	WTO 有志 23 カ国・地域（※）共同声明	・G20 農相臨時会合① 〜③ と同様の提言。 （※日本も参加，10/1 現在で 29 カ国が参加）
4 月 24 日	WTO・IMF 共同声明	・医療用品・食料への不要な輸出規制を行わないよう呼びかけ。
5 月 5 日	WTO 有志 42 カ国・地域（※）共同声明	・医療用品・農産物の貿易制限の回避を提言。（※日本も参加）
6 月 15 日	WTO オタワグループ 閣僚会合共同声明	・G20 農相臨時会合① 〜② と同様の提言。（※日本も参加）
7 月 25 日	APEC 貿易担当相会合共同声明	・G20 農相臨時会合① 〜② と同様の提言。（※日本も参加）
9 月 12 日	G20 農業・水大臣宣言	① 緊急時に備えるためのフード・サプライチェーンの強じん化 ② 農業及びフードシステムへの責任ある投資の増加 ③ 家族農業者にとっての課題を認識した農村開発の推進 ④ 優良事例の共有や動植物衛生の管理による食料の損失・廃棄の削減 ⑤ 農業におけるイノベーションと農村地域におけるデジタル化の促進
11 月 23 日	WTO オタワグループ	農林水産副大臣より，輸出規制を真に必要最小限なものに抑制し，乱発による国際価格の高騰の防止に向けて議論を継続すべきであることを発言。

（資料）農林水産省（2021）。

ぼっている。新型コロナ危機の発生当初，多くの国が自国内の需要充足を優先すべく，自国第一主義的な措置として，輸出制限などの貿易制限措置を導入した。これら措置は，医薬品，医療用品，食料品など需要の高い品目の輸出を制限するとともに，同時に関税削減を含めた輸入規制の緩和を伴う場合がほとんどであった。

　累計通報件数が最も多い国・地域はブラジルで54件，これに欧州連合（26件），米国（22件）が続く。ASEAN加盟国のこの間の通報件数は6カ国で42件，うち2020年4月に3分の1超の15件が通報された。フィリピンが15件で，これにタイが14件，インドネシアが7件で続く。

　ただし，WTOへの未通報国が措置未導入国とは限らない。例えば，カンボジアは2020年4月5日～5月19日にかけて，コメ，魚を輸出禁止にしたが，WTOの通知国・内容一覧には掲載されておらず，未通知，または通知が遅れている。

　ASEANの通報内容は主に，衛生植物検疫（SPS）措置，貿易の技術的障壁（TBT）に集中している（第12-4表）。ただし，WTOの場合，通報措置が貿

第12-4表　新型コロナウイルスに関連するWTOへの通知内容

措置	通報件数（全体）	ASEAN
物品貿易委員会	4	1
輸出規制	7	5
物品市場アクセス	20	1
数量規制	64	3
SPS措置	96	19
貿易の技術的障壁	163	13
貿易円滑化	9	
TRIPS（知的所有権）	2	
政府調達（GPA）	3	
農業	15	
国内助成（DS）	1	
合計	373	42

（注）2021年5月28日時点。一部は複数の措置にまたがるため，合計とは一致しない。
（資料）WTO。

易阻害的な性格を持つものなのか，自由化を促すものなのか分類していない。そのため，これらがすべて保護主義的な貿易制限措置というわけではない。例えばタイが通知した TBT 措置についても，新型コロナウイルス下で使用される輸入医療機器について，食品医薬品局（FDA）への通知登録承認の容易化や，適合性評価機関の認定料の免除など，新型コロナへの対応のための貿易円滑化措置も含まれている。そのため WTO の場合，通報件数が多いことが，規制強化や保護主義的措置が多いことを意味するわけではないことに注意する必要がある。

2.　2009 年以降の ASEAN の貿易制限的措置とその特徴

　WTO の通報制度を用いた各国の措置の分析は，未通報問題のためデータ上困難性がある。一方，IMF が「2008 年以降に限られてはいるが，あらゆる種類の貿易差別的および貿易自由化措置を最も包括的にカバーしている」と評価[6]している英国シンクタンクの経済政策研究センター（CEPR）が貿易制限的措置（貿易救済措置，補助金，海外投資に対する公的機関による金融支援，政府による信用保証なども対象）を集計したグローバル・トレード・アラート（GTA）[7]を用いて，保護主義的措置の動向を確認する。

　GTA では物品貿易，サービス貿易，投資，人の移動について，各国政府による介入を他国に影響を与える「有害措置」と，他国に恩恵をもたらす「自由化措置」とに分類し，記録している。ただし，投資分野は全体の 2％程度，人の移動分野は 1％程度に過ぎず，記録されているほとんどの措置は貿易関連措置，中でも物品がほとんどである。

　GTA で重要なのは，導入された有害措置数から自由化措置数を引いたネット件数である。一時的措置の場合，措置導入と一定期間後の停止とが「有害措置」と「自由化措置」の両方でカウントされる。そのため基本的にネット件数は，現存している政府の介入措置を表していると解釈できる。

　ASEAN での貿易・サービス・投資・人の移動における政府の介入についてはこの 10 年，緩やかな減少傾向にあった。しかし 2020 年は新型コロナ危機を受けて，有害介入措置件数が一気に増加，ネット件数も初めてマイナス 100 件を超えた。そのため 2009 年から 2019 年，そして新型コロナ危機により貿易制

第 12-1 図　ASEAN での政府介入措置件数推移

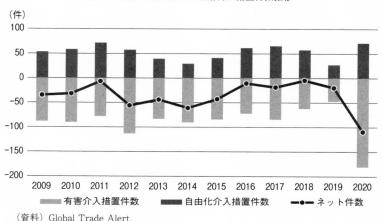

（資料）Global Trade Alert.

限措置が数多く導入された 2020 年とに分けて導入された措置の詳細をみると，19 年までで措置導入が多い分野は，植物性油脂（パーム油；HS1511），鉄鋼製品，自動車，その他金属加工製品等である。

　また自由化介入措置から有害介入措置を差し引いた「累計ネット件数」では，2020 年末現在で 442 件であるが，そのうち最大はインドネシアの 237 件で全体の 53.6％を占める。これにタイ，ベトナム，マレーシアが 60 件前後で続く。ASEAN においては，特にインドネシア政府が様々な措置を用いて頻繁に介入している。

　貿易に有害な措置について，主に使われている措置として，a）補助金（輸出補助金を除く），b）輸出関連措置（含輸出補助金），c）関税措置，d）貿易防衛的措置，e）政府調達制限，f）貿易関連投資制限的措置，に分類した。また，2009 年から 20 年の全 12 年間を 4 年毎の 3 期に分けるが，20 年は新型コロナ関連措置が相当数含まれていると見られることから，同年のみ別途分けた上で年平均件数を算出，比較した。2009～12 年では主に輸出関連措置（含輸出補助金）が多用されてきたが，13 年以降 19 年までは同措置の件数は減少した。2020 年について，輸出関連措置が再び増加したが，政府による補助金供与が急増，全体の 6 割を占めた。ASEAN 各国は新型コロナの影響を被ってい

第12-5表　ASEANの貿易制限的措置件数・構成比（年平均）

(単位：件，%)

	件数				構成比			
	2009~12年	2013~16年	2017~19年	2020年	2009~12年	2013~16年	2017~19年	2020年
補助金（輸出補助金を除く）	6	10	12	109	6.0	12.5	18.7	60.6
輸出関連措置（含輸出補助金）	35	14	12	28	38.2	16.7	19.2	15.6
関税措置	12	11	8	7	13.3	12.8	12.4	3.9
貿易防衛的措置	11	10	9	5	11.9	12.2	14.0	2.8
政府調達制限	3	1	0	0	3.0	1.5	0.5	0.0
貿易関連投資制限的措置（TRIMs）	3	3	4	5	2.7	3.0	6.7	2.8
その他	23	34	18	26	24.9	41.3	28.5	14.4
合計	92	82	64	180	100.0	100.0	100.0	100.0

（資料）Global Trade Alert.

る観光業や航空産業他への救済措置を実施していることが表れている（第12-5表）。

3．新型コロナ禍においてASEANが採った具体的貿易制限措置

　自由貿易推進によって恩恵を受けてきたASEANでも，マスクや医薬品などの製造国において，製品の輸出制限など一時的な貿易制限措置を講じた国もあった。ASEANの中ではタイが最も早く，商務省国内貿易局が2020年2月5日付でマスクを政府の統制品と指定，1度に500枚以上輸出する場合を規制対象とした[8]。以降，WHOのパンデミック宣言でASEAN各国は一斉に輸出制限に舵を切った。

　新型コロナ禍により導入した貿易制限的措置について，国際貿易センター（ITC）の市場アクセスマップの「新型コロナによる一時的な貿易措置」（COVID-19 Temporary Trade Measures）は，貿易措置導入の情報を収集し，さらにその措置が自由化に資するものなのか，または貿易制限的措置なのか，分類している[9]。2021年5月25日時点で，新型コロナウイルスにより，ASEANは10カ国で41件の貿易関連措置を発動，うち自由化措置は24件，制限的措置は17件であった。

　貿易制限的措置17件に着目すると，ブルネイ，シンガポール，ラオスを除く7カ国で導入している。具体的に国別でみると，ベトナムの4件を筆頭に，インドネシア，フィリピン，カンボジアが3件で続き，これにタイが2件，マレーシア，ミャンマーが各々1件である。その多くは一時的措置であるが，21年5月現在で9措置が継続されている（第12-6表）。

　今回の新型コロナ危機に際して導入された貿易措置の大半は，穀物等の食糧に加えて，医療品である。医療品は，主に（1）医薬品（含製剤と原薬の両方），（2）医療用品（アルコール，注射器，ガーゼ，試薬など，病院や研究所で使用する消耗品），（3）医療機器・技術，（4）個人防護具（手洗石鹸，消毒剤，マスク，保護メガネなど）を指す。

　WTO（2020）によれば，医療品の往復貿易額は，EU域内取引を含め，2019年の世界の商品貿易総額の約5％に相当する計約2兆ドルに達する。うち，新型コロナ危機において，医療用品のうち，深刻な供給不足に陥った製品の貿易額は合計で約5,970億ドルで，2019年の世界貿易総額の1.7％を占めている。

　医療用品の主要生産国は，ドイツ，米国，スイスが上位3カ国で，ASEAN加盟国は上位10カ国には入っていない。しかし，輸出制限など貿易制限的措置の影響を受けた品目の中で，医療用マスクや手袋，保護服，保護用ゴーグル等個人用保護具（PPE）[10]について，ASEANは主要な生産・輸出国である。2018年のASEANのPPE輸出額は75億ドルで，世界輸出総額（315億ドル）の凡そ4分の1（23.9％）を占める[11]。特に東南アジアは世界的な天然ゴム生産地であり，ゴム製手袋を中心に，マレーシアは世界のPPE輸出の14.2％を占め，タイ（4.8％），ベトナム（3.2％）も重要な生産・輸出国である。

　一方，世界における食糧の輸出制限は，ASEAN加盟国にも少なからず影響を及ぼす可能性がある。穀物自給率はタイ，ラオス，カンボジア，ミャンマーで100％を超え，国内での消費量を超える生産分は輸出している。それ以外のASEAN加盟国は，国内需要を国内生産で賄えず，一部または相当割合を輸入に依存している。コメなど穀物生産国における輸出制限等規制は，域内各国の食糧安全保障にも影響する。

第 12－6 表　ASEAN 加盟国の新型コロナに関する輸出制限措置（2021 年 5 月 25 日現在）

国名	措置種類	対象品目	概要	開始日	終了日
カンボジア	輸出禁止	コメ，魚	国内の食料安全保障のため，一部のコメと魚の輸出を禁止。	2020 年4 月 5 日	2020 年5 月 20 日
	輸出禁止	マスク	マスクの一時的な輸出禁止。	2020 年3 月 30 日	2020 年5 月 4 日
	輸出禁止	検査キット	検査キットの一次的な輸出禁止。	2020 年3 月 30 日	継続中
インドネシア	輸出禁止	エチルアルコール，マスクの原料，個人用保護具	マスク，個人用保護具およびその他の特定の製品の原材料の一時的な輸出禁止。	2020 年3 月 31 日	2020 年6 月 30 日
	輸出禁止	医薬品，消毒剤，マスクの原料	医薬品および個人用保護具他の輸出を禁止。	2020 年3 月 18 日	継続中
	認証要件	生きている動物（ペットの動物と哺乳類）	新型コロナ未発生国から生きた動物を輸入するための認証要件。	2020 年4 月 21 日	継続中
マレーシア	輸出禁止	マスク	国内需要充足のため，マスクの輸出を一時的に禁止。	2020 年3 月 7 日	継続中
ミャンマー	輸出禁止	コメ	商務省はコメの輸出許可発行を一時停止。	2020 年4 月 3 日	2020 年5 月 1 日
フィリピン	輸出禁止	コメ	ブキドノン州。封鎖期間中の食料安全保障の確保が目的。	2020 年3 月 27 日	継続中
	関税引き上げ	石油製品	新型コロナにより，原油および石油精製製品に 10％の追加関税賦課。	2020 年5 月 2 日	継続中
	輸入禁止	家禽肉	ブラジルからの家禽肉輸入の一時禁止。	2020 年8 月 17 日	継続中
タイ	輸出禁止	マスク	マスクの輸出禁止。	2020 年2 月 5 日	継続中（2022 年2 月4日迄）
	輸出禁止	卵	商務省が鶏卵の輸出を禁止。	2020 年3 月 26 日	2020 年4 月 30 日
ベトナム	輸出ライセンス・許可	マスク	医療用マスクの輸出許可。	2020 年3 月 11 日	2020 年4 月 29 日
	輸入禁止	野生動物およびその製品	将来のパンデミック防止のため，農業農村開発省は，野生生物の取引を禁止。	2020 年7 月 23 日	継続中
	輸出禁止	医薬品	37 の医薬品の輸出を一時禁止。	2020 年4 月 16 日	2020 年5 月 7 日
	輸出割当	コメ	コメの輸出量の管理。	2020 年3 月 25 日	2020 年5 月 1 日

（資料）国際貿易センター（ITC）市場アクセスマップより作成。

第 12 - 7 表　ASEAN 各国の穀物自給率（2018 年）

（単位：%）

国名	穀物自給率	（参考）穀物輸入依存率
タイ	141.2	− 68.0
ラオス	109.3	− 0.2
カンボジア	104.7	− 9.7
ミャンマー	104.7	− 1.3
ベトナム	99.6	6.1
インドネシア	98.4	10.7
フィリピン	78.8	20.4
マレーシア	27.7	71.5
シンガポール	—	—
ブルネイ	—	—
（参考）日本	29.4	69.8

（備考）穀物輸入依存率は 15〜17 年の平均。
（資料）FAOSTAT.

第 3 節　ASEAN の保護主義的措置抑制に向けた取り組み

1. 貿易制限措置導入の潮流に対する ASEAN の対抗策

　新型コロナ感染拡大初期において，自由貿易を信奉する ASEAN 加盟国がコメや医療品，必需品に対して輸出制限など次々と貿易制限措置を採ったが，この行動は ASEAN の経済共同体に向けた取り組みと逆行しており，ASEANの看板自体に傷を付けることが懸念された。このことに危機感を募らせたASEAN 経済相は，医薬品や必需品の制限的な貿易措置を最小限に抑えるべく，20 年 6 月にオンラインで開かれた経済相会議で「COVID-19 パンデミックに対応した ASEAN 経済協力・サプライチェーン連結性強化にかかるハノイ行動計画」を採択した。その中では，不必要な非関税措置の適用自粛，食品・医薬品・医療その他の必需品等の輸出禁止・制限措置の適用・解除に関する速やかな通報，必需品確保に向けた協力強化，医薬品生産協力の推進などの面での協力を約束している。

　また 20 年 11 月の首脳会議にあわせて開催された経済相会議で，ハノイ行動計画の下での「必需品に対する非関税措置実施に関する覚書（MOU）」が結ばれた。同 MOU では，対象は食品，医薬品，医療およびその他の必需品 34 品目（HS8 桁ベースで 152 品目）で，発効日から 2 年間の措置である。

　ここでは第 3 項で，WTO 協定に準拠していない必需品のすべての非関税措置（NTM）について，一方的にロールバック（段階的に削減・撤廃）することが明記されている。しかし MOU には権利または法的義務が生じず，実施についても「可能な範囲で」とされており，拘束力は弱い。この措置実施が難しい場合，NTM の貿易歪曲効果に対処する適切な方法について ASEAN 貿易円滑化合同諮問委員会（ATF－JCC）で話し合うことになる。通報手順と透明性については，当該必需品に NTM が課される場合，措置の目的と理論的根拠，NTM の概要を ASEAN 事務局に直ちに通報することが求められているが，この通報義務を順守できない場合，影響を受けるなどした他の加盟国による通報を可能にしている。それら ASEAN の経済相間で採択されたハノイ行動計画とその下での MOU 締結により，ASEAN での輸出制限措置導入に向けた動きは，一部で継続されてはいるものの，基本的には抑制されたと言えよう。

2.　ASEAN の新型コロナ禍の出口戦略

　新型コロナ禍により，20 年の ASEAN 経済は，アジア通貨危機の影響を受けた 98 年以来 22 年ぶりにマイナス成長を余儀なくされた。2021 年に入り，ASEAN 各国でもワクチン接種が開始されたが，今後，接種が進めば経済や市場に大きなショックを与えることなく軟着陸を図る出口戦略が重要となる。

　ASEAN は，新型コロナ危機からの出口戦略として，20 年 11 月の首脳会議で，「ASEAN 包括的回復枠組み」（ACRF）およびその実施計画を採択した。ACRF は，新型コロナウイルスの克服のみを意味するのではなく，ASEAN がより良く立ち直り，強靭性のある未来の構築を可能にすることを目指している。

　ACRF は 5 つの広範な戦略から構成される。(1) 保健システムの強化，(2) 人間の安全保障の強化，(3) ASEAN 域内市場とより広範な経済統合の可能性の最大化，(4) 包括的デジタルトランスフォーメーション（DX）の加速，(5)

より持続可能で回復力のある未来に向けての前進，である。経済共同体にも関連する（3）については，「ASEAN がパンデミックの影響から回復するには，域内市場の可能性を最大化する機会がさらに必要になると同時に，この地域は開かれ続けており，より広範な地域統合による機会を掴む必要がある」としている。ただし，各々の具体的措置については，既に取り組んでいる措置をまとめたものであり，特段目新しくはないが，コロナ禍においてもこれら措置を着実に進めていくという決意表明の意味もあろう。

　20 年 11 月の首脳会議の議長声明では，ACRF の初期の成果として前述のMOU が取り上げられた。20 年 6 月の経済相会議で「ハノイ行動計画」が採択されて以降，ASEAN での貿易制限措置の導入の動きは抑制されている。MOU などに法的拘束力はないが，AEC を共に目指すという目標の下，「ピア・プレッシャー」（仲間からの同調圧力）が有効に機能している。

おわりに

　ASEAN の新型コロナに関する域内協力は，主に情報提供・共有などソフト面が主であり，域内で協調した防疫政策などを打ち出すことはなかった。また医療水準やシステムの相違もあるが，感染抑制国から感染拡大国への医療チームの派遣なども行われていない。米国の戦略・国際問題研究所（CSIS）は，ASEAN について「集団的な行動はほとんどなかった」とし，また ISEAS ユソフ・イサーク研究所は，ASEAN は地域協力機構として「対応が遅い」と強く批判されているとした。

　ASEAN 経済共同体の下での統合深化と自由貿易体制の維持に向け，域内で生産されているコメなどの穀物等食糧や必需医療品などについては，「ハノイ行動計画」やそれに続く「MOU」により，ASEAN で貿易制限的措置の導入抑制で共同歩調が採られたことは特筆に値する。その一方で，ASEAN 域内で限定的に生産されているワクチンや，将来，開発・生産が行われる治療薬について，域内での必要量の確保をどのように実現していくのか，その戦略と工程が問われることになる。

　欧米，中国，ロシア，インド等主要国が開発し，急ピッチで進めてきた臨床試験の結果，新型コロナウイルスのワクチンは 20 年末頃から英国を手始めに，世界各国で次々と接種が開始されている。しかし，各々のワクチンの生産能力には限りがあり，世界ではワクチン争奪戦が繰り広げられている。ワクチン生産国を抱える欧州連合（EU）委員会は，製薬会社からワクチンの EU 域内への供給が予定より大幅に削減されるとした通告を受け，EU 内のワクチン供給不足解消と域内接種促進を目的に，21 年 1 月末に EU 域内で生産しているワクチンの域外輸出を許可制にした。これらワクチンは，ASEAN 域内で製造されていたマスクや医療用ガウン他必需品と異なり，域内では技術供与を受けるなどして限定的に生産されているのみである。

　加盟国で経済力に格差がある中，ASEAN 各国が個別にこれらワクチン等の調達交渉を行う場合，交渉上，劣勢に立たされる可能性に加えて，域内でワクチン接種の速度や普及に格差が生じた場合，域内経済格差がさらに拡大する懸念もある。

　モノ・サービス・ヒトの自由な移動が元に戻り，再び AEC2025 での統合の深化実現に向けて取り組みを再び軌道に乗せるには，ASEAN の集団行動が不可欠である。ASEAN が自由貿易の旗を引き続き堅持し，域内で歩調を合わせて取り組むことでバーゲニングパワーを発揮出来れば，ASEAN 共同体としての一体性や ASEAN の中心性はさらに確固たるものになろう。

[注]
1　世界各国の感染症対策の能力向上を目的に，既存の WHO 等の感染症対策の枠組み（IHR：国際保健規則）を，各国と WHO，FAO，OIE 等の国際機関とも連携して強化する多国・機関間の取組み。2014 年 2 月に発足。
2　https://asean.org/?static_post=updates-asean-health-sector-efforts-combat-novel-coronavirus-covid-19
3　"ASEAN's Covid-19 Pandemic Response: Practical Next Steps" PERSPECTIVE, ISSUE: 2020 No. 47.
4　2021 年 2 月現在，輸出規制実施国はロシア，ウクライナ，アルゼンチンの 3 カ国。主に小麦，とうもろこしなどで，輸出枠の設定，輸出税などである。
5　WTO「COVID-19 notifications map」
6　IMF（2016）.
7　2009 年発足，英・経済政策研究センター（CEPR）が主導し，MAX Schmidheiny 財団とザンクト・ガレン大学の協力で貿易政策をモニタリング。
8　同規制は 21 年 2 月 4 日付第 2/2564 号告示「フェースマスクの輸出管理」で 1 年間延長された。

また，前日3日には（1）医療用マスク，（2）医療用マスクの製造に使用するスパンボンド・ポリ
プロピレン，（3）アルコール系手指消毒剤，（4）再生紙・古紙の4品目を価格管理リストに追加指
定した。

9　https://macmap.org/en/covid19

10　HS392620，HS401511，HS630790，HS401519，HS650610，HS621010，HS900490。

11　ASEAN（2020）。

［参考資料］

石川幸一・清水一史・助川成也編（2016），『ASEAN 経済共同体の実現と日本』文眞堂。

助川成也（2019），「特集　ASEAN の経済統合～その進捗と課題～」『タイ国経済概況（2018／2019
　　年版）』三又裕生編，バンコク日本人商工会議所。

農林水産省（2021），『我が国における穀物等の輸入の現状』。

ASEAN (2020), "Trade Measures in the Time of COVID-19: The Case of ASEAN", ASEAN Policy
　　Brief, No.03/July 2020.

ASEAN (2021a), "ASEAN Comprehensive Recovery Framework".

International Monetary Fund (2007), "World Economic Outlook", April 2007,

International Monetary Fund (2016), "World Economic Outlook", October 2016,

Sharon Seah Li-Lian (2020). "ASEAN's Covid-19 Pandemic Response: Practical Next Steps", ISEAS
　　PERSPECTIVE, Issue: 2020 No. 47.

World Trade Organization (2020), *'Trade in Medical Goods in the Context of Tackling COVID-19'*,
　　Information Note, 3 April, retrieved from: <https://www.wto.org/english/news_e/news20_e/
　　rese_03apr20.pdf>.

（助川成也）

第Ⅳ部

ニューノーマル（新常態）への模索

第 13 章

米中対立と新型コロナ禍を踏まえた中国の発展戦略

はじめに

　2017 年 1 月のトランプ政権発足に伴う米中対立の激化，2020 年 1 月以降の新型コロナウイルス（以下，新型コロナ）の感染拡大など，ここ数年，中国は度重なる「危機」に見舞われた。

　米中対立の問題について，中国は 2021 年 1 月 20 日に発足したバイデン政権に対して，緊張した米中関係を予見可能性が比較的高い状態に回復させるべく，関係改善を模索している。しかし，米国の議会は超党派で中国に対して強硬なスタンスであることから，大きな変化はなく，むしろ民主党政権ということで，特に人権問題については，トランプ政権よりさらに厳しい姿勢で臨んでいるとの指摘もなされている。

　また，新型コロナ対応の面では，中国は世界に先駆けて感染拡大を収束させつつあるものの，国内で変異株ウイルス感染者が確認されるなど，完全に終息したわけではない。加えて，国外では今なおいつ収束するかわからないという不透明な状況が続いており，予断を許さない。

　かかる状況を踏まえて，中国はいかなる発展戦略を打ち出そうとしているであろうか。本章はこうした問題意識の下，まず，中国における米中対立と新型コロナ禍の動向および中国経済に及ぼした影響を概観する。次に，中国の発展戦略の変化について，2021 年からスタートする「中華人民共和国国民・経済社会発展第 14 次 5 カ年計画」（2021～2025 年，以下，第 14 次 5 カ年計画）を中心に確認する。その上で，具体的な政策措置の内容を検証することで，中国の発展戦略の行方を包括的に考察することを目的とする。

第1節　中国における米中対立と新型コロナ禍の動向

　まず，中国にとって喫緊の2大リスクとなっている米中対立と新型コロナ禍について，これまでの動向を概観し，中国経済の現局面を確認しておこう。

1.　一時休戦となった米中貿易戦争

　米国は2018年7月6日，不公正な貿易があると判断した相手国に対して制裁措置を科すことができる通商法301条に基づき，第1弾として中国からの輸入品340億ドル相当に25％の追加関税を賦課。これに対して，中国も同日，報復措置として米国からの輸入品340億ドル相当に追加関税を賦課した。その後，米中両国は8月に第2弾，9月に第3弾の追加関税を賦課し合い，まさに「貿易戦争」ともいえる様相を呈した。

　第4弾として，2019年9月1日に米国はリスト4A，中国はリスト1に追加関税を賦課。両国は12月15日にリスト4B，リスト2へ追加関税を賦課することを予告した。米通商代表部（USTR）によると，リスト4Bは米国の輸入に占める中国のシェアが75％を超える品目が対象とされており，具体的にはスマートフォンやパソコンなど，いわゆる一般消費財が入っていた。仮に発動されれば，その影響は極めて甚大なものになることが予想されていた。

　こうした状況の下，米中政府は12月13日，交渉の結果，「第1段階の合意」に達したと発表。2020年1月15日には米中経済・貿易協定に署名し，両国政府は追加関税の一部を引き下げ，貿易戦争はひとまず「一時休戦」に入った。しかし，正にその時，新たなリスクとして顕在化したのが新型コロナだった。

2.　世界に先駆けて新型コロナ禍を収束させた中国

　中国では2020年1月下旬から新型コロナの感染が拡大したが，想像を絶する厳しい防疫体制により，2月中旬をピークに新規感染者数は減少に転じた。こうした中，習近平国家主席は2月23日，「新型コロナの予防・抑制と経済社会発展の統一推進会議」を北京で開催。新型コロナの予防・抑制と経済社会の発展の統一推進という「二兎を追う」政策を打ち出した。また，習主席は3月

10 日，新型コロナの感染拡大後では初めて湖北省武漢市を訪問し，予防・抑制の取り組みを視察。トップ自ら現場に入ることで，感染封じ込めが効果を示していることをアピールした。

　他方，この頃から国外で新型コロナの感染拡大が鮮明になってきたため，中国はマスクなどの医療物資の輸出を通じて，国際社会における影響力の拡大を狙う動きを示し，「マスク外交」と報じられた。これに続き，2020 年後半頃から，中国は自力でワクチン確保が困難な開発途上国を主な対象として，自国産のワクチンの提供を積極的に提案する，いわゆる「ワクチン外交」を展開している。

3.　新型コロナ禍からＶ字回復を遂げる中国経済

　米中対立の激化，新型コロナの感染拡大などの危機は中国経済にどのような影響を及ぼしたのだろうか。

　2020 年の中国経済は新型コロナの感染拡大の影響を受け，第 1 四半期（1〜3 月）の実質 GDP（国内総生産）成長率が前年同期比 6.8％減となり，四半期ベースでは統計を遡れる 1992 年以降では初のマイナス成長となるなど，大幅な落ち込みを見せた。

　他方，新規感染者数の減少や政府の政策支援を受けて，第 2 四半期は 3.2％，第 3 四半期は 4.9％，第 4 四半期は 6.5％と急速に回復し，通年の成長率は前年比 2.3％増となった。2019 年の 6.0％から大幅に低下したものの，主要国の中では唯一プラス成長を維持した。GDP は 101 兆 5,986 億元（約 1,676 兆円，1元＝16.5 円）となり，初めて 100 兆元の大台を超えた。

　2021 年の中国経済について，主要機関の予測によれば，比較基準となる2020 年の数値が低いこと等もあって，8％前後のＶ字回復を遂げると見る向きが多い。他方，2022 年については 5％前後に低下することが見込まれている（第 13 - 1 表）。

　なお，中国政府は経済運営の回復状況を考慮し，2021 年の成長率の目標を「6％以上」に定めている。他方，第 14 次 5 カ年計画期は「合理的な範囲を保持し，毎年の状況に応じて提示」と定性的な記述にとどまり，数値目標は示されていない。

第 13-1 表　主要機関による中国の実質 GDP 成長率予測

機関	2021 年	2022 年	各機関の見解	発表時期
国際通貨基金（IMF）	8.1%	5.6%	効果的な感染拡大防止策と強力な公共投資策，中央銀行による流動性支援によって力強い回復が促進されている。	2021 年 1 月
世界銀行	7.9%	5.2%	停滞した需要の解放と，予想よりも早い生産と輸出の回復を反映し，2021 年の成長率は 7.9％に上昇すると予測する。	2021 年 1 月
中国社会科学院	7.8%	n.a.	2021 年の成長率は比較基準となる前年の数値が低いことや，国内外の不確実性による影響を踏まえ 7.8％前後と予測する。	2020 年 12 月
アジア開発銀行（ADB）	7.7%	n.a.	世界経済の回復状況がリスクとして不確実性は高いとしながらも，2021 年の成長率を 7.7％と予測する。	2020 年 12 月
経済協力開発機構（OECD）	8.0%	4.9%	いち早く回復が始まった中国は力強い成長が見込まれ，2021年の世界のGDP成長率（4.2％）の 3 分の 1 は中国と予測する。	2020 年 12 月

（資料）各機関の公表資料から作成。

第 2 節　米中対立と新型コロナ禍を踏まえた中国の発展戦略の変化

　米中対立と新型コロナ禍による最悪期をひとまず脱しつつある中国だが，これらの危機を踏まえて，中国の発展戦略は中長期的な観点から，どのように変わるのであろうか。

1.　対米依存からの脱却を目指す政策展開

　この問題を探る上で注目されるのが，2020 年 11 月 1 日発行の中国共産党機関誌『求是』2020 年第 21 号に掲載された習主席の講話「国家中長期経済社会発展戦略における若干の重大問題」である[1]。2020 年 4 月に開催された中央財経委員会第 7 回会議における講話とされ，同会議では，「『国内大循環』を主体とし，国内と国際の『双循環』の相互促進による新たな発展構造の構築」とい

う方針が初めて提起されたといわれる。

　講話のポイントは「4 月」ということである。すなわち，この時点で 11 月の米大統領選の結果如何に関わらず，米国との対立の継続を前提とした上で，持久戦の構えで中長期を展望した戦略が策定されたことを意味する。加えて，米大統領選直前の 11 月 1 日に公表したことは，バイデン政権になろうと同戦略における基本方針は揺るがない，という姿勢を改めて示したといえる。

　講話において，習主席は「私は感染予防・抑制と結び付けて，国家の中長期経済社会発展について考えた」と述べた上で，重大問題として，① 内需拡大戦略の実施，② 産業チェーン・サプライチェーンの最適化・安定化，③ 都市化戦略の整備，④ 科学技術の投入および産出構造の調整・最適化，⑤ 人と自然の調和共生の実現，⑥ 公衆衛生体系建設の強化の 6 点を挙げた。

　このうち，対米戦略の観点から注目されるのが，①，② および ④ である。この 3 つの問題は，米中対立から出てきた教訓であり，内需拡大への転換加速，新たな産業チェーン・サプライチェーンの再構築，技術の国産化の推進により，対米依存からの脱却を目指すという方向性がうかがわれる。

　こうした方向性については，習主席の「米国によるデカップリングに対する防衛本能が働いた」と指摘されている。こうした観点から，デカップリングを阻止するために必要とされたのが，一つは「地域的な包括的経済連携（RCEP）協定」であり，もう一つは「中国・欧州連合（EU）包括的投資協定（CAI）」だと見る向きもある。中国が 2020 年 11 月 15 日，RCEP に署名したほか，12 月 30 日に CAI に大筋で合意したのは，中央財経委員会第 7 回会議の方針に基づいて，中国政府が動いた結果だとの見立てである。

　加えて，習主席が 11 月 20 日，アジア太平洋経済協力会議（APEC）非公式首脳会議における講演で，「環太平洋パートナーシップに関する包括的および先進的な協定（CPTPP 協定）」加入を「積極的に考える」と表明したことも [2]，こうした方針の一環だと見られている。

　米国が CPTPP に復帰すれば「中国包囲網」が米国主導で広がり，中国にとって大きな圧力となることから，バイデン政権発足前に加入の意志を明確に示すことで，米国を牽制する動きに出てきたことは，中国の対米戦略における一つの変化といえよう。

　中国にとってCPTPPは，RCEPと比較して関税自由化の水準が高く，貿易・投資ルールも厳格であること等から，加入のハードルはかなり高いといわれている。他方，バイデン大統領にとっては国内問題が優先課題となっており，民主党左派への配慮もあってCPTPPは優先順位が低く，復帰の可能性はかなり低いと見る向きが少なくない。こうした中，中国はバイデン政権のCPTPPへの復帰が困難という前提で，時間をかけてでも加入を目指すのではないか，との指摘もある。

　講話で打ち出された戦略の方向性は，2020年10月の中国共産党第19期中央委員会第五回全体会議（五中全会）で審議・採択された「第14次5カ年計画および2035年までの長期目標の策定に関する建議」およびそれを踏まえて2021年3月の「第13期全国人民代表大会第4回会議」（全人代，国会に相当）で審議・採択された「第14次5カ年計画と2035年までの長期目標綱要」にも，「イノベーション駆動型発展の堅持」「現代産業体系の発展加速」「強大な国内市場の形成」という項目で反映されている（第13-1図）。

第13-1図　中国の政策展開の推移

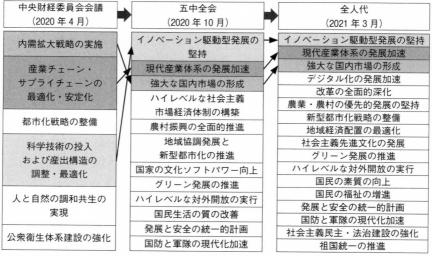

（資料）「国家中長期経済社会発展戦略における若干の重大問題」（2020年4月），「第14次5カ年計画と2035年までの長期目標の策定に関する建議」（2020年10月）「第14次5カ年計画と2035年までの長期目標綱要」（2021年3月）から作成。

2.　第 14 次 5 カ年計画の注目点

　中国の今後 5 年間の発展戦略を占う上で極めて注目される第 14 次 5 カ年計画の内容はどうか。項目は多岐にわたるが，ここでは，同計画の中で，プライオリティの高い前記の 3 項目に焦点を当てて，中国の発展戦略について確認しておこう。李克強総理は全人代の「政府活動報告」[3] において，第 14 次 5 カ年計画のポイントとして，以下の点を指摘している。

(1)　イノベーション駆動型発展の堅持

　我が国の現代化建設の全局におけるイノベーションの核心的位置づけを堅持し，科学技術の自立自強を国家発展の戦略的支えとする。

　また，国家イノベーション体系を整備し，国家実験室がリードする戦略的科学技術力の構築を加速させ，基幹核心技術堅塁攻略戦に取り組み，基礎研究 10 カ年行動計画を策定・実施し，企業の技術イノベーション能力を高め，人材のイノベーションの活力を引き出し，科学技術イノベーションの体制・仕組みを整え，社会全体の研究開発（R&D）費を年平均 7 ％以上増やし，その対 GDP 比が第 13 次 5 カ年計画期の実際値を上回るようにする。

(2)　現代産業体系の発展加速

　経済発展の重点を実体経済に置くことを堅持し，産業基盤の高度化，産業チェーンの現代化を推進し，製造業の割合の基本的安定を保ち，在来産業の改造・高度化を図り，戦略的新興産業を発展・成長させ，サービス業の繁栄・発展を促す。従来型インフラと新型インフラの整備を統一的に推進する。

(3)　強大な国内市場の形成

　内需拡大戦略の実施を供給側構造改革の深化と有機的に結びつけ，イノベーション駆動と質の高い供給によって新たな需要を先導・創出する。また，生産要素の合理的移動を制約する詰まりを取り除き，生産・分配・流通・消費の各段階を疎通させ，国民経済の好循環をもたらす。

　さらに，国内大循環に立脚して，強大な国内市場の整備と貿易強国の建設を調和させながら推進し，国内の経済循環体系を拠り所にして世界の要素・資源

をひきつける強力な重力場を形成し，国内・国際双循環を促進する。加えて，内需拡大につながる効果的な制度をうち立て，消費を全面的に促進し，投資の余地を広げ，整った内需体系の育成を加速させる。

第 3 節　発展戦略の推進に向けた政策措置

前記の 3 項目の中では，対米依存からの脱却を目指すという方向性からも，双循環による内需拡大戦略が中国の発展戦略を推進する上での目玉となっている。そうした観点から焦点となる「新型消費」と「新型インフラ」という 2 つの政策について見てみよう。

1.　危機を機会に変える新型消費

新型コロナという危機により，新たな発展の機会がもたらされたのが「新型消費」だ。これは，ネット小売やライブコマース，オンラインによる教育・医療といった新業態・新モデルによる消費を指す。2020 年の商品ネット小売額は 14.8％増と 2 桁の伸びを示し，社会消費品小売総額（小売売上高に相当）に占める割合は 24.9％と，ほぼ 4 分の 1 を占めた。

国務院は 2020 年 9 月 21 日，「新業態・新モデルのけん引による新型消費の発展加速に関する意見」を公表[4]。関連制度と政策の整備促進により，2025 年までに新型消費のモデル都市とリーディングカンパニーを育成し，社会消費品小売総額に占める商品ネット小売額の比率を大幅に高め，様々な新業態・新モデルを普及させるという目標を打ち出した。新型消費を発展させることで，内需拡大による景気回復と新産業の育成という「一石二鳥」を狙っている。

この一環として，「意見」は，① オンラインとオフラインの有機的融合の促進，② インフラとサービス保障能力の構築加速，③ 発展環境の最適化，④ 政策支援の強化，の 4 分野で関連措置を提起。流通インフラや関連法規制の整備，データの商用利用の推進，労働環境の改善などの政策効果を期待している。

2. ポストコロナに向けた新型インフラ建設の推進

　新型コロナの世界的な感染拡大を受け，外需に期待ができない中，内需拡大を図るべく打ち出されたのが「両新一重」だ。2020年5月に開催された全人代で提起された新語で，新型インフラ，新型都市化，交通・水利などの重要プロジェクトを指す。

　両新一重の中でも，とりわけ注目を集めているのが新型インフラだ。中国は2008年のリーマンショック時に4兆元（約66兆円）の大型景気対策を打ち出し，いち早くV字型の回復を果たしたものの，資金の8割超は鉄道・道路・空港・電力等のいわゆる従来型インフラに投入された。その過程で発生した過剰債務は深刻な後遺症として，現在に至るまで尾を引く構造問題となっている。

　4兆元対策の反省もあり，中国が注力する意向を示している新型インフラは，もともと2018年12月に開催された「中央経済工作会議」で提起された。同会議では，強大な国内市場の形成を促進すべく，「第5世代移動通信システム（5G）の実用化を加速し，人工知能（AI），インダストリアル・インターネット，モノのインターネット（IoT）等の新型インフラ建設を加速する」という方針が打ち出された。

　産業政策を担う工業情報化部傘下のシンクタンク「中国電子情報産業発展研究院」が2020年3月に発行した「新型インフラ建設発展白書」によれば，新型インフラ建設7大分野における直接投資は2025年までに10兆元弱（約164兆円）に達し，関連投資は17兆元を（約282兆円）超えると試算されている（第13-2表）。

第13-2表　新型インフラ建設7大分野の投資試算

分野	直接投資	関連投資
① 都市間高速鉄道・軌道交通	4兆5,000億元	5兆7,000億元
② 第5世代移動通信システム（5G）	2兆5,000億元	5兆元
③ ビッグデータセンター	1兆5,000億元	3兆5,000億元
④ インダストリアルインターネット	6,500億元	1兆元
⑤ 超高電圧網	5,000億元	1兆2,000億元
⑥ 人工知能（AI）	2,200億元	4,000億元
⑦ 新エネルギー自動車用充電スタンド	900億元	2,700億元
合計	9兆9,600億元	17兆700億元

（資料）中国電子情報産業発展研究院「新型インフラ建設発展白書」（2020年3月）より作成。

　新型インフラ建設の中長期的な経済効果を見逃すわけにはいかないだろう。例えば，5Gの普及により，中国の情報通信技術（ICT）業界には多様なビジネスチャンスが生まれ，生産性の改善をもたらすことが期待されている。また，電気自動車（EV）等の新エネルギー自動車向けの充電スタンドの整備は，自動運転技術の進展とも相まって中国の自動車産業を世界トップクラスに押し上げる可能性もある。

　「新型」コロナは，中国における「新型」消費や「新型」インフラ建設を加速させる作用をもたらした。新型コロナ禍で登場した様々なオンラインサービスとも連携して，新型消費や新型インフラは中国経済のデジタル化をより一層深化させ，中国社会を変革していくことも予想される。ポストコロナに向けて，その動向を注視していくことが必要だろう。

3.　輸出管理・投資規制の強化に動く中国

　新型消費や新型インフラ等による内需拡大という「攻め」の姿勢を見せる一方で，中国は米中対立の長期化に備えて「守り」も強化しつつある。

　よく指摘されていることだが，米中対立の本質は貿易不均衡の是正ではなく，技術なども包括した安全保障をめぐる大国間の覇権争いだ。このため，米国は技術的な優位性を維持すべく，輸出管理・投資規制の強化に動く一方，中国も対抗措置として関連の法規制整備を急ピッチで進めている。

　中国政府は2020年9月19日，「信頼できないエンティティ（事業体）リスト規定」を公布。中国の国家主権や安全保障に危害を及ぼしたり，正常な市場取引の原則に違反して，中国の企業等との取引を中断，または差別的な措置を取り，深刻な損害を与えた外国の企業等をリストに登録し，貿易・投資を禁止・制限するとしている。米国が安全保障上の懸念がある企業等を登録する「エンティティ・リスト」の中国版とされ，同リストに登録されたことで，通信機器大手の華為技術（ファーウェイ）が米国企業の禁輸対象となったこと等に対する事実上の対抗措置とされる。

　また，12月1日からは「輸出管理法」を施行[5]。同法は対象となる「管理品目」（貨物・技術・サービスに加えてデータも含まれる）を定めるとともに，国家の安全保障や利益に危害を及ぼす可能性のある輸入者およびエンドユー

ザーを「規制リスト」に登録し，管理品目の取引を禁止・制限する。また，米
国の輸出管理規則（EAR）に対抗して「再輸出」や「みなし輸出」も規制対
象としている。さらに，違反した場合は，業務停止や輸出取扱資格の取消に加
えて，最高で違法取扱額の 20 倍の罰金を科すなど，厳しい罰則も規定してい
る。米国政府が従来の輸出規制ではカバーしきれない「新興・基盤技術」のう
ち，米国の安全保障にとって必要な技術を対象とした「輸出管理改革法」を成
立させ，施行に向けた作業を進めていることに対する対抗措置の側面もあると
見られる。

　2021 年に入り，1 月 9 日には「外国法・措置の不当な域外適用を阻止する弁
法」を施行。同弁法は米国の輸出管理規則が管轄権の及ばない他国・地域の取
引にも域外適用されていることを背景に，中国政府が必要な対抗措置を講じる
ことを規定した。また，1 月 18 日には「外商投資安全審査弁法」が施行され，
国家の安全保障に関わる外国企業の投資を実施前に中国当局に申告することを
義務付けた。米国の「外国投資リスク審査現代化法」に倣って，対中投資審査
を厳格化した措置となっている。

　米中対立の長期化を見据え，中国は様々な対抗措置を打ち出している。米中
のデカップリングの行方は中国および世界経済に深刻な影響を及ぼしかねない
だけに，今後の大きな焦点となりそうだ。

むすびに代えて

　中国にとって 2021 年は，第 14 次 5 カ年計画がスタートする節目の年とな
る。李克強総理は全人代の政府活動報告において「第 14 次 5 カ年計画期は社
会主義現代化国家の全面的建設の新たな征途につく最初の 5 年である。我が国
の発展はなおも重要な戦略的チャンスの時期にあるが，チャンスと課題のどち
らにも新たな発展・変化がみられる。新たな発展段階を的確にとらえ，新たな
発展理念[6]を深く貫徹し，新たな発展の形の構築を加速させ，質の高い発展を
促進し，社会主義現代化国家の全面的建設に向けてよいスタートを切らなけれ
ばならない」と強調した。

　その上で李総理は「発展の質・効率の向上に力を入れ，経済の持続的で健全な発展を保つ。発展は我が国のあらゆる問題を解決する上での基盤・カギとなる。新たな発展理念を堅持し，それを発展の全過程・各分野で十分に，正確かつ全面的に貫き，各方面が活動の重点を発展の質と効率の向上に置くよう導き，成長の潜在力が十分に発揮されるよう促していかなければならない」と表明した。

　米中対立と新型コロナ禍というリスクを抱える中，中国は 2021 年 7 月に共産党結党 100 周年を超えた。2022 年には最高指導部の人事や重点政策が決定される 5 年に 1 度の共産党大会という重要な政治日程が控えている。習主席としては，求心力を維持するためにも，経済の安定を図るとともに，米国に対しては決して弱腰は見せられない状況におかれている。

　そういう意味では，中国があらゆる問題を解決する上での基盤・カギと位置付ける「発展」が極めて重要なファクターになる。新たに策定された第 14 次5 カ年計画も踏まえ，発展に向けて，どのような戦略が展開されるかが，中長期的な中国の行方を大きく左右するといえよう。

[注]
1　中国共産党中央委員会「求是」2020 年 11 月 1 日（http://www.qstheory.cn/dukan/qs/2020-10/31/c_1126680390.htm）。
2　「新華網」2020 年 11 月 20 日（http://www.xinhuanet.com/2020-11/20/c_1126767392.htm）
3　政府活動報告は全人代初日に国務院総理が重要講話として読み上げる文書で，所信表明演説に相当する。
4　新業態・新モデルのけん引による新型消費の発展加速に関する意見は中華人民共和国中央人民政府ウェブサイト（http://www.gov.cn/zhengce/content/2020-09/21/content_5545394.htm）で閲覧可能。
5　輸出管理法の全文は全人代のウェブサイト（http://www.npc.gov.cn/npc/c30834/202010/cf4e0455f6424a38b5aecf8001712c43.shtml）で閲覧可能。
6　第 13 次 5 カ年計画において，発展目標を実現するための基本理念として打ち出された「イノベーション，調和，グリーン，開放，共有」を指す。

　　　　　　　　　　　　　　　　　　　　　　　　　　　　　（真家陽一）

第14章

デジタル人民元，中国の取り組みと展望

はじめに

　本章は，現在，中国が実証実験に取り組んでいる「デジタル人民元」について確認，考察するものである。米トランプ政権下での関税合戦やファーウェイ問題，さらに 2020 年 6 月 30 日成立の「香港国家安全維持法」などをふまえ，米中対立は激しさを増した。2021 年 1 月に米国ではバイデン新大統領が就任したが，米中関係の今後について，予断は許さないといえる。その中で，デジタル人民元は，単に中国の「中央銀行デジタル通貨」という通貨のデジタル化という技術的な問題に留まらず，「人民元の国際化」や「米ドル基軸通貨体制への挑戦」といった視点で取り上げられることが多い。そこで，今回の考察にあたっては，中国を中心に，デジタル通貨に関する各国の検討・取り組み状況やその仕組を確認する。そのうえで，中国にとって，実現する際の課題や留意事項も考えたい。合わせて，デジタル人民元を中国が先行して実現し，それを対外取引にも利用する場合の影響を展望したい。

第1節　デジタル通貨とは

1．デジタル通貨の議論の経緯

　現在のデジタル通貨の検討や議論が，ニュースで多く取り上げられるきっかけは，2019 年 6 月の米フェイスブックによる「リブラ（現在は『ディエム』に改称）」発行計画がきっかけと考えられる。このニュース以降，デジタル通

貨が話題になることが増え，とくに中央銀行によるデジタル通貨（Central Bank Digital Currency，以下 CBDC という）の議論，検討が本格化したといえる。そこで，まずデジタル通貨とは，CBDC とは何かを日本銀行（2020）を中心に整理したい。そもそも通貨とは，国が発行する貨幣（いわゆる硬貨）や銀行券（いわゆるお札）であり，法定通貨と呼ばれる。したがって，国以外の発行体によるものは，本来通貨とは呼べない。2010 年代以降，ビッドコインなどが多く取り扱いされ，「仮想通貨」と呼ばれることが増えたが，これも正式には「暗号資産」と称され，法的には通貨ではない。そうすると，デジタル通貨も本来は CBDC のみを指すべきとなる。しかし，世の中では各種の電子マネーや民間であるフェイスブックの計画するディエム（旧リブラ）もデジタル通貨と呼ばれることが多く，CBDC と明確に区分する必要がある。ディエムは，当初の計画は複数の法定通貨を裏付け資産とする「ステーブルコイン」と整理できる。日本銀行（2020）では，CBDC の定義として，① デジタル化されていること，② 円などの法定通貨であること，③ 中央銀行の債務として発行されること，と説明している。その範囲として，貨幣や銀行券などいわゆる現金のデジタル化に加えて，中央銀行におかれている民間銀行の当座預金などすでにデジタル化されているものを「分散型台帳技術」を使用して，さらに便利にすることも，CBDC の検討・研究範囲には含まれている。

2. ブロックチェーンと通貨のデジタル化

　では，「分散型台帳技術」とは何か。前述のビッドコインの創設にあたって不可欠とされたのが，ブロックチェーンである。これが，分散型台帳技術と考えられる[1]。ビッドコイン登場以降，よく取り上げられるようになったブロックチェーン技術は，現在はデジタルトランスフォーメーション（以下 DX という）推進にも必要な技術といわれる。そこで，翁・柳川・岩下（2017）を中心に，その概要を確認したい。

　翁ほか（2017）では，ブロックチェーンを「取引の履歴情報をブロックチェーンネットワークに参加する全員が相互に分散して保管維持し，参加者がお互い合意をすることで，そのデータの正当性を保証する分散型台帳」と説明している。それに対して，これまでの取引台帳は，従来は紙に取引内容を書き

込みし管理，いまは紙に代わって情報が電子化（デジタル化）され管理されることが多い。その管理にあたっては，特定の組織や人が集中管理をしている。証券取引所などの中央機関による一箇所での管理を例に挙げ，中央集権的な管理と整理している。一方，ブロックチェーンでは，取引履歴を記録するネットワークデータベースをネットワーク参加者で分散保有し，管理を行う（第14-1図）。参加者のコンピュータどうしを互いにつなぐことにより，履歴情報を共有しつづける仕組みである。取引データの整合性については，コンセンサス・アルゴリズム[2]という，ネットワーク参加者間で合意するメカニズムに拠る。ブロックチェーンにも様々なタイプがあり，取引の確認・管理に誰でも自由に参加できる「Unpermissioned 型」と関与する参加者が管理者により許可されたものに限定される「Permissioned 型」に区分される。

　つづいて，CBDC の特性や実現に向けた課題を整理したい。日本銀行（2020）による，CBDC の整理や求められる機能，課題は以下のとおりである。CBDC

第 14-1 図　ブロックチェーンイメージ（集中管理と分散管理の違い）

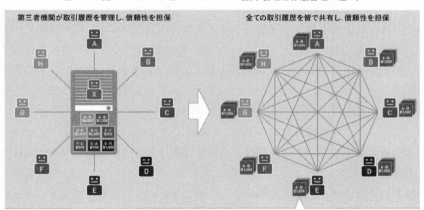

（出所）経済産業省（2016）スライド p.3。

の種類としては，①ホールセール型，②一般利用型と大別できる。①は，民間銀行が中央銀行に保有する当座預金など一部の取引先の利用に限定されるもの。②は，個人や一般企業も含めた幅広い利用者を想定した，いまの現金にあたるものである。①がすでにデジタル化されていることから，大きな変化をもたらすのは②の一般利用型CBDCである。それには，「誰もがいつでも何処でも，安全確実に利用できる決済手段」であることが求められる。日本銀行は，そのためには「ユニバーサルアクセス」と「強靭性」を備えることが望ましいとしている。具体的には，前者について利用にあたって特定の端末に利用を制限しないことや個人−法人間のみならず，個人間を含めた送金手段として利用できることなどをあげている。後者については，災害時などネットワークへのオンライン接続が困難な場合でも，オフライン決済を可能とすることなどを想定している。

　台帳に関しては，前述の区分と似たイメージで，「中央管理型」と「分散管理型」の両方の可能性をふまえたうえで，先進国のリテール決済など膨大な取引が想定される場合には，「中央管理型」の利用が馴染むとの見方が多いと整理している。しかし，「分散管理型」の利用分野も検討できるとしている。台帳の記録方法としては，口座型とトークン型に区分される。口座型は現行の銀行の預金口座と似たイメージで，ユーザー別にCBDCの移動・残高を管理する。匿名性をどう確保するかが課題と考えられる。トークン型は，「金銭的価値の塊（トークン）」を公開鍵暗号方式という暗号技術で保有者と紐づける仕組であり，匿名性の観点では口座型よりも優れているようだ。

　上記のように技術的には，CBDCを実現できるレベルには至っているが，日本銀行の重視している「強靭性」の点で課題はある。前述のオフライン決済を可能にする場合，オンラインからオフラインに移行したCBDCの残高やその移動をオンライン台帳に反映することができない。したがって，オフライン化された時点でその金額をオンライン台帳上で使用できなくする管理，オフラインからオンラインに復元する場合にオフライン側で同金額の消去をする管理といった対応が不可欠となる。

　日本銀行は分散型台帳技術についてECB（欧州中央銀行）と共同調査の報告を作成した。また，CBDCについて米国の中央銀行であるFRB，ECB等の

主要中央銀行と共同での報告書を作成するなど，先進国各国と共同での調査・研究を進めている。しかし，いまのところ研究は進めるものの，CBDC の発行をコミットする立場ではない。一方，世界ではバハマが 2020 年 10 月に世界初の CBDC を発行。つづいて，同月にカンボジアが日本のフィンテック企業であるソラミツ株式会社と協力して，ブロックチェーン技術も利用して発行に漕ぎ着けている。

第2節　デジタル人民元の取り組み～現状と課題

1．中国の取り組み

　前節での CBDC に関する整理をふまえて，現在，中国の進めているデジタル人民元の状況を確認したい。ここでは，周（2020）およびその周の講演を含めてデジタル人民元を詳述している中田・長内（2021）を参考にする。周（2020）によれば，デジタル人民元の構想は，前節の区分により第 14 - 1 表のようなものと考えられる。

　周（2020）は，中国人民銀行の前総裁ではあるが，政府あるいは中央銀行としての正式なコメントではない。しかし，現在のデジタル人民元の方向性を確認するにあたって，有用な資料であろう。あくまで，一般利用型を志向していると考えられ，基本的には現在の中央銀行発行の紙幣・硬貨をデジタル化することを目指している。また，CBDC の検討にあたっては，基本的な技術との

第 14 - 1 表　デジタル人民元イメージ

種類	ホールセール型	一般利用型
		○
台帳管理	中央管理型	分散管理型
	○	
台帳記録方法	口座型	トークン型
	○	△（注）

（注）オフライン決済時には必要となる可能性。
（出所）周（2020）等を参考に作成。

印象のある分散型台帳技術の利用ではなく，中央管理型を基礎としている点も
注目できる。分散型台帳の使用をまったく否定しているわけではないものの，
必要な処理スピードやセキュリティレベル等の課題を考えると，利用は時期早
尚との整理のようだ。台帳の記録方法としては，明示はない。しかし，現在の
国内におけるモバイル決済の進展もふまえ，口座型を基本としながらも，オフ
ラインでの利用も想定してトークン型の併用と考えられる。トークン型の併用
が求められる理由としては，オフラインの利用のみならず，個人のプライバ
シー保護の重要性があげられる。関連技術として e-wallet（デジタルワレッ
ト）の構想もある。一方で，マネーロンダリング対策や麻薬取締の観点での関
連データへのアクセスの重要性もあげている。したがって，この点は，正式な
説明が待たれる。

　デジタル人民元のプロジェクトは，中国人民銀行によって 2017 年に開始さ
れたが，CBDC ではなく，digital currency electronics payment system と称
している。中田・長内（2021）は，これはデジタル通貨の導入と電子決済シ
ステムの構築を一体化して進めるべきとの考え方に基づくものと評価してい
る。周（2020）では，実際の発行方式のアイディアとして 2 段階の構造が説明
されている（第 14 - 2 図）。第 1 階層は中央銀行が銀行ほか仲介機関に向けて
発行。第 2 階層で，仲介機関が個人に配布するイメージである。仲介機関とし
て，政府系 4 大銀行，3 大通信キャリア，2 大プラットフォーマーなどが想定
されている。デジタル人民元の技術的様式も，すぐに統一せず，各仲介機関が
競争していく中で，技術レベルを高め，集約されることが好ましいと考えてい
るようだ。

　さらに，デジタル人民元の発行主体を仲介機関にする可能性も探っている。
第 14 - 2 図で（＊）表示しているケースである。中国人民銀行が仲介機関から
100％の準備金を預かり，デジタル人民元の発行許可とする債務証書を発行。
その「発行許可」を根拠に，4 大銀行ほか仲介機関が一般法個人に対してデジ
タル人民元を発行する仕組である。これにより，仲介機関間でのデジタル人民
元のセキュリティ面を含めた競争を促し，最終的な技術標準を高め，安定させ
る狙いもあるのではなかろうか。

　デジタル人民元は，すでに実証実験の段階に入っている。日本経済新聞

第 14-2 図　デジタル人民元発行イメージ

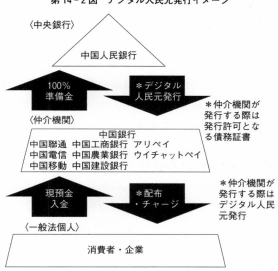

（出所）周（2020），中田・長内（2021）を参考に作成。

（2020）によれば，第 1 段の実験エリアとしては，深圳，蘇州，成都，雄安新区の 4 地域と冬季五輪会場が指定され，2020 年 10 月以降開始された。中国の国家的なスマートシティプロジェクトが取り組まれている雄安新区が含まれていることは注目できる。その後，北京や上海など主要都市へも広げている。具体的な実験の流れは，中田・長内（2021）によれば以下のとおりである。消費者が自分のスマートフォンに身分証（≒中国版マイナンバーカード）の番号を入力し，デジタルワレット（電子財布）を開設。指定された仲介機関である銀行のいずれかを選択し，デジタル人民元を受け取る。開設にあたって，既存の銀行口座情報は不要であり，今回はテストのため無料でデジタル人民元が配布され，消費者が仲介機関に現預金を入金する必要はない。実際の店舗での支払は，既存のスマホ決済と同様に，QR コード決済が可能だ。日本経済新聞（2020・2021a）によれば，他にもカード型ワレットの配布やスマホどうしを軽くぶつけて個人間での送金ができる機能の実験なども行われている。高齢者などスマホ非保有者対応や個人間の「紙幣や硬貨の手渡し」もカバーすることを

想定していると考えられる。

　2022 年の北京冬季五輪までのデジタル人民元の発行を目指していると言われる中国だが，こうした実証実験もふまえ，少なくとも「一般利用型」の準備は着実に進んでいると考えられる。また，周（2020）にあるように，使用する技術の統一は急いでおらず，分散型台帳技術の利用にも慎重な姿勢である。これは，スピード感のある実証実験を行いつつ，14 億人を抱える大国として，技術的な確認を重視している表れと考えられ，望ましいものである。

2.　デジタル人民元の対外取引での利用

　デジタル人民元は，人民元の国際化や広範囲での「人民元圏」実現の手段との報道も見かけるが，クロスボーダー決済での利用については，慎重な姿勢が見られる。前述の周（2020）では，対外取引では他通貨との為替取引リスクとも関連することから，クロスボーダー取引よりもリテールでの利用のアプリケーションに注力する必要があるとしている。また，中国と他の東アジア諸国は，クロスボーダー取引でのデジタル通貨の利用を着実に進めることは可能と述べ，それが人民元の国際化にもつながるとしている。しかし，その過度な推進はすべきではないとし，中国は「人民元化（他国内で人民元が使用されるイメージ）を進めている」との非難をされることを回避すべきとしている。また，為替取引とともに，資本流入・資本流出の管理に伴うリスクにも言及している。

　中国は，2005 年の人民元の為替レートの米ドルペッグから管理変動相場制への移行から，貿易取引での人民元利用，人民元建て証券取引の段階的な自由化などを進めるなど，その国際化を推進してきた。2016 年 10 月には IMF の SDR[3] の構成通貨入りも果たし，国際的な主要通貨の一つになってきたと考えられる。しかし，米ドル，ユーロ，日本円などと比較する場合，資本取引に関する規制がまだ多い。また，為替レートも管理された色彩が強いと評価される。中国はすでに世界第 2 位の GDP であり，その経済力の世界への影響力は極めて大きい。一方で，金融・資本取引の世界の規模は巨額であり，その資金の動きは激しい。そのため，資本取引の自由化を認めた場合，自国からの急激な資金流出やそれに伴う急激な自国通貨安などのリスクを抱えることとなる。

中国は，この悪影響のリスクを重要視している。14億人を抱える国内経済の安定運営が大切な中国としては，海外発生，あるいは海外関連リスクの回避，あるいは極小化を図っていると評価できる。しかし，グローバル化が進み，中国といえども海外取引なしでの経済運営は今後も困難であろう。長期的には，中国も金融・資本取引の自由化を進めるとともに，デジタル人民元の対外決済に関するインフラ整備も着実に推進すると考えられる。

第3節　デジタル人民元の可能性

1．デジタル人民元とオンショア・オフショア管理

　本節では，第Ⅳ部のテーマである「ニューノーマル（新常態）への模索」への視点も加えてデジタル人民元，とくにそのクロスボーダー取引での利用について考察したい。前節では，周（2020）もふまえて，クロスボーダー取引よりも国内での利用環境の整備を優先する中国の姿勢を述べた。しかし，デジタル通貨のクロスボーダーでの利用に関しての検討は進めている。ロイターの報道（2021年2月4日）によれば，SWIFTが中国人民銀行のデジタル通貨研究所と清算機関と共同で合弁事業会社を2021年1月16日に北京に設立した。合弁事業には，人民銀行の監督下にある国際銀行間決済システム（CIPS），中国支付清算協会[4]も出資を行った。また，日本経済新聞（2021b）によれば，人民銀行はCBDCのクロスボーダー決済システムの研究を香港，タイ，アラブ首長国連邦（UAE）の中央銀行と始めることを発表した。海外送金や為替決済の仕組も研究対象にしている。こうした動きは，人民元がデジタル化した場合でも，国際的な利用シェアを高めることに資することとなろう。米中対立の今後について予断は許さないものの，「ニューノーマル」の一つとして，基軸通貨化まではともかく，人民元の主要通貨化を展望していると考えられる。

　前述の資本規制との関係で，中国は国内（オンショア）人民元と国外（オフショア）人民元を区分管理している。デジタル人民元の議論の際には，この視点はあまり見られない。しかし，例えば個人がスマホ等のデジタルワレットに保有したデジタル人民元を海外でも使用できる，あるいは両替できることとな

ると，この区分管理にも影響を与えうる。現在，中国の出入国における人民元の現金の持ち出し・持ち込みとも，上限は 20,000 元である（外貨は 5000 米ドル相当額）。デジタル人民元が現金の代替となるのでれば，こうした視点で海外に出国する場合のデジタルワレットの上限なども検討されているのであろう。

　貿易取引等でのクロスボーダーでの使用は，すでに銀行間決済など「デジタル化」されている取引での使用であり，技術的な進歩を加えたデジタル人民元を，オンショア・オフショアでの区分管理にどのように適用させるかを検討することが想定される。その場合は，個人間あるいは個人−法人（店舗等）間と異なる決済システムの検討・確認が必要となる。

2.　クロスボーダー決済システムの確認とデジタル通貨の展望

　本章の最後に，前項で述べたクロスボーダーでのデジタル人民元の決済システムの確認とデジタル人民元，あるいはデジタル通貨そもそもに関する展望を考えたい。

　クロスボーダーでの人民元決済システムの概要を，第 14 - 3 図に示す。現在の国際的な決済システムは，SWIFT という国際的な銀行間の通信システムが基本である。図の CIPS に拠っている部分を SWIFT が担っている。しかし，欧米の影響が大きいと考えられる SWIFT に頼らずに，クロスボーダー決済のインフラの必要性を考え，中国がつくりあげたのが CIPS である。その流れで，デジタル通貨の決済に係る前述の合弁事業にも CIPS が参画したのは自然な流れであろう。

　当該研究事業でデジタル通貨の為替取引を検討する際には，為替取引における相手国のデジタル通貨の受取・支払を SWIFT に頼らないシステム構築を志向する可能性もあるのではないか。しかし，為替取引は日米欧の通貨との取引も多い。その点で，米中対立の延長線ではなく，世界共通のデジタル通貨の決済システム構築が望まれる。エスワー（2021）は，国際化にあたってはデジタル人民元よりも CIPS が重要，資本規制の緩和が必要としつつも，米ドルとの差は大きいとしている。

　CBDC については，中国の実証実験につづき，先進国もいずれ実証実験の

第14-3図　クロスボーダー決済事例〈人民元〉

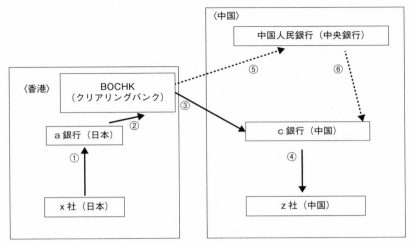

〈x社がz社へ人民元建てで支払〉
① x社が取引銀行a銀行へ支払依頼
② a銀行は人民元建て口座を保有しているBOCHKへc銀行あて ③ 支払用の人民元資金を
　支払依頼
③ BOCHKがc銀行のz社預金口座への支払依頼 [CIPS]
④ z社は取引銀行c銀行で当該資金受領確認
⑤ 中国人民銀行はBOCHK口座から引き落とし（[CIPS]で依頼受付）
⑥ c銀行口座へ振替。
　（出所）筆者作成。

段階に研究を移行するであろう。また，木内（2019）で触れられた主要通貨の
バスケットから構成される「世界法定デジタル通貨」，乾・高橋・石田（2019）
が技術面も含めて論じたASEAN＋3通貨のバスケットによる「アジア共通デ
ジタル通貨」など，バスケット通貨としてのアイディアも複数ある。CBDC
は，こうした国際的な通貨制度の視点でも研究・検討がなされるであろう。
　第1節の説明で言及したように，CBDCは従来の紙幣・硬貨のような物理
的なものではなく，デジタルデータによるため，匿名性を付与することのハー
ドルが高い。個人情報やプライバシー保護の視点とマネーロンダリング管理な
どの社会的な必要性のバランスをとりながら，いわゆる先進国と中国などの新
興国がどのような国際標準を構築していくのか，日本がそれにどう参画してい

くのかが，「ニューノーマル」の模索となっていくのであろう。

［注］

1　翁ほか（2017）（p.29）によれば，ブロックチェーン技術と分散型台帳技術を分けて解説している文献がある。例えば，ビッドコインなどの仮想通貨（暗号資産）における技術を狭義のブロックチェーン，広く一般への適用が拡大する技術を分散型台帳技術と区分するなど。
2　合意形成のための計算方法。合意には，様々な手法がある。
3　Special Drawing Rights。IMF に加盟する国が保有する「特別引出権」で，複数国の通貨バスケット。構成通貨は，2016 年 10 月より人民元が加わり，米ドル・ユーロ・英ポンド・日本円と合わせ 5 通貨となった。
4　中国決済清算協会。アリペイやウィチャットペイなど銀行以外が提供する決済サービスを第三者決済と呼び，そうした企業の自主規制機関。

［参考文献］

赤羽裕（2019），「人民元の国際化の条件」馬田啓一・浦田秀次郎・木村福成・渡邊頼純編著『揺らぐ世界経済秩序と日本反グローバリズムと保護主義の深層』第 15 章，文眞堂
乾泰司・高橋亘・石田護（2019），「国際機関が発行する地域デジタル通貨（例えば AMRO コイン）について」『国際金融』1327 号（2019.12.1）
エスワー・プラサド（2021），「元の国際地位向上は限定的」日本経済新聞 経済教室『動き出す中銀デジタル通貨（下）』2021 年 2 月 11 日
翁百合・柳川範之・岩下直行（2017）『ブロックチェーンの未来』日本経済新聞社
木内登英（2019），『決定版リブラ』東洋経済新報社
経済産業省（2016），「平成 27 年度 我が国経済社会の情報化・サービス化に係る基盤整備（ブロックチェーン技術を利用したサービスに関する国内外動向調査)」報告書概要資料」平成 28 年 4 月 28 日 商務情報政策局 情報経済課
周小川（Zhou Xiaochuan）（2020），"China's choices for a digital currency system" https://asia.nikkei.com/Spotlight/Caixin/Zhou-Xiaochuan-China-s-choices-for-a-digital-currency-system（最終閲覧日 2021 年 2 月 25 日）
中田理恵・長内智（2021），「デジタル人民元の基本的な特徴と仕組み」大和総研『デジタル人民元レポートシリーズ NO.1』2021 年 2 月 16 日
日本銀行（2020），「中銀デジタル通貨が現金同等の機能を持つための技術的課題」決済機構局『決済レポート別冊シリーズ』2020 年 7 月
日本経済新聞（2020），「デジタル人民元，スマホ接触で送金　中国が実証実験拡充」2020 年 12 月 6 日
日本経済新聞（2021a），「デジタル人民元，カード型で試験」2021 年 1 月 13 日
日本経済新聞（2021b），「デジタル人民元の越境決済，中国がタイ・UAE と研究」2021 年 2 月 25 日
ロイター（2021），「SWIFT，中国人民銀行のデジタル通貨研究所と合弁事業設立」2021 年 2 月 4 日 https://jp.reuters.com/article/china-swift-pboc-idJPKBN2A40SZ（最終閲覧日 2021 年 2 月 26 日）

（赤羽　裕）

第15章

アジアのサプライチェーンと経済安全保障

はじめに

　アジアのサプライチェーンに大きな影響を与える中国のTPP11（CPTPP：環太平洋パートナーシップに関する包括的及び先進的な協定）への参加については，国内の調整に時間がかかることやCPTPP協定における加入のハードルが高いこともあり（全加盟国の承認が必要），2021年内に直ちにCPTPP参加へのアクションを起こすことは難しい。おそらくは，2年以上をかけて情勢を見ながら徐々に進めていくものと考えられる。

　バイデン大統領は国内の中間層向けの競争力政策を優先する姿勢を示しており，TPP復帰や第2段階の日米・米中貿易交渉などの通商問題への本格的な対応は中間選挙後になる可能性がある。バイデン大統領がTPP復帰を決断できるかどうかを探るために，米国がTPPへ参加した場合の貿易利益を計算すると，米国のTPP4カ国（日本，ベトナム，カナダ，メキシコ）への輸出でのTPP最終年の関税削減額は138億ドルと見込まれる。これに対し，米国のこれら4カ国からの輸入での関税削減額は192億ドルと推計され，輸出での関税削減額よりも大きくなる。つまり，米国はTPPに復帰すれば，自国よりも他のTPPメンバーの方に大きな貿易利益を与えてしまう。バイデン大統領はTPP復帰の条件として，これを相殺するような米国に有利なルールの導入を求めてくるものと思われる。

　一方，第1段階の日米貿易協定を利用した場合の日米の貿易利益を見てみると，日本の米国からの輸入での関税削減額（4.4億ドル：対象品目615品目）は，米国の日本からの輸入での関税削減額（1.9億ドル：対象品目241品目）

よりも大きい。また，関税削減率（「関税削減額」を「輸入額」で割ったもの
で「関税削減効果」を表す）においても，日本の米国からの輸入の方が米国の
日本からの輸入を上回る。その理由は，日本の輸入で日米貿易協定を利用する
場合の対象品目のほとんどが農業品に限定されており，もともと通常の関税率
が高く，同協定を利用した関税率低下の効果が大きいためである。

　つまり，第1段階の日米貿易協定では，TPP 並みの農産物の関税率低下を
目指した米国の狙いが功を奏し，その利用で米国が得る貿易利益（関税削減額
と関税削減率）の方が日本よりも大きい。また，日本の輸入において日米貿易
協定を利用する場合の関税削減率は，対象品目が農産物中心となるため，日イ
ンド EPA や日ベトナム EPA，日 EU・EPA を利用する場合よりも高い。な
お，インドの日本からの輸入での日インド EPA の関税削減率が高く，同 EPA
の利用促進によるアジアでのサプライチェーンの拡充が望まれる。

　バイデン米大統領は，中国の習近平国家主席との就任から初の電話会談を終
え，改めて同盟国と連携して中国に対峙する姿勢を明らかにした。つまり，中
国に対する追加関税やファーウェイに対する輸出規制を継続する方針である。
したがって，日本企業には米中対立を背景とした「米国輸出管理法の改正」や
「CFIUS（対米外国投資委員会）の対米投資規制」，「中国輸出管理法の制定」
への的確な対応が望まれる。そのためには，社内のリスク管理や経済安全保障
の体制を着実に整備していくことが求められる。

第1節　転換期を迎えるアジア太平洋などの通商環境

1．相次ぐ FTA の合意と発効

　日本を取り巻く自由貿易協定（FTA）の動きを見てみると，2018 年末の
TPP11（CPTPP）に続き，2019 年 2 月には日 EU・EPA が発効した。この両
協定の発効で日本の輸入における関税が削減され，牛肉や豚肉，チーズ，ワイ
ンなどの市場価格の低下に繋がっており，これまで消費者に馴染みがなかった
EPA/FTA に対する認識が変わりつつある。

　一方，日本と米国は 2019 年 9 月に第 1 段階の日米貿易協定に合意し，2020

年 1 月の発効を機に関税削減を実施している。第 1 段階の日米貿易協定においては，米国の日本からの輸入では自動車・同部品は関税削減の対象とはならず，日本の米国からの輸入では関税削減の対象品目のほとんどは農業品であるため，その貿易効果は限定されたものになっている。ただし，日本の米国からの農産物の輸入においては CPTPP 並みの自由化が実行されることになったので，米国の狙い通り，日米貿易協定の発効後は日本の米国産の牛肉や豚肉などに対する関税も CPTPP と同じ水準とスケジュールで段階的に削減される。

　また，2018 年からの米中対立の本格化に伴い，並行的に交渉を続けてきた第 1 段階の米中経済貿易協定は 2019 年 12 月末に合意に達し，2020 年 2 月に発効した。同様に，新 NAFTA（USMCA：米国・メキシコ・カナダ協定）は同年 7 月に発効し，RCEP（地域的な包括的経済連携）はインド抜きではあるが同年 11 月に 15 カ国で署名に至った。

　このように，アジア太平洋地域における 2018 年〜2020 年の貿易協定の動きは活発であった。こうした中で，インドは RCEP から離脱したものの，日本は自由で開かれたインド太平洋戦略（FOIP）などを通じて，インドを巻き込んだアジア太平洋経済圏構想を進めようとしている。バイデン米大統領も就任後の最初の中国の習近平国家主席との電話会談において，自由で開かれたインド太平洋の維持が優先課題と強調した。日本は既にインドとの間で日インドEPA を 2011 年 8 月に発効させており，その利用や効果の実態を把握することは，アジアでのサプライチェーンの拡充に繋げるだけでなく，FOIP を進める上での戦略や今後の RCEP へのインドの加入を検討する上でも必要なことと思われる。

　したがって，日本企業には「2018 年以降に署名・発効した CPTPP やRCEP」などと「それ以前から発効している ACFTA（ASEAN 中国 FTA）や AFTA（ASEAN 自由貿易地域）」などとを比較し，どちらを活用すればメリットがあるのかを検証しながら，EPA/FTA の利用やサプライチェーンの構築を図ることが求められる。

2.　中国の TPP 参加表明は本気か

　中国は，巨額な貿易不均衡を起因とする米中貿易摩擦が激化するにつれ，

2018年末のCPTPPの6カ国での発効を機に，高水準の自由化率や規格・基準を誇る同協定への参加を再び検討するようになった。

　2018年10月11日のサウスチャイナ・モーニング・ポストによれば，中国は発効の数カ月前からCPTPPへの姿勢を変化させていたとのことである。その背景として，米国の保護主義の台頭による対米輸出減への対応，中国の自由貿易体制への貢献をアピールする戦略，さらには外圧を利用した国内の構造改革，などの要因を挙げることができる。そして，米国のTPP離脱によりTPP11カ国は22項目の凍結を決めているが，これにより中国の参加が凍結前よりも容易になっていることも中国のTPP加入への見直しに繋がっている。

　こうしたことを基に，中国の李克強首相は2020年5月28日，全国人民代表大会の閉幕後の記者会見で，米国の離脱後のCPTPPへの参加について「中国は前向きでオープンである」と発言。中国の政府高官によるCPTPPへの関心が公に表明されたのは，これが初めてのことであった。さらに，習近平国家主席は2020年11月20日，APEC首脳会議でCPTPPへの参加を「積極的に考える」と表明。こうした中国のトップ2が公式にCPTPPへの加入について言及したということは，それに対する中国の本気度を示すものと思われる。

　中国がなぜ表立ってCPTPPへの加入について発言しているかであるが，やはり米中貿易摩擦という政治的な要因が背景にある。中国がRCEPの主要メンバーとしての役割を果たすだけでなく，米国よりも早くCPTPPに加入すれば，それは米国のアジア太平洋市場でのプレゼンスを大きく脅かすものになる可能性がある。また，こうした中国の通商政策の変化は米国の対アジア政策へもインパクトを与えることになり，バイデン大統領が狙う米国の同盟国と連携した対中戦略構想も微妙な影響を受けることになると思われる。

　ただし，中国の国内の説得に時間がかかることやCPTPP協定における加入のハードルが高いこともあり（全加盟国の承認が必要），中国が2021年内に直ちにCPTPP参加へのアクションを起こすことは難しいと思われる。おそらくは，2年以上の時間をかけて情勢を見ながら徐々に進めていくものと思われる。

3.　バイデン大統領はTPP復帰を決断できるか

　米国は既にCPTPPのメンバーの7カ国（カナダ，メキシコ，オーストラリ

ア，チリ，シンガポール，ペルー，日本）との間で貿易協定を締結しており，CPTPP への参加の必要性はそれほど大きくない。米国がもしも CPTPP に復帰するとすれば，その条件として，一層の農産物等の関税削減だけでなく，原産地規則（関税削減のため域内原産であることを認定するための規定）や国有企業あるいは労働・環境などのルールについて，より厳格で米国にとって有利なものを要求する可能性がある。つまり，USMCA（米国・メキシコ・カナダ協定）で得られた成果と同様に，米国への投資を呼び，できるだけ現在の貿易赤字を削減するようなルールの提案を行うことが予想される。

　USMCA の原産地規則は，自動車の域内原産比率を 62.5％から 75％に引き上げ，労働者の時給が 16 ドル超の自動車の域内生産拠点からの調達が 40％以上であること，完成車向けの鉄鋼・アルミの 7 割は北米産であることを要求するなど，NAFTA や CPTPP よりも厳格な規定となっている。米国が CPTPP に参加すれば，カナダとメキシコは対米自動車輸出で USMCA よりも CPTPP の原産地規則を利用するようになり，米国は USMCA によってもたらされる国内への投資や雇用の拡大効果を失うことになる。

　したがって，バイデン大統領は USMCA 同様に厳格な原産地規則を CPTPP に導入できなければ，カナダ・メキシコは自動車分野を中心に USMCA を利用しなくなるため，何らかの方法でこの問題を解決しない限り CPTPP への参加を決断することは難しい。

　しかも，バイデン大統領は当面は国内の新型コロナ対策や製造業の競争力促進による中間層対策，あるいは環境問題や同盟国と関係修復に取り組まざるを得なく，通商協定などへの本格的な対応はその後になると見込まれる。つまり，中間選挙に勝利を収めて万全な体制を整えるまでは，国内問題を優先しなければならない（バイアメリカンなどのアメリカファーストの継続）。新型コロナや経済対策が予想以上に進展すれば，中間選挙前にでも通商問題へ本格的に取り組むことができるが，進展しない場合は中間選挙後にならざるを得ないと思われる。すなわち，中国と同様に，バイデン大統領の CPTPP への復帰の検討は就任から 2 年後の中間選挙以降になる可能性を否定できない。

第2節　バイデン政権下のアジア太平洋でのサプライチェーンの変化

1．米国の TPP 参加で利益を得るベトナム

　第 15 - 1 表は，各国の TPP を利用した輸出における関税削減額及び関税削減率を計算したものである。関税削減額は，EPA/FTA 利用による関税率低下（撤廃）でどれだけ関税支払額を節約できたかを表している。関税削減率

第 15 - 1 表　TPP5 カ国の輸出の関税削減額及び関税削減率（発効最終年，加重平均）

（単位：100 万 US ドル）		輸入側			輸入側		
		TPP3 カ国（米国除く）			TPP4 カ国（米国含む）		
		輸入額	TPP 最終年関税削減額	関税削減率	輸入額	TPP 最終年関税削減額	関税削減率
輸出側	日本	44,379	1,817	4.1	169,561	4,031	2.4
	ベトナム	24,312	1,030	4.2	65,302	3,873	5.9
	カナダ	18,634	504	2.7	236,560	4,438	1.9
	メキシコ	30,332	795	2.6	289,368	11,017	3.8
	TPP4 カ国（米国除く）	117,658	4,146	3.5	—	—	—
	米国	—	—	—	464,349	13,750	3.0
	TPP5 カ国（米国含む）	—	—	—	1,225,140	37,109	3.0

（注1）本表の輸入額は 2017 年の実績。
（注2）「関税削減額」は，TPP を利用した時にどれくらい関税支払額を削減できるかを表したものである。また，関税削減額が輸入額に対してどれだけの割合になるのかを示す指標を「関税削減率」とした。これは，関税削減額を輸入額で割ったものであり（関税削減率＝関税削減額÷輸入額），関税削減額が輸入額の何％に相当するかを表し，大きければ大きいほど関税削減効果が高いことを示す。例えば，関税削減率が1％ということは，100 万円の輸入で1 万円の関税額を削減（節約）できることを意味する。
（注3）本表での TPP の「最終年」とは，日本は TPP 発効から 21 年目，メキシコは TPP 発効から 16 年目，カナダは 12 年目，米国は 30 年目，ベトナムは 21 年目を指している。米国が長いのは，貨物自動車の対日 TPP 税率が，TPP 発効 30 年目に0％になるためである。（以下，同様）
（資料）各国関税率表，各国 TRS 表（Tariff Reduction Schedule），「マーリタイム＆トレード」IHS グローバル株式会社より作成。

は，関税削減額を輸入額で割ったものであり（関税削減率＝関税削減額÷輸入
額），関税削減額が輸入額の何％に相当するかを示している。関税削減率が1％
であれば，100万円の輸入で1万円の関税額を削減できることを意味しており，
大きければ大きいほど関税削減効果が高いことを表す。

　第15-1表の右半分は，カナダ，メキシコ，ベトナム，日本，米国の5カ国
が，他の4カ国への輸出におけるTPPの発効から最終年目の関税削減額と関
税削減率を掲載している。同表の左半分は，米国を除く4カ国が他の3カ国へ
の輸出における最終年の関税削減額と関税削減率を計算したものである。つま
り，右半分における左半分からの増加分は，TPPに米国が加わった時のプラ
ス効果を表している。

　第15-1表のように，米国を除くTPP4カ国が他の3カ国への輸出において
（表の左半分），最終年で最も大きな関税削減額を得る国は日本で18億ドルで
あった。次いでベトナムは10億ドル，そしてメキシコが8億ドル，カナダは
5億ドルであった。また，関税削減効果を示す関税削減率が高いのはベトナム
で4.2％であり，次いで日本が4.1％，メキシコは2.7％，カナダは2.6％であっ
た。

　一方，米国を含むTPP5カ国の他の4カ国への輸出の場合（表の右半分），
最終年で最も大きな関税削減額を得るのは米国で138億ドル，次はメキシコで
110億ドル，そしてカナダは44億ドル，日本が40億ドル，ベトナムが39億
ドルとなる。

　したがって，関税削減額で米国のTPP加入で利益を得るのは同じ北米に属
するメキシコ（右半分と左半分の差は102億ドル）とカナダ（39億ドル）で
ある。しかしながら，米国とカナダ・メキシコは既に3カ国間でUSMCAを
結んでいるので，カナダとメキシコは，たとえ米国がTPPに加入したとして
も，多くの品目でUSMCAからTPPに利用を切り替えることは想定し難い。
結局は，第15-1表の右半分と左半分の差が28億ドルに達するベトナムが米
国のTPP復帰のメリットを最も多く得るのかもしれない。日本の右半分と左
半分の差は22億ドルであった。

　なお，米国のTPP加入で関税削減効果を表す関税削減率を最も引き上げる
国はベトナムで，左半分の4.2％から右半分には5.9％に拡大する。同様に，メ

キシコも 2.6％から 3.8％に増加する。日本は逆に米国の参加で関税削減率は
4.1％から 2.4％へ低下する。

2. TPP 加入による米国の貿易利益は大きいか

前節では，米国が TPP に参加したならば，どの国が利益を得るのかを検証
したが，それでは米国自体は TPP への加入によりどれだけ貿易利益を得るの
であろうか。

第 15 - 2 表は米国が TPP に加入した場合，米国のカナダ，ベトナム，メキ
シコ，日本の 4 カ国への輸出における関税削減額と関税削減率を計算したもの
である。米国の TPP 発効から 5 年目のこれら 4 カ国への輸出での関税削減額
は 111 億ドルであった。最終年目ではそれが 138 億ドルにまで増加する。最終
年では，米国のメキシコへの輸出で 69 億ドルの関税を削減できるし，カナダ
向けでは 55 億ドルの関税を節約できる。これに対して，日本向け輸出では 11
億ドル，ベトナム向けでは 3 億ドルにとどまる。

すなわち，米国の 4 カ国向けの輸出での関税削減額においては，メキシコ・
カナダ向けの割合がその 9 割を占める。日本向け輸出のシェアでも 8％にとど
まり，ベトナム向けに至っては 2％にすぎない。こうした第 15 - 2 表の計算結
果は，米国の FTA 利用による関税削減効果が北米域内で強く機能することを
示唆している。

現実的には，米国企業はカナダやメキシコへの輸出では，慣れ親しんだ
USMCA を使うケースが多くなると思われる。さらに，米国にとって悩ましい

第 15 - 2 表　米国が TPP に加入した場合の輸出における関税削減効果

（単位：100 万 US ドル，％）

	輸出額	TPP5 年目関税削減額	関税削減率	TPP 最終年関税削減額	関税削減率
カナダ	202,180	5,059	2.5％	5,490	2.7％
ベトナム	8,684	228	2.6％	262	3.0％
メキシコ	187,701	4,991	2.7％	6,944	3.7％
日本	65,784	813	1.2％	1,053	1.6％
4 か国合計	464,349	11,091	2.4％	13,750	3.0％

（資料）第 15 - 1 表と同様。

のは，USMCA でも同様であるが，CPTPP に加入した場合，貿易相手国に与える利益の方が，米国が受け取る利益よりも多いという構造的な問題を抱えているということだ。

第 15 - 3 表は米国が TPP を利用しベトナム，カナダ，メキシコ，日本との輸出入を行った場合の最終年目の関税削減額の収支（関税削減収支＝米国の輸出での関税削減額－米国の輸入での関税削減額）を求めたものである。この関税削減収支は，TPP を利用した貿易取引において，「米国が TPP メンバー4 カ国へ輸出した時に減免される関税削減額」から「米国が TPP メンバー 4 カ国から輸入した時に減免する関税削減額」を差し引いたものである。関税削減収支が黒字であれば，「米国が輸出で TPP4 カ国から得られる関税削減額」の方が「米国が輸入で TPP4 カ国に免除する関税削減額」よりも大きいということになる。つまり，黒字であれば，自国の方が相手国側よりも TPP 利用による関税削減額を多く得られるということになる。

米国の発効から最終年目の TPP 利用の関税削減収支は，第 15 - 3 表のように，ベトナム，メキシコ，日本に対して赤字となる。特に，米国のメキシコとの関税削減収支は，最終年目には 33 億ドルの赤字となり他の 3 カ国よりも大きい。ベトナムとは 26 億ドル，日本とは 12 億ドルの赤字であり，唯一カナダとは 16 億ドルの黒字となる。米国の TPP4 カ国との貿易では，関税削減収支は 55 億ドルの赤字となり，米国は TPP 利用においては相手側へより大きな関

第 15 - 3 表　TPP 利用の米国の国別関税削減収支（発効最終年）

（単位：100 万 US ドル）

	関税削減額		
	輸出	輸入	関税削減収支
ベトナム	262	2,843	△ 2,581
カナダ	5,490	3,934	1,556
メキシコ	6,944	10,222	△ 3,278
日本	1,053	2,214	△ 1,161
合計	13,750	19,214	△ 5,464

（注）関税削減収支は，輸出での関税削減額から輸入での関税削減額を差し引いたもの。

（資料）第 15 - 1 表と同様。

税削減のメリットを与えることになる。

　すなわち，米国は TPP に参加しても，相手国側が得られる関税削減額の方が自国の分よりも大きいという結果になる。米国のトランプ前政権が FTA での２国間交渉に固執したのは，TPP のような多国間での交渉では関税削減収支面などで不利になる傾向があるため，それをできるだけ避けたかったためと考えられる。

3.　限定的な第１段階の日米貿易協定の FTA 効果

　第 15 - 4 表は日本のインド，米国，ベトナム，EU からの輸入においてEPA/FTA を利用した場合の関税削減額と関税削減率を求めている。関税削減額では，日 EU・EPA を利用した時の日本の EU27（英国を除く）からの輸入の場合が最も大きく，次いで，日ベトナム EPA（JVEPA）利用でのベトナム

第 15 - 4 表　日本のインド，米国，ベトナム，EU からの輸入の関税削減額および関税削減率

（インド・米国・ベトナム：2020 年，EU：発効から 5 年目 / 最終年目，加重平均）

		輸入側				
		日本（従価税）				
（単位：US ドル）		輸入額	関税削減額 （5 年目）	関税削減額 （最終年目）	関税削減率 （5 年目）	関税削減率 （最終年目）
輸出側	インド	5,320,795,187	99,183,275		1.9%	
	米国 （全品目）	77,292,252,227	439,182,772		0.6%	
	米国 （対象品目）	6,242,665,808	439,182,772		7.0%	
	ベトナム	22,218,340,174	728,514,210		3.3%	
	EU27 か国 （UK 除く）	77,707,310,910	1,051,933,866	1,439,495,372	1.4%	1.9%
	EU28 か国	85,761,410,638	1,096,583,113	1,488,375,078	1.3%	1.7%

（注 1）日本のインド，米国，ベトナムからの輸入額は 2019 年の実績。関税削減額を計算する時の関税率は 2020 年の税率を適用した。EU からの輸入額は 2018 年，関税率は 2019 年を用いた。

（注 2）日本のインド，米国，ベトナム，EU27 からの輸入においては，日インド EPA，日米貿易協定，日ベトナム EPA（JVEPA），日 EU・EPA 利用時の関税削減額を算出。米国（対象品目）は第１段階の日米貿易協定で対象となった品目（譲許表：615 品目）を意味する。日 EU・EPA の最終年は，EU からの輸入では発効から 21 年目の 2039 年。

（資料）第 15 - 1 表と同様。

からの輸入の場合，そして第 1 段階の日米貿易協定を利用した時の米国からの輸入の場合，日インド EPA 利用によるインドからの輸入の場合の順番になる。

　日本の米国からの全品目の輸入額が大きいにも係らず，日米貿易協定による関税削減額が小さいのは，第 1 段階の同協定で関税削減の対象となる品目（ほとんどが農業品で若干の化学工業品から成る 615 品目）が少ないためである。

　これに対して，関税削減効果を表す関税削減率では，第 1 段階の日米貿易協定の対象品目の日本の米国からの輸入の場合が最も高く，次いで JVEPA を利用した日本のベトナムからの輸入の場合が続き，そして日インド EPA と日 EU・EPA 利用の場合が並ぶ。日本の日米貿易協定を利用した米国からの輸入で関税削減効果が高い理由は，その対象品目のほとんどが農業品で元々の関税率が高いため，FTA を利用した関税率低下の効果が大きくなるためである。

4.　日米貿易協定での米国の関税削減額は日本よりも小さい

　第 15−5 表は，第 15−4 表と全く逆の貿易の流れであるインド，米国，ベトナム，ドイツ，英国の日本からの輸入における日インド EPA，日米貿易協定，

第 15−5 表　インド，米国，ベトナム，EU の日本からの輸入の関税削減額および関税削減率

（インド・ベトナム：2019 年，米国：2020 年，ドイツ・英国：発効から 5 年目 / 最終年目，加重平均）

			輸入側														
			インド			米国			ベトナム			ドイツ			英国		
（単位：100万USドル）			輸入額	関税削減額	関税削減率	輸入額	関税削減額	関税削減率	輸入額	関税削減額	関税削減率	輸入額	関税削減額	関税削減率	輸入額	関税削減額	関税削減率
輸出側	日本	5 年目	12,578	963	7.7%	139,893	190	0.1%	16,893	731	4.3%	19,538	411	2.1%	12,254	309	2.5%
		最終年目		(1,261)	(10.0%)	(6,870)	(190)	(2.8%)					465	2.4%		381	3.1%

（注 1）輸入額は，ベトナムは 2017 年，EU は 2018 年，米国は 2019 年の値。関税削減額を計算した時の関税率は 2019 年の値（米国のみ 2020 年）。

（注 2）インドは日インド EPA，米国は日米貿易協定，ベトナムは JVEPA，ドイツ，英国は日 EU・EPA の関税削減効果を示す。

（注 3）インドでは輸入を行う際，通常の関税額（率）（MFN 税額（率））に加えて，社会福祉課徴金（関税率の 10%）や統合物品サービス税（IGST），物品・サービス補償税（CESS，タバコや自動車が対象）などが加算される。インドの（　）内の数字はこの合計した関税額（実質税率）を表している。米国の（　）は日米貿易協定の対象品目（241 品目）で計算した値。

（注 4）日 EU・EPA の最終年は，ドイツ，英国の日本からの輸入では発効から 16 年目の 2034 年。

（資料）第 15−1 表と同様。

JVEPA と日 EU・EPA 利用時の関税削減額と関税削減率を計算したものである。同表のように，日インド EPA 利用による関税削減額が最も大きく，次にJVEPA，日 EU・EPA，日米貿易協定と続く。関税削減率（関税削減効果）は，日インド EPA，JVEPA，日米貿易協定（対象品目），日 EU・EPA の順で高いという結果であった。

　つまり，これらの国の日本からの輸入において，EPA/FTA 利用による関税削減効果が最も高いのは日インド EPA ということになる。インドの日本からの輸入における日インド EPA 利用による関税削減率は全業種平均で 7.7％に達しており，日本企業がインドへ 100 万円を輸出した場合，平均で 7.7 万円の関税を削減（節約）できる。

　なお，米国の日本からの輸入での日米貿易協定利用による関税削減額（1.9億ドル）は，日本の米国からの輸入における関税削減額（4.4 億ドル）よりも小さい。さらに，関税削減率も米国の日本からの輸入の場合方が日本の米国からの輸入の場合を下回る。すなわち，第 1 段階の日米貿易協定においては，米国が農産物の対日輸出で CPTPP のメンバーと同等の競争条件を得るなど，米国の方が日本よりも大きな関税削減メリットを得ている。

　一方，日インド EPA と日 EU・EPA の利用においては，第 15-5 表のように，関税削減額と関税削減率はともに「インド・ドイツ・英国の日本からの輸入」の方が「日本のインド・ドイツ・英国からの輸入」よりも大きい。つまり，EPA/FTA を利用した日本とインド・ドイツ・英国との貿易においては，日本の方が相手側よりも大きな関税削減効果を得ている。

　さらに，「日本のベトナムからの輸入」でも「ベトナムの日本からの輸入」においても，関税削減額は同程度（約 7 億ドル）であるが，関税削減率では「ベトナムの日本からの輸入」の方が「日本のベトナムからの輸入」よりも高い。

第3節　日本のアジアでの経済安全保障をどう構築するか

1. 望まれる欧州との連携強化

　バイデン米大統領は，中国の習近平国家主席と就任から初の電話会談を終え，改めて同盟国と連携して中国に対峙する姿勢を明らかにした。つまり，中国に対する追加関税やファーウェイに対する輸出規制は，継続する方針である。したがって，日本は米中対立を背景に導入された「米国輸出管理法の改正」や「CFIUS（対米外国投資委員会）の強化による対米投資規制」への対策を慎重に進めていかなければならない。なぜならば，これらの新たな規制への対処方法を誤れば，将来において米国の政府や企業との取引ができなくなる可能性があるからだ。

　また，中国も輸出管理法を 2020 年 12 月より施行しており，日本企業には同法の全容を理解するとともに，その対策を着実に実行できる体制を整備することが望まれる。外務省によれば，日本企業の中国への進出拠点数は 3 万 3,050 と全体の 42.6％を占め，米国の 8,929 やタイの 4,198 を大きく上回っている。サプライチェーンという観点では，圧倒的に日本企業は中国に対する依存度が高い。

　日本は早くから ASEAN と緊密な経済関係を構築し，アジアでは中国を加えた 2 本柱でサプライチェーンを形成してきた。欧州はアジアでは中国との経済関係を強めてきたが，今後は軸足を日本や ASEAN にも移さざるを得ない。欧州は，日本とは 2019 年 2 月に発効した日 EU・EPA などをテコに，同盟国としての多国間主義や自由主義，あるいは市場経済の維持発展を一緒に進める戦略を打ち出してくると思われる。

　一方，日本としては日 EU・EPA を用いて日 EU 間の貿易投資を発展させるだけでなく，「EU アジア連結戦略」や欧州等を取り込んだ「インド太平洋構想拡大版」などを推し進め，欧州と連携してアジアへのインフラ投資などの経済協力に貢献することが肝要である。こうした日欧の連携強化が，米国の「バイアメリカン」や「中国の国家主導の経済運営」に対する交渉カードになることが期待される。

2.　必要な米中の輸出管理法への対応

　米国は 2018 年 8 月，「2018 年輸出管理改革法（ECRA）」と「2018 年外国投資リスク審査現代化法（FIRRMA）」を制定し，輸出管理と外国からの直接投資の審査に関する規制を更新した。米国の「輸出管理法」の改正により，中国企業との取引を制限するかどうかを判断しなければならない場合，米国企業は当然であるが，日本企業においても張り巡らされた対中包囲網の法的スキームを明確に説明し対処できるような体制を日頃から整備しておくことが必要になった。すなわち，日本企業は米国の技術やソフトウエアを利用して作った製品の中国との取引などにおいて，そのリスクを回避するための技術・危機管理能力を身に着けなければならなくなった。もちろん，これは中国の輸出管理法への対応に関しても同様である。

　実は，ECRA と FIRRMA の成立からしばらく経った時点でも，厳格化する米国の輸出管理や投資審査の規制内容に関して，米国の大手企業でさえもまだ十分に理解が浸透していなかったようだ。このため，企業の事業活動全体を統括する役員・幹部の研修が重要であったとのことである。したがって，大学や研究機関だけでなく，企業の研究開発関連部門から海外工場部門などにおいても，直接間接に技術情報などに触れる関係者に対する危機管理対策の徹底は不可避である。また，米国企業の関係者が米国内で中国籍などを持つ研究者に技術を渡した場合，それが「みなし輸出」にされる可能性もあるようだ。こうしたことなどを防ぐには，社内体制の再編を検討し，米国事業と中国事業を分断するなどの対策が考えられる。こうした対応は，日本企業にも参考になると思われる。

3.　リスク管理体制をどう整備するか

　日本企業には，会社内に米国・中国の輸出管理法や FIRRMA に詳しい人材を育成し，その担当部署を設置するなどの技術・危機管理対策が求められる。もちろん，それに対応する日本や中国及び欧州の法的スキームの動向の把握もその部署の管轄となる。また，企業や大学・研究機関の場合，技術の流出を抑える「技術管理」を強化するルールの整備も不可欠だ。日本の企業や大学の中国との共同研究や日中研究員同士の何気ない会話にも，技術管理の枠組みを適

用することが求められる。

　日本の大企業は，国内の事業部門が多岐にわたっているだけでなく，国内・海外工場も抱えている。技術流出などを抑えるためにも，国内・海外の研究開発（R&D）担当部署を中心に，国内のすべての事業部門や海外工場にリスク管理の枠組みを徹底することが不可避である。そのためには，国内事業部門や海外工場のそれぞれのリスク管理担当者をリストアップし，本社の担当部署がそれらの担当者に対してリスク関連情報を提供することが大切だ。本社サイドでリスク管理の問い合わせ窓口を設置することも考えられる。本社担当部署と国内事業部門・海外工場とのイントラネットシステムを活用した情報の共有は大事であるが，それだけではなく，対面式とともに ZOOM などによる非対面によるリスク管理等のセミナー・研修の開催を継続的に進めていくことが求められる。

　米中摩擦に伴う技術・危機管理対策は，従来のように取引関連企業や海外子会社からの要請や相談を契機として事後的に対処するのでは遅く，本社サイドの主導による社内ルールの周知徹底が必要である。企業の危機管理は迅速かつ能動的に進めないと，文字通り危機に陥ってしまう。

　また，日本企業の多くは若いころから多くの部門を経験することを狙って人事ローテーション制度を導入しており，部署間で絶えず人が入れ替わっている。したがって，情報の共有体制やセミナー・研修は継続的に行うことが肝心だ。こうした対応は，大企業だけでなく，中堅・中小企業ともその規模と形式は異なるものの必要であることは疑いない。ただし，特に中小企業においては，社内での人材育成は大企業ほど容易ではない。

　そこで，行政的な対応としては，中堅・中小企業に対する技術・危機管理の人材育成支援とともに，どのようなケースや対象企業であれば輸出管理法等での違反になるかといった情報の提供や普及啓蒙が考えられる。

　また，日本は既に改正外為法を成立させ，改正前では外国投資家は電力業や通信業等の規制業種についても 10% までは自由に株式を取得できたのに対し，改正後は 1% 以上取得する際は原則として事前届出を行わなければならなくなった。したがって，改正外為法や他のスキームの適正な運用により，安全保障での懸念が大きい電気通信インフラ等に対する外国からの投資への審査強化

を進めることが期待される。

　さらに，米国は FIRRMA において，CFIUS による審査を免除されるホワイト国の認定の条件として，米国とのインテリジェンス情報の共有や防衛産業基盤の統合メカニズムの創設を挙げている。したがって，ホワイト国と認定され米国の同盟国としての信頼を深めるためには，あるいは新たな中国の輸出管理法への対策のためには，日米欧などの主要先進国間の情報共有と意見交換を図るスキームの構築が求められる。

［参考文献］

「平成 30 年度　東アジア及び TPP11 の FTA 効果とそのインパクト調査事業結果報告書」　国際貿易投資研究所　ITI 調査研究シリーズ No.82　2019 年 2 月

「日本を向く中国と欧州～米中・米欧摩擦の日本への複合的な影響と対応～」国際貿易投資研究所　ITI コラム No.72 2019 年 12 月 25 日

「求められる輸出・経済協力主導の成長戦略～米中・日米貿易協定，新 NAFTA やインド太平洋構想の相乗効果を活用～」季刊国際貿易と投資　No.119　2020 年 3 月

細川昌彦著「米中対立に日本はどう向き合うべきか」世界経済評論 2020 年 11・12 月号

「令和 2 年度　日本の米国，インド，EU との EPA/FTA が企業活動にもたらす影響調査 事業結果・報告書」国際貿易投資研究所　ITI 調査研究シリーズ No.112　2021 年 2 月

（高橋俊樹）

第16章

コロナショックで加速するアジアのデジタル経済化

はじめに

　本章では，アジアにおける経済のデジタル化について考察する。

　2020年は，世界がコロナ感染拡大に翻弄された1年であった。都市封鎖や出入国の制限，ソーシャル・ディスタンスの維持など，人間の活動範囲がこれほど制限された年はなかっただろう。

　しかし，それで経済活動のすべてが停止したわけではない。なかでも，非接触型技術であるデジタル技術を介した活動は加速度的に普及した（JETRO 2020）。わが国においても，コロナ感染拡大を抑制させるために，フード・デリバリー，在宅勤務（テレワーク），オンライン会議やオンライン教育が推し進められ，経済だけでなく，社会のデジタル化の利点が広く認識されるようになった。

　このようにコロナ感染拡大の抑制と，コロナ禍での経済活動の維持に重要な役割を果たしているデジタル技術は，コロナ後（ポストコロナ）の経済のけん引役として注目されている。興味深いのは，アジアにおいて先進国，新興国・途上国の違いを問わず，各国の政府や経営者が，異口同音に「ピンチをチャンスに」とのかけ声の下に，デジタル技術を活用した成長戦略や企業戦略の策定を急いでいることである。

　とはいうものの，アジア経済社会のデジタル化はコロナ禍によって進んだわけではない。

　例えば，コロナ感染拡大以前から，様々な国際機関がデジタル技術の活用が新興国・途上国を含めて世界全体を変えることを指摘していた。世界銀行は，

2016年に『デジタル・ディビデンド（デジタル化の恩恵）』と名付けた報告書のなかで，先進国だけでなく，新興国・途上国の経済社会もデジタル技術の利活用で大きく変化することを指摘していた（World Bank 2016）。国連貿易開発会議（UNCTAD）も，2017年の『世界投資報告2017』のなかでデジタル経済（digital economy）が新興国・途上国にとって重要な成長エンジンになると位置づけていた（UNCTAD 2017）。

　実際に，コロナ以前から，アジアではデジタル技術を介したビジネスが急速に拡大していた。インターネットを通じたショッピング（いわゆる電子商取引），配車アプリを用いたライド・シェアは日常化していたし，オンラインによる遠隔診療や教育なども実用化している。日本よりも進んだ形態も現れ始めている。

　経済活動だけではない。アジアの新興国・途上国政府は，行政面でのデジタル化を積極的に進めてきた。わが国では，2020年に発足した菅政権のもとで，デジタル庁の設置の準備を急いでいるが，これに該当する省庁として，2016年にシンガポールではガブテック（GovTech）が，タイでは2016年にデジタル経済社会省が設立されている。

　コロナ禍で加速する経済のデジタル化が，アジアの経済社会をそれ以前のものとは異なったものにするに違いない。これまでのアジア経済の特徴は，雁行的経済発展という言葉が象徴するように，工業化技術の波及に基づいた経済統合であった。その工業化技術はデジタル化され，伝播のスピードはさらに上昇した。また，デジタル技術を活用すれば，飛躍的な成長（いわゆるリープフロッグ的成長）も可能といわれている。もっとも，経済のデジタル化の効果はプラス面だけではない。多くの人が指摘するように，所得格差の拡大を加速させ，ロボットやAI（人工知能）の導入による雇用の縮小などのマイナス面もある。

　現時点で，経済のデジタル化の行方を見定めるのは難しい。そこで，本章では，アジアにおける経済デジタル化に関連する視点を整理することにする。

　構成は以下の通りである。第1節で，経済社会のデジタル化が加速する要因について確認する。第2節では，デジタル技術を利活用した経済活動をとりあげ，その特徴を指摘する。第3節では，デジタル化を中心に据えた成長戦略

と，デジタル技術の経済統合に及ぼす影響を整理する。第4節では，デジタル化の負の影響を雇用面から考える。

第1節　デジタル経済が加速した背景

　1990年代半ば以降，インターネットと携帯電話の普及が経済社会を変えてきたことは，多くの人が指摘するところであるが，2010年以降のデジタル技術の加速度的進歩は，さらに経済社会を別次元のものへと移行させている。

　それを強調したものとして，「第4次産業革命」という見方がある。

　世界経済は，ヨーロッパで起こった産業革命から急成長を遂げてきたが，現在の経済のデジタル化は，それから数えて4番目の技術革新の時期に当たるというのである。ちなみに，第1産業革命は，18世紀の蒸気機関を用いた機械による大量生産の実現であり，第2次産業革命は，20世紀前半の電力を用いた生産の自動化であった。第3次産業革命は，20世紀後半のコンピュータ制御による生産管理であり，第4次産業改革は，これらコンピュータや端末（センサー）がインターネットで結びつくというものである。スマート・ファクトリー，IoT（モノのインターネット）は，すべての企業が目指すビジネスモデル，ビジネスツールになっている。

　さらに，機械学習とディープラーニングという新しい方法により格段の発展をみたAI（人工知能）は，経済活動だけでなく，社会構造そのものを変化させようとしている。

　このようなデジタル化による社会構造の移行は，「デジタルトランスフォーメーション（DX）」と呼ばれる。

　DXは，そもそもスウェーデン・ウメオ大学のエリック・ストルターマン教授が提唱した概念で「ICTの浸透が人々の生活をあらゆる面でより良い方向に変化させること」を指す[1]。わが国の経済産業省は，これを「企業がビジネス環境の激しい変化に対応し，データとデジタル技術を活用して，顧客や社会のニーズを基に，製品やサービスビジネスを変革するとともに，業務そのものや組織，プロセス，企業文化・風土を変革し，競争上の優位性を確立するこ

と」と定義し，デジタル技術の利活用を経済活性化の主軸に据えようとした（経済産業省 2018）。

　たしかに，私たちの経済社会様式は大きく変化している。例えば，フィンテック，クラウド・ファンディング，ブロックチェーンなどは，10 年前には語られることがなかった技術である。そして軽視してはならないのは，これらの技術は，先進国だけでなく，新興国・途上国の人々の生活を変えるキーワードにもなっていることである。このことは，デジタル技術の伝播の速度が，これまでの技術に比べても格段に早く，その応用が容易だということを意味している。例えば，カンボジアでは，デジタル通貨「バコン」の運用が開始されている[2]。

　この経済のデジタル化の加速は，デジタル技術の加速度的発展に支えられている。例えば，それを象徴するものに「ムーアの法則」がある。これは 18 カ月ごとに，半導体の 1 面積当たりの処理能力が倍増するというものである。半導体の処理能力の加速度的な向上は，コンピュータの高速化，低価格化，小型化を実現した[3]。

　加えて通信技術の発展が進むなか，中国製の安価な携帯電話（スマートフォンといった方がいい）が世界的に普及した。これが，先進国だけでなく，新興国・途上国の経済社会のデジタル化を加速させる力になった。携帯電話の契約件数は，2016 年に世界人口を超え，2019 年に新興国・途上国でもその人口を上回った。

　もちろん，国・地域によってデジタル化の影響には差異がある。そしてこのような携帯電話が急速に普及している地域はアジアである。

　第 16 - 1 表は，100 人当たりの携帯電話の契約件数をみたものである。表に含まれる 14 カ国・地域のうちラオスを除いて，いずれの国・地域も契約件数が人口を上回っていることがわかる。すべての人が携帯電話を有しているわけではないものの，ほぼアジアの全域でスマートフォンが活用されているといってよいだろう。なかでも，2010 年にはミャンマーの携帯電話の契約件数は，100 人当たり 1.2 件であったが，2019 年には 113.8 件になっている。ミャンマーでは，固定電話の普及という経路を通らず，いきなり携帯電話の社会に移行したことになる。ミャンマーでは，社会がリープフロッグ的発展を実現したとい

第16-1表　東アジアの携帯電話の契約件数（100人当たり）

	2000	2005	2010	2015	2019
香港	82.5	126.2	198.0	232.7	288.5
タイ	4.9	46.6	106.7	149.8	186.2
シンガポール	68.2	102.8	143.9	147.2	156.4
フィリピン	8.3	40.3	88.5	115.4	154.8
ベトナム	1.0	11.4	126.8	129.8	141.2
マレーシア	22.1	76.1	120.0	145.7	139.6
日本	52.4	75.2	95.9	125.5	139.2
韓国	56.6	78.7	102.5	116.0	134.5
カンボジア	1.1	8.0	56.9	134.3	129.9
ブルネイ	28.5	63.8	112.0	111.7	128.6
インドネシア	1.7	20.7	87.4	131.2	127.5
中国	6.6	29.6	62.8	91.8	120.4
ミャンマー	0.0	0.3	1.2	77.8	113.8
ラオス	0.2	11.4	64.1	55.3	60.8

（出所）World Development Indicators.

えよう[4]。

　これは，アジアに住む多くの人がインターネットにアクセスできるように
なっていることを意味するが，その使い勝手は今後さらに加速することが予想
される。現在よりも，「超高速」，「多数同時接続」，「超低遅延・高信頼」を特
徴とする，いわゆる5G（第5世代移動通信システム）が普及段階に入ったか
らである。5Gは，アジアでは，日本，韓国，中国で商用化され，今後アジア
全体に拡大していく見込みである。もっとも，5Gの商用化については巨額の
設備投資が必要であるが，中国は「一帯一路構想」のなかでアジア地域の通信
設備の支援を行う計画であり，2025年には5Gの接続件数の6割がアジアにな
るという見通しがある[5]。

　スマートフォンは，次章で述べるように，コロナ禍以前からビジネス形態を
多く変化させてきたが，コロナ感染抑制策でも一役買っている。シンガポール
のテクノロジーを模範として，ASEAN域内には40の関連アプリが存在して

いる。そして，これらが，今後，政府と企業，コミュニティの関係を変える可能性があるという指摘がある（Fabien and Francis 2021）。繰り返しになるが，重要なことは，先に述べた DX はアジア新興国・途上国でも起こっているということだ。

第2節　デジタル技術で変わるビジネス形態

　デジタル技術を活用して急成長するベンチャー企業，いわゆるスタートアップ企業が，アジア新興国・途上国にも数多く生まれ，そのなかでユニコーン企業（時価総額 10 億ドル以上の企業）にまで成長するものも出現してきた。

　ここでは，中国のアリババ，マレーシアのグラブ，インドネシアのゴジェックを例に，アジア新興国・途上国で拡大するデジタルビジネスにおける共通点を考えてみたい。

　前述のように，デジタル技術の伝播が，新興国・途上国にも及んでいる以上，先進国でのビジネスモデルが新興国・途上国でも広がることはある意味当然であろう。この点を強調して，新興国・途上国のビジネスは先進国モデルの焼き直しであるとし，「タイムマシン経営」と呼ぶ向きもある。しかし，新興国・途上国では，デジタル技術によって先進国よりも厳しい経済社会課題を解決するという特徴があることを見落としてはならない。

　例えば，中国の最大のデジタル企業であるアリババのアリペイ（支付宝）について考えてみよう。中国の金融機関は，長い間，国有銀行が支配する体制下にあり，その支店や ATM の数は少なく，銀行を通じた決済は限定的であった。後にクレジットカードが普及したものの，その手続きが煩雑であること，保有者が限定されているなどの問題があった。

　このような状況下で，スマートフォンと QR コードを組み合わせたアリペイの決済は，瞬く間に庶民の生活の一部となったのである。アリペイが金融取引を仲介・保証することで，銀行口座を持たなくとも，見知らぬ同士の取引を可能にした，新興国・途上国のビジネスリスクであった「信頼と透明性」に欠けるという取引コストの問題を解消したのだ。信用を担保する法律制度をプラッ

トフォームが代替したといってよい。

　新興国・途上国では，経済取引を円滑に行うインフラが未整備という社会課題を，スマホのアプリが解決し，それがビジネスとしてなりたつ余地が多いのである。

　このことは，次に述べるマレーシア生まれのグラブ，インドネシア生まれのゴジェックも同様である。

　グラブ（GRAB）は，マレーシアで生まれ，シンガポールで育った配車アプリから起業したユニコーン企業である。周知のように，マレーシアをはじめ新興国・途上国では，交通渋滞が激しく，そのなかでタクシーを見つけることは容易ではない。創業者は，海外の友人がマレーシアでのタクシーの乗車や支払いがやっかいだという話から配車アプリを活用したビジネスを着想したという。

　たしかに，アプリを使えば，料金はあらかじめ決まっているし，支払いもアプリ上で行われるので，ドライバーとの料金トラブルは避けられる。GPS（全地球測位システム）を使えば，どこを走っているかもスマートフォンで確認できる。

　配車アプリで成功を収めたグラブは，アプリ上での決済できる「グラブペイ」の機能を多分野に活用し，料理のデリバリーなどの物流分野への参入など事業を拡大させた。またそのビジネス領域を，マレーシア，シンガポールだけでなく，ミャンマー，タイ，ベトナム，インドネシアへと拡大させている。グラブの事業展開のユニークさは，それぞれの国の規制に合致するようにビジネスモデルを調整し，事業を拡大してきたことである。グラブは，アメリカで生まれたウーバーから見れば「タイムマシン経営」であるが，最終的には，ウーバーの東南アジアでの事業を買収するまでに成長した。

　インドネシアでは，バイク配車アプリから出発したゴジェックがユニコーン企業になった。インドネシアは，道路が未整備なうえ，公共交通網も発達しておらず，オートバイが市民の足となっている。ゴジェックもグラブと同様に配車アプリであるが，顧客の囲い込みではなく，バイクタクシーの運転手が利用者を探す手間を解消した点で異なる。ゴジェックのアプリを使えば，バイクタクシーの運転手は，効率よく顧客を探すことができる。ゴジェックも，アプリ

での決済を強みに，やはり料理を配達する「ゴフード」をはじめ，マッサージ師のデリバリーとしての「ゴマッサージ」など，サービスを多様化させている。

　このように，新興国・途上国では，社会課題を解くという，ある特定のサービスから生まれたポータルサイトが，その後，様々なサービスの提供の場として，多数の顧客を囲い混み巨大化し，プラットフォームへと変化するという特徴がある。

　また，ユニコーン企業にならなくても，アジア新興国・途上国では，様々なビジネスがデジタル技術で変化を見せている。コロナ禍で，人の移動が制限されたため，スマートフォンを介した遠隔診断，オンライン教育が広まっている。また，銀行口座を持たなくても，政府の給付金がスマートフォンに支払われる制度，融資制度など，金融包摂（ファイナンシャル・インクルージョン）も進み始めてきた。

　ビジネス形態としては「タイムマシン経営」であっても，その手軽さを追求したビジネスモデルが，先進国にも逆輸入される可能性を秘めている。また規制が緩やかな点も新興国・途上国の経済のデジタル化を加速させる要因になっている。QR コードの活用など先進国では思いつかないイノベーションを生む可能性を秘めており，タイムマシン経営とみるだけでは不十分かもしれない[6]。

第3節　デジタル技術をテコにした成長戦略

　デジタル技術の利活用は，国家の経済成長戦略にも影響を及ぼし始めている。

　これまで新興国・途上国の成長戦略といえば，先進国に早く追いつくこと（キャッチアップ）に重点が置かれてきた（末廣 2000）。その牽引力は，工業化であり，具体的には製造業の育成であった。その実現に向けて，各国政府はインフラストラクチャーの整備，外国企業の誘致，そして人材育成などに注力してきた。この構図は現在でも変わることはない。

　1990 年代以降は，情報通信コストの低下を背景に製造業においては，生産

工程を細分化し，その一つ一つを最適国に配置するというグローバル・サプラ
イチェーンが形成されてきた。これを受けて，各国政府は，このサプライ
チェーンへの参加を成長戦略に据え，結節点となる都市部・工業団地の整備が
集中的に行われてきたが，近年では，それがデジタル技術を駆使したスマート
シティの構築へとシフトしている。例えば，2018 年に ASEAN は域内のスマー
トシティ構想を打ち上げており，各国は，都市を中心にデジタル化を用いた成
長戦略を作成している。

　第 16‐2 表は，OECD がアジア新興国・途上国のデジタル成長戦略を整理
したものであるが，タイの「タイランド 4.0」，インドネシアの「Making
Indonesia 4.0」，マレーシアの「Industry 4wrd」は，その名称から明らかなよ
うに，第 4 次産業革命に影響を受けている。

　デジタル化をテコとした経済戦略は，工業化による成長戦略とは，その内容
は大いに異なるものの，先進国の技術・資金を迅速に取り入れる点では課題は
共通している（第 16‐3 表）。世界銀行も『東アジア新興国・途上国に必須な
イノベーション（The Innovation for Developing East Asia)』のなかで，イノ
ベーションを活性化する視点として，① 企業経営者の技術の理解度，② イノ
ベーションの利活用能力，③ 労働者の技術レベル，④ 外部資金，⑤ イノベー
ションを促進する政策と制度をあげている（Ciera ほか 2021）が，これは工
業化による成長戦略と大きく変わることはない。

　各国の成長戦略が具体的に実を結ぶかどうかは，デジタル化で変わるアジア
域内の経済統合で引き続き主要な地位を確立できるかにかかっているといえ
る。デジタル化で経済統合の形はどのように変わるのだろうか。

　ここでは，バリューチェーンの大家であるリチャード・ボールドウィンが，そ
の著書『世界経済大いなる収斂』のなかで示した，モノ，アイデア，ヒトの 3
つの視点からグローバル化の変化を概観することから考えてみたい（ボールド
ウィン 2018)。

　ボールドウィンは，第 1 のグローバル化は，モノの移動コストの低下によっ
て実現されたグローバル化とした。アジアの経済統合でいえば，20 世紀後半
に形成された域内産業分業による経済統合が相当する。第 2 のグローバル化
は，アイデアの移動コストの低下によるものであり，コンピュータの出現を中

第16-2表　アジア新興国・途上国のデジタル成長戦略

国名	戦略の名称	開始年
インドネシア	Making Indonesia 4.0	2018
マレーシア	Industry4wrd	2018
フィリピン	Inclusive Innovation Industry	2016
タイ	Thailand 4.0	2016
ベトナム	National Digital Transformation Programme by 2025 with orientasions toward 2030	2020
ブルネイ	Digital Economy Masterplan 2025	2020
シンガポール	Smart Nation	2014
	Smart Industry Readiness Index	2017
	SMEs Go Digital	2017
中国	Made in China 2025	2015
	Internet Plus	2014
インド	Make in India	2014
	SAMARTH Udyog Bharat 4.0	2014

（出所）OCED (2021) Economic Outlook for Southeast Asia, China and India 2021: Reallocating Resource for Digitalization. P.172

第16-3表　工業化戦略とデジタル戦略の対比

	工業化のための仕組み	デジタル化のための仕組み
人材・技能	初等中等教育，職場での技能蓄積	デジタルリテラシー，データサイエンティスト教育，起業家教育，リカレント教育
インフラ	水道・電力・ガス供給網。輸送インフラ（道路，鉄道，港湾）	通信インフラ，クラウドサービス，電子個品認証制度，オープンＡＰＩ
金融	中小企業金融，外国直接投資，大型プロジェクトへの政策金融	ベンチャー投資，キャッシュレス決済のための規制緩和
支援制度・政策	脱輸入代替政策，輸出加工区（工業団地），自由貿易協定，知財制度	インキュベーション施設（アクセラレーター等），サンドボックス制度，プライバシー・データ法制，ファクトチェック機関

（出所）伊藤亜聖『デジタル化する新興国』p.204。

心とする第3次産業革命が相当し，アジアの経済統合でいえば産業内（あるいは企業内）分業というサプライチェーンを介した21世紀の経済統合といえる。

そして，現在進行中の第4次産業革命，デジタル技術の開発と普及によって，アイデアの移動は加速している。これは集積・分散という二つの力を高めよう。例えば，3Dプリンターなどのデジタル化技術は集積化を加速させ，他方，デジタル技術がもたらす離れた地域をオペレートする力は，さらなる分散化の力となる。これらは，各国の戦略によるところが大きい。

これに，人の移動コストの低下を受けた第3のグローバル化が加わる。これは，とくにコロナ禍で人の移動が制限されるなかで，急速に現実化し始めている。実際には人の移動が行われないが，それと同様の効果があるバーチャルな労働移動について，ボールドウィンは「遠隔移民（テレマイグランツ）」と表現したが，これはシンガポールやインドネシアにおける海外向けの遠隔診断によって実現している。また，教育のオンライン・ビジネスも国境を越え始めている（OECD 2021）。

企業内においても，オンラインを通じた国際的な会議は頻繁になされるようになったし，拡張現実（AR）が進歩すれば，生産現場での指導も国外からきめ細かく行えるようになるだろう。この第3のグローバル化は，コロナ感染拡大によって急速に実現化したといってよいだろう。

もちろん，経済統合の形態は，デジタル技術以外にも，米中の対立の行方，各国の必要物資に対する考え方，環境問題への対応など，様々な要因に影響を受けるものの，それぞれが，またデジタル技術発展の影響を受けることはいうまでもない。

第4節　デジタル化で変わる労働市場

もちろん経済のデジタル化によるマイナス面にも配慮する必要がある。

ここでは，雇用への影響について考えてみたい。

第4次産業革命や，IoT・AIなどの急速な進展により，先進国を中心にデジタル技術の発展が雇用への負の影響があると議論されている。2013年にオッ

クスフォード大学のカール・フレイとマイケル・オズボーンが行った研究は，今後10〜20年間でアメリカの47％の職業がAIに代替されるリスクがあるとした（Frey and Osborne 2013）。デジタル技術の普及が新興国・途上国でも先進国と同様に起こるのであれば，いずれアジア新興国・途上国でも雇用への影響は避けられない。この観点から，2016年には，国際労働機構（ILO）がASEANの雇用に対する興味深い調査結果を報告している。これによれば，ホテルやレストラン，卸売業，小売業，建設業，製造業などの広い分野で全雇用の約56％が，今後10〜20年間に技術による置き換わるというリスクがあるとした（Chang, Rynhart and Huynh 2016）[7]。

　また，2021年にアジア開発銀行が，カンボジア，インドネシア，フィリピン，ベトナムにおける経済のデジタル化の雇用への影響についてのインタビュー調査を発表した（ADB 2021b）。この報告書でも，例えば，2030年までに，ベトナムの食品工業の33％の雇用が喪失され，インドネシアの自動車産業では29％の雇用を失うという結果を示した。この調査で目を引くのは，調査対象となった経営者のデジタル技術への期待の高さである。例えば，ベトナムの食品工業の経営者は56％がデジタル化を理解しており，41％がデジタル技術を導入しており，58％が2025年までにデジタル技術の導入を予定している[8]。

　このようなデジタル化による労働代替は，デジタル化によって新しく生み出される職によって賄われるだろうか。ボールドウィンは，「ロボットで多くの仕事はなくなるが，職業はなくならない」という見方を示しているし，アジア開発銀行もそれに見合った人材育成によって雇用創出の機会と捉え得るべきと主張している。

　そのほかにも，個人情報保護やセキュリティ制度など，先進国と同様に抱える課題は多い。経済のデジタル化が不可逆な社会現象であるが，その行方は現在のところ誰も予想できていない。他の観察者と同様，注視していきたい。

［注］
1　総務省『情報通信白書（平成30年版）』p.3
2　「中銀，デジタル通貨『バコン』の正式運用を開始」JETROビジネス通信2020年11月12日号
3　「2015年に発売されたiPhone6の情報処理速度は，1969年にアポロ11号を月面に導いたメイン

フレーム・コンピューターの 1 億 2000 万倍の速さだ。……2017 年に発売された iPhoneX の処理速度は，iPhone6s より 3 倍以上速い」リチャード・ボールドウィン（2019 p.122-123）

4　2021 年に起こったミャンマー国軍のクーデタに対する抗議デモにおいてもスマートフォンが重要な役割を果たした。

5　https://apl.morningstar.co.jp/webasp/toyo-sec/pdf/new/000830000573_202004_S.pdf　2021 年 1 月 26 日アクセス

6　伊藤亜聖『デジタル化する新興国』は，デジタル化による成長は，単に先進国の技術を取り入れる後発性の利益だけでなく，QR コードの活用などにみられるような新興国ならではのイノベーションを起こす可能性があることを指摘している。

7　産業構造の異なるアメリカとの比較では，雇用縮小の効果が過大評価されることに注意を要する。

8　これは 2018 年コロナ以前の調査結果であり，現在はもっと高くなっていると考えてよい。

[参考文献]

伊藤亜聖（2020），『デジタル化する新興国』中公新書

経済産業省（2018），『DX 推進ガイドライン』https://www.meti.go.jp/press/2018/12/20181212004/20181212004-1.pdf

末廣昭（2000），『キャッチアップ型工業化論』名古屋大学出版会

日本貿易振興機構（JETRO）（2020），『ジェトロ世界貿易投資報告　不確実性増す世界経済とデジタル化の行方』https://www.jetro.go.jp/world/gtir/2020.html

リチャード・ボールドウィン（2018），『世界経済大いなる収斂』日本経済新聞出版社

リチャード・ボールドウィン（2019），『グロボティクス』日本経済新聞出版社

ADB (2021a), Making Digital Platforms Work for Asia and the Pacific, *ASIAN ECONOMIC INTEGRATION REPORT 2021*

ADB (2021b), *Reaping the benefits of industry 4.0 thought skills development in high-growth industries in Southeast Asia, Insights from Cambodia, Indonesia, The Philippines, and Vietnam*

Ciera, Xavier, Andrew D. Mason, Francesca de Nicola, Smita Kuriakose, Davide S Male and Tran Thu Tran (2021), *The Innovation Imperative for Developing East Asia*, World Bank East Asia and Pacific Report.

OECD (2021), *Economic Outlook for Southeast Asia, China and India 2021: Reallocating Resource for Digitalization*

Fabien, Clavier and Francis Ghesquiere (2021) "Leveraging Digital Solutions to Fight COVID-19: Lessons from ASEAN Countries" World Bank Group, *Research & Policy Briefs No.41*

Chang, Jae-Hee, Gary Rynhart and Phu Huynh (2016) "The future of jobs at risk of automation", International Labor Organization

Frey, Carl Benedikt, and Michael A. Osborne (2013) "The future of employment: How susceptible are jobs to computerisation?." Oxford Martin Programme on Technology and Employment, Working Paper.

UNCTAD (2017) *World Investment Report 2017*.

World Bank (2016) *Digital Dividends*, World Development Report 2016

（大泉啓一郎）

索　引

執筆者紹介 (執筆順) ＊は編著者

前野　高章	日本大学通信教育部准教授		（第 1 章）
大橋　英夫	専修大学経済学部教授		（第 2 章）
＊石川　幸一	亜細亜大学アジア研究所特別研究員		（第 3 章）
＊馬田　啓一	杏林大学名誉教授		（第 4 章）
大木　博巳	国際貿易投資研究所研究主幹		（第 5 章）
百本　和弘	ジェトロ海外調査部主査 （執筆時　中曽根平和研究所主任研究員）		（第 6 章）
椎野　幸平	拓殖大学国際学部准教授		（第 7 章）
万城目正雄	東海大学教養学部准教授		（第 8 章）
＊清水　一史	九州大学大学院経済学研究院教授		（第 9 章）
朽木　昭文	放送大学教養学部客員教授		（第 10 章）
久野　　新	亜細亜大学国際関係学部教授		（第 11 章）
助川　成也	国士舘大学政経学部教授		（第 12 章）
真家　陽一	名古屋外国語大学外国語学部教授		（第 13 章）
赤羽　　裕	亜細亜大学都市創造学部教授		（第 14 章）
高橋　俊樹	国際貿易投資研究所研究主幹		（第 15 章）
大泉啓一郎	亜細亜大学アジア研究所教授		（第 16 章）

編著者紹介

石川　幸一（いしかわ　こういち）
1949 年生まれ。東京外国語大学外国語学部卒業。ジェトロ海外調査部長，国際貿易投資研究所研究主幹，亜細亜大学アジア研究所所長・教授を経て，現在，アジア研究所特別研究員。国際貿易投資研究所客員研究員。主要著書に，『現代 ASEAN 経済論』（共編著，文眞堂，2015 年），『アジアの開発と地域統合』（共編著，日本評論社，2015 年），『新・アジア経済論』（共編著，文眞堂，2016 年），『メガ FTA と世界経済秩序』（共編著，勁草書房，2016 年）など多数。

馬田　啓一（うまだ　けいいち）
1949 年生まれ。慶應義塾大学大学院経済学研究科博士課程修了。杏林大学総合政策学部教授，客員教授を経て，現在，杏林大学名誉教授。（一財）国際貿易投資研究所理事・客員研究員。主要著書に，『アジア太平洋の新通商秩序』（共編著，勁草書房，2013 年），『FTA 戦略の潮流』（共編著，文眞堂，2015 年），『TPP の期待と課題』（共編著，文眞堂，2016 年），『揺らぐ世界経済秩序と日本』（共編著，文眞堂，2019 年）など多数。

清水　一史（しみず　かずし）
1962 年生まれ。北海道大学大学院経済学研究科博士課程修了。博士（経済学）。現在，九州大学大学院経済学研究院教授。国際貿易投資研究所客員研究員。主要著書に，『ASEAN 域内経済協力の政治経済学』（ミネルヴァ書房，1998 年），『ASEAN 経済共同体』（共編著，ジェトロ，2009 年），『ASEAN 経済共同体の創設と日本』（共編著，文眞堂，2016 年），『アジアの経済統合と保護主義』（共編著，文眞堂，2019 年）など多数。

シリーズ：検証・アジア経済 1

岐路に立つアジア経済
──米中対立とコロナ禍への対応──

2021 年 10 月 20 日　第 1 版第 1 刷発行				検印省略

編著者	石	川	幸	一
	馬	田	啓	一
	清	水	一	史
発行者	前	野		隆
発行所	株式会社 文	眞		堂

東京都新宿区早稲田鶴巻町 533
電　話　03（3202）8480
FAX　03（3203）2638
http://www.bunshin-do.co.jp/
〒162-0041　振替00120-2-96437

製作・モリモト印刷
©2021
定価はカバー裏に表示してあります
ISBN978-4-8309-5130-5　C3033

【好評既刊】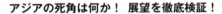

アジアの経済統合が直面する焦眉の課題を鋭く分析！

アジアの経済統合と保護主義 変わる通商秩序の構図

石川幸一・馬田啓一・清水一史 編著

ISBN978-4-8309-5052-0　A5判・235頁　定価3080円（税込）

　トランプ米大統領により保護主義の嵐が吹き荒れる中，アジアの経済統合は果たして自由貿易体制を守る防波堤となれるか。米中貿易戦争などで揺らぐアジアの通商秩序，CPTPP，RCEP，ASEAN経済共同体2025，一帯一路構想など，アジアの経済統合が直面する焦眉の課題を鋭く分析。アジアを学ぶ学生，アジアビジネスに携わる関係者にとって必読の書。

アジアの死角は何か！ 展望を徹底検証！

検証・アジア経済 深化する相互依存と経済連携

石川幸一・馬田啓一・清水一史 編著

ISBN978-4-8309-4944-9　A5判・294頁　定価3080円（税込）

　アジアは今，どのような構造的課題に直面しているのか。トランプ・ショックはアジアの新たなリスクとなるのか。深化する相互依存と地域協力，経済連携に潜むアジアの死角は何か。今後のアジア経済の変化をどう読み解くべきか。アジア経済の現状と課題，今後の展望について，マクロ経済，貿易・投資，通貨・金融，経済連携の視点から徹底検証。

ASEAN経済共同体研究の決定版！

ASEAN経済共同体の創設と日本

石川幸一・清水一史・助川成也 編著

ISBN978-4-8309-4917-3　A5判・379頁　定価3080円（税込）

　創設50周年を迎えるASEANは経済統合でも新たな段階を迎えた。AECによりレベルの高いFTAを実現。2025年を次の目標年次としてサービス貿易，投資，熟練労働者の移動の自由化により統合の深化を進めるとともにRCEPにより東アジアの経済統合を主導する。日本経済にもきわめて重要なASEANの経済統合の現状と課題を専門家が詳述。

気鋭の専門家による「一帯一路」研究の決定版！

一帯一路の政治経済学 中国は新たなフロンティアを創出するか

平川 均・町田一兵・真家陽一・石川幸一 編著

ISBN978-4-8309-5046-9　A5判・268頁　定価3740円（税込）

　中国の提唱する「一帯一路」構想は参加国が70を超え，マレーシアが中止プロジェクトを再開し，EUからはイタリアが参加を決めた。だが「債務の罠」など強い批判もある。壮大な「一帯一路」構想の全体像を，ASEAN，南アジア，欧州，アフリカなどの沿線国の現状，課題を含めて総合的に把握する。新たなフロンティアであるインド太平洋構想も考察。